영문법, 정치언어학으로 분석하다

언어는 질서다, 언어는 정치다

영문법, 정치언어학으로 분석하다

신동준 지음

한길사

영문법, 정치언어학으로 분석하다

지은이 · 신동준
펴낸이 · 김언호
펴낸곳 · (주)도서출판 한길사

등록 · 1976년 12월 24일 제74호
주소 · 413-756 경기도 파주시 교하읍 문발리 520-11
　　　www.hangilsa.co.kr
　　　E-mail: hangilsa@hangilsa.co.kr
전화 · 031-955-2000~3　　팩스 · 031-955-2005

상무이사 · 박관순
영업이사 · 곽명호
경영기획 · 김관영
기획편집 · 박희진 안민재 이지은 김지희 김세희 임소정
전산 · 김현정
마케팅 및 제작 · 이경호 박유진
관리 · 이중환 문주상 장비연 김선희

출력 및 인쇄 · 현문인쇄 | 제본 · 경일제책사

제1판 제1쇄 2010년 9월 30일

값 20,000원

ISBN 978-89-356-6165-7 03740

이 도서의 국립중앙도서관 출판시도서목록(CIP)은
e-CIP 홈페이지(http://www.nl.go.kr/cip.php)에서 이용하실 수 있습니다.
(CIP제어번호: CIP2010003434)

21세기, 영문법에 대한 새로운 접근이 필요하다

• 책을 내면서

사어가 된 라틴어

동서고금의 역사를 통틀어 요즘의 영어처럼 한 나라의 언어가 유일무이한 국제공용의 어문(語文)으로 대접을 받은 적은 없다. 한때 서구에서 불어가 외교석상과 조약문서에 빠짐없이 등장하며 각광을 받은 적이 있으나 요즘의 영어처럼 위세를 떨치지는 못했다. 영어가 오늘날처럼 각광을 받기 시작한 것은 소련이 무너진 20세기 후반이다. 미국이 단극체제의 초강대국으로 군림하면서 영어가 천하를 횡행케 된 것이다.

서구의 역사만을 놓고 볼 때 이와 유사한 사례가 한 번 있었다. 로마제국의 공용어인 라틴어는 로마제국이 융성할 무렵 제국의 판도 안에서 유일무이한 공식 어문으로 널리 사용된 바 있다. 로마제국은 라틴어문을 통해 포고령을 발포하고, 세금을 거둬들이고, 백성들을 징집했다. 그러나 제국이 동서로 분열한 데 이어 서로마제국이 5세기 말에 무너지면서 제국의 공용어인 라틴어도 이내 자취를 감추고 말았다.

여기에는 제국의 분열 이후 동로마제국이 오스만 터키에 의해 패망하는 15세기 중엽까지 라틴어 대신 희랍어를 국제공용어로 채택한 게 결정적인 원인으로 작용했다. 한때 유럽의 전 지역과 소아시아 일내에 널리 통용되었던 라틴어가 완전히 사어(死語)가 된 이유다. 그러나 문어는 구어와 달리 수도원 신부들에 의해 명맥을 유지해 나갈 수 있었다. 희랍어가 구어와 문어를 막론하고 소크라테스 시대 이후 21세기 현재에 이르기까지 거의 별다른 변화 없이 살아남은 것과 비교되는 대목이다.

'한어'를 배척한 조선조 사림들

엄밀히 따져보면 동양의 국제공용어도 라틴어와 별반 사정이 다르지 않았다. 조선조의 사대부들이 '한문'(漢文)만 열심히 습득하고 '한어'(漢語)는 중인 출신의 역관(譯官)들이나 배우는 것으로 치부한 사실이 이를 뒷받침한다. 당시 한어는 로마제국과 운명을 같이한 라틴어와 달리 수억의 중국인들이 실생활에서 널리 사용하는 생어(生語)였다. 『삼국연의』와 『수호지』 등 수많은 소설이 하나같이 당시의 한문과 한어가 뒤섞인 형태로 기술된 게 그 증거다. 그럼에도 조선조 사대부들은 한어를 배울 생각조차 하지 않았다.

이로 인한 폐해는 막심했다. 당시 조선에 사신으로 온 자들은 대부분 한어를 쓰는 한족 환관들이었다. 조선의 문관들은 한어를 전혀 모르는 탓에 국가의 존망과 관련한 중대사를 논의하면서 전적으로 역관의 통역에 의존해야만 했다. 이런 상황에서 국가 대사가 제대로 이뤄질 리 없었다.

임진왜란과 병자호란의 참변을 맞은 후 사대교린(事大交隣)이 국가 흥망의 관건이 된 이후에도 이런 행태가 지속되었다. 오랑캐로 치부한 만주족이 중원을 점령한 이후에는 이런 경향이 더욱 심해져 만주어와 일본어는 아예 금수의 말로 간주했다. 정유재란 때 일본에 끌려갔다가 일본 제왕학의 효시인 후지와라 세이카(藤原惺窩)에게 성리학을 전해준 강항(姜沆)이 귀국 후 『간양록』을 지어 일본어 습득의 필요성을 역설했는데도 조선의 사대부들은 코웃음을 쳤다. 이들이 천하대세의 흐름에 눈을 감은 채 예송(禮訟)과 같이 소쇄한 문제를 놓고 당쟁을 벌이며 나라를 망국으로 이끈 배경이 여기에 있다.

당시 역관들은 요즘의 외교관들처럼 고관이 될 수 있는 길이 열려 있었던 게 아니었다. 신분상승의 길이 막힌 이들은 오직 조공무역을 최대한 이용해 재산을 모으는 데 전념했다. 성종 때 당대 최고의 재산가로 알려진 한어역관의 서녀 장희빈이 국모의 자리에 오른 게 그 생생한 증거다. 한어와 만주어, 일본어 등이 사어가 아닌 생어로 존재하고 있는데도 이런 일이 빚어진 것이다.

조선조 초기만 해도 일부 인사들은 이를 심각하게 받아들였다. 대표적인 인물로 세조에서 연산군 때까지 활약한 임원준과 임사홍 부자를 들 수 있다. 임원준은 세종 때 대과에 장원급제해 집현전 부교리에 임명된 후 세조의 총애를 입어 승승장구하다가 성종 때에는 예조판서를 거쳐 의정부 참찬에 이른 인물이다. 당시 뛰어난 문장을 자랑한 그는 세조의 명을 좇아 풍수와 의약, 점복, 어학 등 이른바 잡학(雜學)도 열심히 연마해 나름대로 일가를 이뤘다. 훗날 사림세력의 조종(祖宗)으로 숭앙받게 된 김종직이 세조의 명을 어기고 풍수와 의약 등 잡학에 대한 학습을 거부하는 바람에 조정에서 쫓겨난 것과 대비되는 대목이다.

예종의 뒤를 이어 보위에 오른 성종이 즉위 직후 사림세력을 대거 중용하면서 상황은 완전히 뒤바뀌었다. 세조의 명을 순순히 좇아 잡학을 두루 섭렵한 임원준은 이내 김종직을 추종하는 사림들의 비난대상이 되고, 그의 아들 임사홍 역시 부친과 함께 탄핵대상이 되어 조정에서 쫓겨나고 말았다. 당시 사림세력들은 당대 최고 수준의 잡학을 연마한 임원준과 임사홍을 '대임'과 '소임'으로 비칭(卑稱)하면서 사문난적(斯文亂賊, 공맹의 가르침을 어지럽히는 이단)으로 몰아갔다.

이후 연산군의 즉위를 계기로 비록 한직이기는 했으나 중앙정계로 복귀한 임사홍은 뛰어난 서예와 한어 실력을 배경으로 종종 명나라 환관 사신들을 접견하게 되었다. 당시 명나라 사신들은 그의 글을 받기 위해 공손한 모습을 보여야만 했다. 역관들을 가르칠 정도로 뛰어난 한어 실력을 자랑했던 그는 사신들을 접견하는 자리에서 유창한 한어로 이들을 질책했다가 파장을 우려한 연산군의 질책을 받기도 했다. 그는 연산군이 폐위되는 당일 '만고의 간신'으로 낙인 찍혀 이내 척살되고 말았다. 이 일이 있은 이후 사대부들 중 한어를 포함해 중인들이나 하는 잡학을 배우려는 움직임은 더 이상 존재하지 않았다.

문어와 구어가 공존해야

한어 대신 한문만을 연마코자 한 조선조 사대부들의 이런 행태는 21세기 현재 영어 학습의 광풍 속에서 대다수 사람들이 '문어'가 아닌 '구어'를 배우기 위해 머리를 싸매고 있는 모습과 대비된다. 최근 중국의 부상과 더불어 수많은 사람들이 '중문'(中文)이 아닌 '중어'(中語)를 배우기 위해 야단법석을 떠는 것도 같은 맥락이다. 얼핏 조선조의 사대부들이 한문만 배우고 한어를 배우지 않아 나라를 패망으로 이끈 것을 타산지석으로 삼은 게 아니냐는 관측을 낳을 만하다.

그러나 문어를 멀리한 채 구어만 배우려는 저간의 흐름은 적잖은 문제가 있다. 미국과 중국으로 유학을 간 많은 한국 학생들이 독해와 작문 실력이 달려 도중에 좌절하고 있는 현실이 문제의 심각성을 웅변하고 있다. 한어에는 무지했으나 한문에는 능통했던 조선조 사대부들과 정반대되는 양상이 빚어지고 있는 셈이다.

21세기 동북아시대를 주도하기 위해서는 미국과 중국이 중시하는 고전을 두루 섭렵해 그들을 뛰어넘을 수 있어야만 한다. 현재 그 가능성은 무한대로 열려 있다. 미국은 과거의 대영제국과 달리 희랍어와 라틴어 등에 대한 학습을 소홀히 해 인문학의 깊이가 천단(淺短)하다. 중국역시 간자(簡字) 한자와 20세기 후반의 '문화대혁명' 여파로 인해 전반적으로 지식 수준이 낮은 편이다. 우리가 미국과 중국의 지식인들이 제대로 하지 못하고 있는 동서양의 고전을 깊이 이해할 수 있다면 능히 21세기 지식정보 시대에 두각을 나타낼 수 있다. 그 관건이 바로 문법에 대한 정확한 이해다.

고금동서를 막론하고 자국어는 말할 것도 없고 외국어 역시 반드시 문법지식이 전제되어야만 독해와 작문을 제대로 할 수 있다. 구어라고 다를 게 없다. 적잖은 사람들이 '듣기'만 잘하면 '말하기'는 저절로 되는 것으로 생각하고 있으나 이는 착각이다. 제대로 된 말하기는 오히려 독해 및 작문과 더 큰 관련을 맺고 있다. 최고의 영어 명문 중 하나로 손꼽히는 링컨의 '게티스버그 연설'도 사실은 무수한 교정 끝에 나온 것이다.

지금도 영국과 프랑스, 독일 등 유럽 각국에서 장차 학문을 연마코자 하는 중등학교 학생들에게 라틴어와 희랍어 문법을 가르치는 것은 바로 이 때문이다. 이들은 독해와 작문은 말할 것도 없고 제대로 된 말하기의 기본이 올바른 문법지식에 있다는 사실을 통찰하고 있다. 그런 점에서 독해와 작문은 멀리한 채 듣기와 말하기에 매달리고 있는 저간의 영어 학습은 분명 본말이 뒤바뀐 것이다. 문법지식이 없는 한 아무리 말을 유창하게 할지라도 그것은 결코 미국의 초등학생 수준을 넘어설 수 없다.

지난 2009년 말 타계한 조성식 전 고려대 명예교수는 『셰익스피어 구문론』(해누리기획, 2007) 발간에 즈음해 이같이 말한 바 있다.

"문학적 연구와 어학적 연구가 서로 균형기 조화를 이루며 함께 발전해야 완벽한 연구결과를 이룩할 수 있다."

셰익스피어의 작품은 구어가 곧 문어이고, 문어가 곧 구어임을 확인해준다고 언급했다. 『셰익스피어 구문론』은 그가 정년퇴임 후 10년 동안에 걸친 각고의 노력 끝에 펴낸 역저다. 이 책에 인용된 『햄릿』의 제1막 1장을 보면 그가 왜 구어와 문어의 유기적 결합을 외쳤는지 쉽게 이해할 수 있다.

셰익스피어의 대표작 『햄릿』의 1막 1장은 두 초병이 한밤중에 근무를 교대하는 장면에서 시작한다. 당시에도 교대 의식에는 암호가 필수적이었다. 첫 대목이다.

> 바나도: Who's there?　　　　　게 누구냐?
>
> 프란시스코: Nay, answer me, stand, and unfold yourself.
>
> 　　　　　　　뭐, 먼저 대답해. 정지, 암호를 대.
>
> 바나도: Long live the king!　　국왕폐하 만세!

그의 작품은 nay(no) 등 중세영어가 일부 등장하고 있기는 하나 현대영어와 별반 차이가 없다. 그럼에도 영어를 모국어로 사용하는 미국사람들이 그의 작품을 외국어처럼 인식하는 것은 문어에 대한 학습을 소홀히 하고 있기 때문이다. 한국인들이 한문에 대한 소양이 빈약한 까닭에 셰익스피어와 활동연대가 대략 같은 송강 정철의 『관동별곡』을 외국어처럼 대하는 것에 비유할 만하다.

"강호(江湖)에 병이 깊어 죽림(竹林)에 누었더니"로 시작하는 『관동별곡』은 21세기 한국어 어문과 아무 차이가 없다. 약간의 한문 소양만 있으면 『관동별곡』이 우리말의 운율에 맞춰 물 흐르듯 매끄럽게 흘러가면서 금강산의 비경을 얼마나 절묘하게 표현하고 있는지를 알 수 있다. 송강의 『관동별곡』과 셰익스피어의 『햄릿』은 문어가 곧 구어이고, 구어가 문어임을 극명하게 보여주는 대표적인 사례에 속한다.

그런 점에서 영어를 모국어로 하지 않는 나라에서 셰익스피어의 전 작품을 정밀하게 검토해『셰익스피어 구문론』을 펴냈다는 것은 높이 평가할 만한 일이다. 실제로 그는 37편에 달하는 셰익스피어의 모든 희곡을 세밀히 분석한 뒤 중요한 구절마다 시제(時制)와 서법(敍法), 태(態) 등 각 문법 범주를 치밀하게 정리해놓았다. 이는 해주고보와 경성제대 동문이기도 한 그의 부친이 생전에 셰익스피어의 작품을 깊이 천착하며 이를 문법적으로 정리하려는 뜻을 세운 사실과 무관치 않았다.『셰익스피어 구문론』의 완성은 사마천이 궁형을 당하면서까지 부친 사마담의 유지를 받들어 기필코『사기』를 완성시킨 것에 비유할 만하다.

정치언어학 · 비교언어학 · 역사언어학 관점의 영문법

현재 시중에는 수많은 영문법 서적이 나와 있으나 해방 전후에 출간된 것과 별반 차이가 없다. 이런 틀에 박힌 영문법서로는 영어를 효율적으로 습득하기가 쉽지 않다. 필자가 이 책을 펴내게 된 배경이 여기에 있다. 이 책은 크게 4가지 점에서 기존의 영문법서와 차원을 달리한다.

우선 '정치언어학'의 관점에서 접근한 점을 들 수 있다. 10대 무역대국으로 부상한 한국이 향후 다방면에서 세계시장을 석권하기 위해서는 높은 수준의 영어를 제대로 구사할 필요가 있다. 실제로 영어를 습득하는 일이 국가경쟁력의 중요한 지표로 대두되고 있다. 중요한 것은 한국인을 위한 '새로운 영문법'이다. 이는 언어학자에게만 맡겨둘 사안이아니다. 정치사상을 전공한 까닭에 동서양의 고전을 일독한 바 있는 필자가 새 영문법의 집필에 나선 것은 이 때문이다.

정치학과 언어학의 상관관계는 멀리 갈 것도 없이 세종의 훈민정음 창제를 생각하면 쉽게 이해할 수 있다. 당대 최고의 인문학 소양을 자랑한 세종은 어학에도 타의 추종을 불허하는 실력을 갖추고 있었다. 그는 훈민정음을 반포할 때 최만리를 비롯한 조선조의 사대부들이 격렬히 반대하자 이같이 일갈했다.

"설총이 이두를 제작한 본뜻은 백성을 편리하게 하려 함이 아니겠는가. 그대들이 설총은 옳다고 하면서 내가 하는 일이 그르다고 하는 것은 무슨 이유인가. 그대들은 운서(韻書)를 아는가, 사성칠음(四聲七音)에 자모가 몇 개나 있는지 아는가."

일부 학자는 아직도 '세종이 친히 언문 28자를 지었다'는『세종실록』의 기록을 액면 그대로 인정치 않으려는 모습을 보이고 있다. 세종이 어떻게 음운학·문자학 등과 같은 언어학의 전문 분야에 그토록 해박할 수 있는가 하는 의심을 품고 있는 것이다. 그러나 동양의 역사를 보면 언어학에 뛰어난 군왕이 적지 않았다. 대표적인 인물로 청대의 강희제를 들 수 있다. 그는 동양의 고전을 두루 꿰는 당대 최고의 학자였을 뿐만 아니라 라틴어를 비롯해 서양의 언어에도 해박했다. 삼각함수 등을 이해한 당대 최고의 수학자이기도 했다. 이는 서양의 선교사들을 스승으로 두고 서양 학문을 열심히 배운 결과였다.

세종도 강희제 못지않은 호학군주(好學君主)였다. 그가 음운학과 문자학에 깊은 조예를 가지고 있었다는 사실을 하등 이상하게 생각할 게 없다. 당시 학승(學僧)들 중에는 표음문자인 범어(梵語, 산스크리트어)를 이해하는 자들이 적지 않았다. 세종 역시 세자시절부터 불경을 탐독하는 등 호불군주(好佛君主)의 모습을 보였다. 그가 성리학을 숭상하는 사대부들의 격렬한 반대를 무릅쓰고 궁중에 내불당(內佛堂)을 지은 사실이 이를 뒷받침한다. 여러 정황에 비춰 세종은 범어에도 해박했다고 보는 게 타당하다. 실제로 한글 자모 중 'ㄴ''ㅁ''ㅂ' 등은 범어의 '데바나가리 문자'와 유사한 형태를 띠고 있다.

만주족이 세운 청나라의 경우는 외국어 습득이 제국 흥망의 관건으로 작용했다. 황제들은 어린 황자 시절부터 모국어인 만주어를 비롯해 몽골어와 한어 등 3개 국어를 반드시 습득해야만 했다. 동맹을 형성한 몽골족을 비롯해 백성의 대종을 이루고 있는 한족을 효과적으로 다스리기 위한 심모원려였다. '인민공화국'으로 포장된 '새 중화제국'을 건설하기 위해 국공내전의 와중에서 외국 언론을 통한 선전공세에 매진했던 마오쩌둥이 평생 영중사전을 옆에 끼고 산 것도 같은 맥락에서 이해할 수 있다.

두 번째 '비교언어학'의 관점에서 접근한 점을 들 수 있다. 이 책에 나온 영어 예문은 기본적으로 조성식 교수의 『영문법연구』에서 발췌한 것이다. 여기에 불어와 독어, 러시아어, 아랍어, 중국어 등의 비교 예문을 더했다. 이는 국내 영문법 관련서 중 최초의 사례라 생각된다. 독자들은 이들 예문을 통해 영어 구문의 기본 구조를 확실히 파악할 수 있을 것이다. 기존의 '영어문형 5형식'을 크게 자동사 구문과 타동사 구문으로 재정리해놓은 것은 이런 접근의 소산이다.

세 번째 '역사언어학'의 관점에서 접근한 점을 들 수 있다. 이 책은 역사적인 고찰이 필요한 경우 범어와 희랍어, 라틴어 등의 예문을 곁들여놓았다. 영어 자체의 변화과정을 살피기 위해 필요한 대목에서 고대영어와 중세영어, 현대영어를 비교해놓은 것과 같은 맥락이다. 범어와 희랍어, 라틴어 등의 비교 예문은 독창적으로 덧붙인 것이다. 이 또한 국내 영문법 관련서 중 최초의 사례에 속한다.

'한국어 관점'에서 영어를 이해해야

네 번째 모국어인 '한국어 관점'에서 외국어인 영어에 대한 이해를 도모한 점을 들 수 있다. 고금을 막론하고 외국어 학습은 모국어를 토대로 할 수밖에 없다. 사실 그것이 가장 빠른 길이기도 하다. 선조 때의 송강 정철과 숙종 연간에 활약한 서포 김만중이 그 실례다. 이들 모두 당대 최고의 한문을 구사한 인물들이다. 그럼에도 정철은 『관동별곡』과 『사미인가』 등 뛰어난 한글 문학작품을 남긴 바 있다. 정철의 문학작품을 두고 '동방의 이소(離騷)'로 극찬한 김만중 역시 『구운몽』 『사씨남정기』 등 뛰어난 작품을 남겼다. 이는 한글 어문에 대한 깊은 지식이 있기에 가능했던 것이다.

원래 조선조 사대부들의 입장에서 볼 때 평생을 두고 연마한 한문은 기본적으로 외국어에 해당하는 까닭에 한글을 제대로 깨우치지 못할 경우 제대로 된 한문을 구사할 수 없다. 일각에서는 영조 때의 대문호인 연암 박지원이 『허생전』 『양반전』 『호질』 등의 문학작품을 한글이 아닌 한문으로 쓴 것을 반론으로 제기하고 있으나 이는 잘못이다. 그의 작품은 문장의 내용과 구성 등 모든 면에서 한글을 제대로 알지 못하면 쓸 수 없는 것이다. 18세기 조선조의 사회상을 핍진하게 그려낸 그의 작품은 한글소설을 한문으로 번역해놓은 것이나 다름없다. 그는 사대부들에게 읽힐 생각으로, 또 그들을 통렬히 비판하기 위해 『허생전』 등을 한문으로 썼을 뿐이다.

21세기의 국제공용어로 군림하고 있는 영어 역시 과거의 한어·한문과 마찬가지로 외국어인 이상 많은 시간과 공을 들여야만 어느 정도 자유롭게 구사할 수 있다. 외국어를 습득하는 데 왕도가 있을 리 없다. 절대적인 시간과 노력이 필요하다. 그러나 이를 효과적으로 단축시킬 수는 있다. 바로 문법을 제대로 익히는 길이다.

일찍이 언어학자 촘스키가 『변형생성문법』에서 설파했듯이 문법지식은 언술하는 사람으로 하여금 사물의 동정(動靜)과 성상(性狀)을 핍진하게 그려낼 수 있도록 도와준다. 이는 마치 제조기술을 터득한 장인이 수요자의 주문을 좇아 다양한 제품을 생산하는 것에 비유할 수 있다. 수학에서 기본원리를 터득한 사람만이 다양한 응용문제를 능히 풀 수 있는 것과 같다. 문법을 산업현장의 제조기술 또는 수학의 기본원리에 비유하는 이유가 여기에 있다.

이 책은 기본적으로 대학의 교양학부 학생을 겨냥한 것이다. 대졸 수준의 일반 독자들도 본서를 읽는 데 큰 어려움은 없을 것으로 본다. 영어를 효과적으로 정복해 21세기 동북아시대를 한반도의 시대로 만들고자 하는 사람에게 이 책이 나름대로 도움이 되었으면 하는 바람이다.

2010년 8월
정릉 학오재(學吾齋)에서 저자 신동준 쓰다

영문법, 정치언어학으로 분석하다

제1부 문장은 질서다

제2부 동사는 활용이다

제3부 명사는 곡용이다

통시적 · 공시적 관점으로 본 영어의 위치

• 서론

정치학과 언어학

지난 2008년 7월 제18차 '세계 언어학자 대회'가 한국에서 개최된 바 있다. 70여 개국에서 온 1,500여 명의 언어학자들이 850편에 이르는 논문을 발표했다. 전통적인 통사론, 음운론, 의미론 이외에도 '언어의 기원과 진화' 등 일반인도 흥미를 가질 만한 내용이 매우 많았다. 가장 눈길을 끈 것은 수전 로메인 옥스퍼드대 석좌교수가 발표한 '언어권리'에 관한 논문이었다. 그는 이 논문에서 언어의 다양성을 적극 옹호하면서 글로벌시대를 맞아 더욱 중요한 주제어로 떠오른 영어의 '독패'(獨覇) 현상에 깊은 우려를 표명했다. 맹목적인 영어 학습 열풍에 경고를 보낸 것이다.

본래 언어와 정치는 순치(脣齒)의 관계를 맺고 있다. 일례로 독일의 사상가 헤르더와 프랑스의 계몽사상가 루소를 들 수 있다. 헤르더는 1769년 여름 베를린학술원이 내건 논문 현상공모에서 「언어의 기원에 대하여」라는 논문으로 1등 당선한 바 있다. 그는 칸트의 권고로 인간의 본성에 충실한 교육을 역설한 루소이 먼저 『에밀』을 읽은 뒤 일탈한 추종자가 된 인물이다. 1753년에 실시된 프랑스 디종 아카데미의 현상공

모에서 「인간불평등기원론」이라는 논문을 제출했다가 떨어진 바 있는 루소 역시 헤르더가 논문을 발표하기 전에 「언어의 기원에 관한 시론」을 쓴 바 있다.

당시 이들이 언어에 이처럼 큰 관심을 보인 것은 언어가 곧 인간의 본성과 직결된다고 생각했기 때문이다. 인간을 신이나 동물과 구별하는 가장 대표적인 상징물로 언어를 상정한 결과였다. 실제로 헤르더는 자신의 논문에서 『성경』의 바벨탑에 기초한 언어의 '신적 기원론'을 부인하고 '인간적 기원론'을 논증코자 했다. 이는 루소의 「인간불평등기원론」과 맥을 같이 하는 것이다. 계몽주의 시대에 '언어정치학' 또는 '정치언어학'이 풍미한 이유가 여기에 있다.

이후 정치언어학은 19세기에 이르러 정치학과 분리돼 분과학문으로 발돋움하면서 놀라운 성과를 거두기 시작했다. 20세기 초에 등장한 소쉬르의 구조주의 언어학이 중엽에 이르러 인문학과 사회과학을 선도하며 학문의 제왕으로 군림한 게 그 증거다. 여기의 '구조'(structure)는 유기적인 관계를 맺고 있는 개념이나 사물의 덩어리를 뜻한다. 구조주의는 소쉬르의 유고집인 『일반언어학강의』가 출간된 이후 널리 퍼지기 시작했다.

원래 소쉬르는 범어학(梵語學)의 대가였다. 그는 21세 때인 1878년에 「인도유럽어 모음의 원시체계에 관하여」라는 논문을 발표해 학계의 주목을 받았다. 언어를 '유기적 관계의 덩어리'로 파악한 그는 이를 '체계'(system)로 표현했다. 체계는 곧 구조주의자들이 말하는 구조와 같은 뜻이다. 그는 논문의 마지막 대목에서 이같이 주장했다.

"언어학의 유일하고 진정한 대상은 그 자체로서 또 그 자체만을 위해 고찰되는 언어이다."

이는 언어정치학 또는 정치언어학에서 출발한 언어학의 독립선언에 해당했다. 그러나 당시 정치언어학을 포함해 지리언어학과 언어인류학, 사회언어학 등 다양한 분야에서 활약하는 그의 제자들은 크게 당혹했다. 실제로 그와 정반대의 생각을 가진 학자들도 적지 않았다. 대표적인 인물이 미국 언어학자 야콥슨이다. 그는 한 언어학 심포지엄에서 이렇게 말했다.

"나는 언어학자다. 언어와 관련된 것 중 내게 무관한 것은 없다."

『변형생성문법』을 쓴 촘스키도 야콥슨과 맥을 같이했다. 평생을 순수한 학자로서의 삶을 산 소쉬르와 달리 전투적인 정치평론가로 살고 있는 그는 생래적인 언어 습득능력을 '원리'(principle)로 규정하면서 언어생활에 표출되는 '실행'(practice)과 엄격히 구분했다. 그가 말하는 '변형'(transformation)과 '생성'(generation)은 곧 원리가 실행으로 나타나는 과정을 달리 표현한 것이다.

원래 그의 『변형생성문법』은 1957년에 발표된 『통사구조론』을 확장한 것이다. 당시 그는 자신의 언어학을 '데카르트 언어학'이라고 불렀다. 서구의 지성사 계보에서 최고의 자리를 차지하고 있는 데카르트의 적통(嫡統)을 자처하고 나선 것이다. 그의 이런 선언은 당시 주류를 이루던 구조주의 언어학과 커다란 마찰을 일으켰다. 그는 이 과정에서 구조주의 언어학이 간과하고 홀시했던 '통사론'(統辭論, Syntax) 즉 '구문론'(構文論)을 언어학의 본령으로 삼아야 한다고 주장해 새로운 흐름을 이끌어 내는데 성공했다.

『변형생성문법』은 문법의 본질을 '규칙의 집합'으로 상정하고 있다. 어휘규칙, 의미규칙, 음운규칙, 통어규칙 등이 그것이다. 통사론은 곧 '통어규칙'에 해당한다. 통어규칙은 '구절구조규칙'과 '변형규칙'의 2가지 규칙으로 이뤄져 있다. 구절구조규칙은 어순과 글의 기본구조를 뜻하고, 변형규칙은 기본구조를 변형시켜 언어관행에 부합하는 '표층구조'를 생성하는 것을 말한다. 표층구조는 언어관행에 부합하는 정문(正文)을 뜻한다. 이는 '심층구조'와 대립된다.

최근에는 심층구조와 표층구조를 거의 같은 것으로 간주하는 견해가 대세를 이루고 있다. 이로 인해 변형규칙의 종류와 역할도 크게 위축돼 있다. 개개의 변형규칙으로서 설명되던 것이 보다 포괄적인 변형규칙 원리에 의해 설명되고 있는 게 저간의 언어학계 흐름이다.

『변형생성문법』의 문제점

촘스키의 통사론이 불러온 혁명적 변화의 충격이 워낙 큰 까닭인지 21세기 현재까지 언어학계에서 그의 이론을 정면으로 반박하는 사례를 찾아보기 힘들다. 그러나 정치언어학의 관점에서 볼 때『변형생성문법』은 크게 2가지 문제점을 안고 있다.

첫째 인간의 언어소통 행위를 병리적(病理的)으로 파악한 점이다. 표층구조 · 심층구조 등의 가설이 그 실례다. 그가 말한 표층구조는 구절구조규칙의 승인을 받아 통용되고 있는 구조에 어휘를 삽입함으로써 형성된다. 결국 심층구조에 변형규칙을 적용함으로써 표층구조가 도출되는 셈이다.

그러나 이는 프로이트의 심리학 이론을 차용한 것으로 실질적인 언어생활과 동떨어져 있다. 통상 깨어 있는 상황의 언술은 그의 주장과 달리 머릿속에서 강약 · 완급의 조절을 거친 후 표출되기 마련이다. 언술하는 사람 스스로 주어진 상황에 가장 부합하는 것으로 판단되는 언술을 외부로 표출하는 까닭에 심층과 표층을 별개로 논할 게 없다. 심층과 표층은 프로이트가『꿈의 해석』에서 분석한 것처럼 잠꼬대, 취언(醉言), 실언(失言) 등의 분석에 유용할 뿐이다. 이런 식의 접근은 라스웰 등의 정치심리학자들이 국가지도자의 리더십을 분석하면서 프로이트의 심리학에 지나치게 의존한 나머지 스탈린과 히틀러 등을 광인으로 몰아간 것과 닮아 있다.

일찍이 구한말의 이제마는 '사상의학'(四象醫學)을 언급하면서 설령 광인으로 보이는 사람일지라도 '신기정혈'(神氣精血) 중 어떤 기질이 과도하게 나타난 것일 뿐 결코 광인으로 보아서는 안 된다고 갈파한 바 있다. 인간의 통상적인 언어소통 행위가 예외 없이 심층과 표층의 복잡한 연계 속에서 이뤄진다고 파악하는 것은 본말이 뒤집힌 것이다.

둘째 인간의 언어소통 능력을 선험적으로 파악한 점이다. 촘스키는 분과학문으로서의 언어학을 강조했던 소쉬르와 달리 정치언어학으로의 복귀를 선언했다. '모든 인간은 태어날 때 이미 언어를 배울 수 있는 능력을 타고 난다'는 대전제 아래 자신의 이론을 전개한 게 그 증거다. 이런 주장은 취지상 '인간은 원래 태어날 때 평등했으나 이후 집단생활을 영위하면서 불평등한 관계로 변하게 되었다'는 루소의 주장과 맥을 같이 한다. 플라톤이 『공화국』에서 이른바 '철인왕'(哲人王)을 언급하며 '이데아론'을 전개한 것과 별반 다를 바가 없는 것이다.

플라톤과 루소, 촘스키의 주장은 공교롭게도 동양의 제자백가 사상과 맥이 통한다. 영원불변의 진리를 파악했다는 이유로 가장 이상적인 통치자로 간주된 플라톤의 철인왕은 『맹자』의 성왕(聖王)과 닮았다. 자연과 더불어 생장한 덕분에 가장 이상적인 인간으로 상정된 루소의 '에밀'은 『노자』의 도인(道人)과 흡사하다. 신이 아닌 인간의 말을 하는 까닭에 가장 보편적인 인간으로 평가된 헤르더의 '말하는 인간'도 『논어』의 '성근습원'(性近習遠) 인성론과 취지를 같이 한다.

서양의 플라톤과 루소, 촘스키를 위시해 동양의 맹자와 노자, 공자는 '인성'(人性)을 '천성'(天性)과 연결시킨 점에서 취지를 같이하고 있다. 문제는 천성을 어떻게 파악하는가 하는 데 있다. 플라톤과 맹자는 이를 불변의 도리인 '천도'(天道)로 간주했다. 이들이 인성을 두고 불완전한 진리를 마치 진리인 양 간주하는 어리석은 인간들의 변덕스런 '인도'(人道)로 파악한 이유다. 이는 공자의 성근습원 주장과 대비된다.

일찍이 공자는 『논어』「양화」편에서 "인간의 성품은 본래 서로 가까운 것이나, 습관으로 인해 서로 멀어지게 된다"고 역설한 바 있다. 그는 인간을 우주만물 안에서 가장 존귀한 존재로 간주한 까닭에 맹자처럼 인도를 천도 밑에 두어야 한다고 주장한 적이 없다. 루소의 에밀과 헤르더의 말하는 인간은 플라톤의 철인왕이나 맹자의 성왕과 달리 공자의 성근습원 개념에 가깝다.

정치언어학의 관점에서 볼 때 촘스키가 『변형생성문법』에서 강조하는 '생래적 언어인'(言語人)은 플라톤의 철인왕과 맹자의 성왕 논리와 닮아 있다. 현실에 존재하지 않는 진리의 세계를 설파한 플라톤의 이데아론이나 인도를 천도의 수준으로 끌어올려야 한다고 주장한 맹자의 성왕론 모두 도덕철학으로는 나름대로 의미가 있다. 그러나 이를 현실 정치를 판정하는 잣대로 사용할 경우 커다란 문제가 생기게 된다. 인도를 천시하고 천도를 절대시하기 때문이다.

공자사상의 적통인 순자는 맹자가 "인성은 선험적으로 선하다"며 이른바 성선설을 주장한 것과 달리 "인정(人情)은 본래 좋은 것을 추구하는 까닭에 이를 방치할 경우 인성은 악해질 수밖에 없다"며 이른바 '정악설'(情惡說)을 주장했다. 성악설은 그의 제자인 한비자가 주장한 것이다. 그러나 순자는 이로 인해 한비자의 법치(法治)와 구별되는 예치(禮治)를 강조했음에도 제자인 한비자와 같은 무리로 몰려 문묘에서 쫓겨나고 말았다. 문화대혁명 때 순자가 유가가 아닌 법가로 분류된 것도 같은 맥락에서 이해할 수 있다.

크게 보아 촘스키가 말하는 심층구조와 생래적 언어인 등은 성선설과 마찬가지로 형이상학의 소산에 해당한다. 증명이 불가능한 생래적 언어인을 상정하고 있기 때문이다. 맹자의 성선설이 현실정치와 괴리돼 있듯이 이 또한 현실의 언어생활에 별반 도움이 안 된다. 정치언어학의 관점에서 볼 때, 보다 중요한 것은 과연 일반인들이 사용하는 언어가 동료간 또는 상하간의 의사소통 매체로 제대로 작동하고 있는지 여부다. 이는 하버마스가 의사소통을 통한 '토론민주주의'를 역설하는 것과 맥을 같이 하는 것이다.

말하는 인간과 설명하는 인간

수천 년에 달하는 시간을 소급해 언어의 뿌리를 연구하는 '역사언어학'은 이른바 '공통조어'(共通祖語)에서 여러 언어가 분기되었다고 간주하는 까닭에 이를 계열화하는 작업에 매달린다. 역사언어학이 통상 친근 관계에 있는 여러 나라의 언어를 한 덩어리로 묶어 비교하는 작업을 진행하면서 비교언어학과 순치의 관계를 맺고 있는 이유다.

역사비교언어학의 관점에서 볼 때 소급의 시간을 수만 년 단위로 확장할 경우 인류 공통의 공통조어가 존재했으리라는 추론이 가능하다. 프랑스의 언어학자 베르나르 빅토르와 장 루이 데살 등이 바로 그런 입장에 서 있다. 이들의 연구는 약 10여만 년 전쯤 아프리카 동부지역에서 출현한 호모 사피엔스가 현생 인류의 공통 조상이라는 진화생물학의 연구 성과에 뿌리를 두고 있다. 현재 진화생물학계에서는 호모 사피엔스의 등장으로 네안데르탈인을 비롯한 호모 에렉투스의 후예가 전멸한 것으로 간주하는 견해가 주류를 형성하고 있다.

베르나르 등은 최근에 펴낸 『언어의 기원』에서 진화생물학의 성과를 토대로 호모 사피엔스는 자신의 생각을 서술한 '문장'을 만들 수 있었던 까닭에 호모 에렉투스를 제압할 수 있었다는 가설을 내놓았다. 이들이 현생 인류를 '호모 나란스'(Homo Narrans, 문장인간)로 규정하는 이유다. 이는 문장을 통해 상대방을 설득하며 정보를 공유하는 인간을 뜻한다. 소쉬르와 촘스키 등 기존의 언어학자들이 견지하고 있는 '호모 로쿠엔스'(Homo Loquens, 언어인간)에 대한 중대한 반론에 해당한다.

최근 『뉴욕타임스』는 인간과 유인원의 언어를 비교한 결과를 인터넷 판에 올린 바 있다. 스코틀랜드의 영장류 전문가 주베르 뷜러의 연구결과는 주목할 만하다. 그의 주장에 따르면 아프리카의 캠벨원숭이도 초보적인 문장을 만들 수 있다. 이들 캠벨원숭이들은 최고의 천적인 표범을 발견하면 '크라크', 독수리 등의 여타 천적을 발견하면 '크라쿠'라고 소리친다. 나무 위에서 '붐붐'이라고 할 때는 자신이 있는 쪽으로 빨리 오라는 뜻이지만 '붐'과 '크라쿠'를 잇달아 외치면 나무가 쓰러지려 하니 조심하라는 뜻이다. 표범에 대한 경고음 '피오우'와 왕관독수리에 대한 경고음 '핵'을 합쳐 '피오우 핵'을 외치면 속히 현장을 빠져 나가자는 뜻이 된다. 이는 문장을 만드는 능력이 결코 인간의 전유물이 아님을 시사한다.

현재 학계에서는 호모 나란스와 호모 로쿠엔스 주장이 팽팽히 맞서 있다. 인간의 기본 특징을 '말하는 존재'에서 '설명하는 존재'로 상향조정할 경우 이는 인문학의 뿌리를 뒤흔드는 계기로 작용할 수 있다. 호모 나란스의 관점에서 볼 때 한국어와 영어, 중국어에 근본적인 차이가 있을 리 없다. 필자도 이런 입장이다.

실제로 고금동서를 막론하고 모든 문장은 주어와 술어가 명확히 구분되어야만 기능할 수 있다. 베르나르 등이 호모 나란스를 현생 인류의 특징으로 간주한 것은 바로 술어의 기능에 주목한 결과다. 술어의 요체는 동사다. 특히 영어 문장은 동사의 활용에 전적으로 기대고 있다. 영문법에 대한 탐색은 바로 이런 전제 위에서 출발할 필요가 있다.

인도유럽어와 범어가 영어에 남긴 흔적

영어는 인도유럽어의 일종이다. 인도유럽어는 동으로 중앙아시아, 서로 유럽의 서쪽 끝에 이르기까지 널리 퍼져 있는 어군(語群)을 통틀어 일컫는다. 이 어군은 다시 인도이란어파를 위시해 러시아어와 폴란드어 등의 슬라브어파, 그리스 반도 일대의 그리스어파, 불어와 이탈리아어 등 라틴어의 후신에 해당하는 로망스어파, 독일어와 영어 등의 게르만어파, 아랍어와 히브리어 등의 셈어파 등으로 나뉜다.

인도유럽어에 대해 현재까지 밝혀진 바로는 기원전 6000~4000경에 공통조어를 사용하는 사람들이 있었고, 이들이 얼마 후 남아시아와 기타 유럽 전역에 퍼져 이동해 갔다는 것이다. 최근의 연구결과에 따르면 인도유럽어 어군이 분화하기 이전에 단일어의 시대가 존재했다고 한다. 이 시기는 인도인과 희랍인의 선조가 함께 생활하며 공통의 언어를 갖고 있던 시기를 말한다. 분포지역과 관련해 몇 가지 설이 있으나 대략 우크라이나에서 카르파티아에 이르기까지 매우 넓은 지역에 걸쳐 있었던 것으로 보는 견해가 유력하다.

역사적으로 볼 때 가장 오래된 문헌을 가진 것은 히타이트어다. 기원전 18세기~12세기에 걸쳐 소아시아에 군림했던 히타이트 제국이 남긴 설형문자(楔形文字, 쐐기문자)는 상당한 변화를 거쳤음에도 놀랄 만큼 인도유럽어족의 옛 특징을 잘 나타내고 있다. 현존하는 인도유럽어 중 가장 오래된 것으로 간주되는 인도이란어파는 기원전 1500년경에 둘로 나뉘었다. 이란고원에 머물며 『아베스타』 경전을 숭상한 이란인과 힌두쿠시 산맥을 넘어 서북인도 인더스 강 상류의 펀자브 지역으로 들어가 『베다』 경전을 신봉한 아리아인이 그들이다.

『베다』는 인도에 이주해온 아리아인들의 우주와 인간에 대한 사유방법과 종교적 지식을 모아 편찬한 것으로 크게 『리그베다』 『사마베다』 『야주르베다』 『아타르바베다』 등 4가지가 있다. 가장 오래된 것은 『리그베다』이다. 기원전 1500~1000년경에 이루어진 것으로 추정되고 있다. 이 시기를 통상 '베다시대'라고 한다. 『아베스타』와 『베다』는 일정한 규칙을 좇아 음을 변형시키는 것만으로도 능히 번역이 될 정도로 가깝다. 베다어는 이후에 등장하는 범어(梵語)의 원형에 해당한다.

기원전 1000~800년경에 이르러 아리아인의 활동 영역이 갠지스 강 상류지역까지 확대되면서 브라만(Brahman, 사제)과 크샤트리아(Ksatriya, 왕족), 바이샤(Vaisya, 서민), 수드라(Sudra, 노예)로 구분되는 카스트제도가 확립되었다. 중국이 불교를 받아들이면서 바라문(婆羅門)으로 번역한 브라만은 창조신인 '범천'(梵天, Brahmana)의 뜻을 영감을 통해 이해할 수 있는 최상위의 성직자 계급을 말한다. 이들은 『베다』 문헌을 널리 확산시키는 데 결정적인 공헌을 했다.

베다시대에 이들의 삶 속에서 중요한 의미를 갖고 있는 것은 의례와 제사였다. 이는 의례와 제사가 우주와 신들을 움직일 수 있는 신비한 힘을 지닌 것으로 간주된 결과였다. 이 무렵에 이루어진 것으로 보이는 『사마베다』『야주르베다』『아타르바베다』가 하나같이 신에 대한 기원, 주문 등으로 꾸며진 이유가 여기에 있다. 의례와 제사가 중심이 된 이 시대를 흔히 '범서(梵書)시대'라고 한다. 경전이 범어로 기록된 점에 주목한 이름이다.

범어가 인도유럽어의 조상에 해당한다는 사실이 학계에 널리 알려진 것은 18세기 말 이후의 일이다. 당초 인도 주재 영국판사였던 윌리엄 존스 경은 고대 인도의 법전에 정통하려는 목적으로 연구를 시작했다가 이내 범어가 자신이 알고 있던 라틴어나 희랍어와 너무나 유사하다는 사실을 발견했다. 곧 이에 대한 연구결과를 논문으로 정리해 캘커타의 아시아협회에서 발표했다. 그는 이 논문에서 "범어와 희랍어, 라틴어는 동사 어간과 문법에서 우연으로 볼 수 없는 유사성이 존재하고, 이는 지금은 사라진 공통조어로부터 물려받은 것으로 보인다"는 가설을 제시했다.

19세기에 들어와 유럽의 언어학자들은 자신들의 언어가 범어와 희랍어, 라틴어와 어떤 관계를 맺고 있는지를 면밀히 연구한 결과 그의 주장이 가설이 아닌 사실이라는 것을 알게 되었다. 학자들은 이 언어들이 지리적으로 동쪽 끝의 인도와 서쪽 끝의 유럽까지 퍼져 있다는 것을 감안해 인도유럽어족으로 분류했다. 범서시대라는 용어가 등장케 된 것은 인도유럽어의 중간조어가 바로 범어라는 사실을 확인한 결과였다.

범서시대에는 베다시대의 자연신교적 종교사상이 더욱 발전돼 우주를 창조한 인격신을 정점으로 한 범신론이 널리 확산되었다. 이에 편승해 의례와 제사를 주관한 사제들은 '바라문 중심주의'를 기치로 내세웠다. 그러나 이에 따른 폐해가 막심했다.

당시 바라문 중심주의에 강한 회의를 품은 사람들이 있었다. 이들이 바로 석가모니의 사상적 스승에 해당하는 '우파니샤드'의 사상가들이다. 우파니샤드는 가까이 앉아 있다는 뜻에서 나온 말이다. 스승과 제자가 가까이 앉아 서로 은밀하게 주고받은 가르침을 모아 놓은 게 바로 『우파니샤드』경전이다. 제사지상주의의 종교행태를 반성하고 철학적 고찰을 심화한 이 시기를 통상 '우파니샤드 시대'라고 한다. 시기적으로 기원전 800~600년경에 해당한다.

우파니샤드가 승려를 뜻하는 사문(沙門, samana)과 불가분의 관계를 맺고 있는 것도 이런 맥락에서 이해할 수 있다. 사문은 원래 '노력하는 사람'을 뜻하는 말로 '자유사상가'의 총칭으로 널리 사용되었다. 이들 사문은 카스트제도를 절대시하는 바라문과 달리 어떠한 계급도 사문이 될 수 있다며 브라만교에 일대 비판을 가했다. 도시 사람들이 이들의 주장을 적극 수용했다. 석가모니는 이런 배경 아래서 불교를 창시했던 것이다.

당시 브라만교의 문헌은 카스트를 말할 때 반드시 바라문, 왕족, 서민, 노예의 순서로 언급한다. 그러나 불교경전에는 왕족, 바라문, 서민, 노예의 순서로 되어 있다. 이는 당시 바라문 세력이 농촌을 중심으로 한 전통사회에서는 여전히 막강한 권위를 누렸으나 신흥 도시에서는 정치적 패자(覇者)인 국왕의 권위에 무릎을 꿇었음을 시사한다. 불교를 왕족계급을 대변한 종교로 간주하는 이유다. 실제로 석가모니는 현재의 네팔 영내에 있는 히말라야 산기슭의 카필라성을 중심으로 한 석가족의 작은 도시국가 왕자 출신이었다.

우파니샤드 시대에는 석가처럼 지식을 고차원적인 해탈의 열쇠로 간주했다. 우파니샤드 사상가들은 창조된 세계를 뛰어넘는 범천의 초월성에 대해 깊이 성찰했다. 모든 것을 포괄하는 동시에 초월하는 범천은 자신의 일부분으로서 온 우주에 편재해 있고, 이는 인간 존재와 동일하다는 게 이들이 얻은 최종 결론이었다. 우주의 근원이자 보편적 원리인 범천과 인간 존재의 근원인 '아트만'(Atman, 자아)은 동일하다는 '범아일여'(梵我一如) 사상이 등장한 배경이다.

브라만교와 우파니샤드 사상의 가장 큰 차이점은 범천에 대한 해석에 있다. 브라만교는 범천을 우주를 창조한 인격신으로 보았으나 우파니샤드 사상에서는 인격신이 아닌 '유'(有, 존재)로 보았다. 기독교의 '야훼'와 그 뜻이 동일한 셈이다. 브라만교가 '자아'로 상징되는 인간을 범천의 창조물이자 종속물로 본 데 반해 우파니샤드 사상가들이 자아를 범천과 동일시한 것은 놀라운 일이다.

원래 아트만은 '호흡하다'라는 동사에서 파생된 말이다. 생기(生氣)와 몸을 뜻하던 말이 시간이 지나면서 자아와 영혼을 뜻하는 말로 전화된 것이다. 범아일여 사상이 석가모니가 개창한 불교의 사상적 배경이 된 것은 말할 것도 없다. 범어는 물론 희랍어에도 존재했던 이른바 '중간태'(中間態)가 등장한 것도 바로 이 때문이었다.

능동태와 수동태의 중간 위치에 있는 중간태는 신에게 제사를 올릴 때 제주(祭主)의 입장에서 자신을 위해 올린 것인지, 아니면 사제(司祭)의 입장에서 남을 위해 올린 것인지 여부를 가리기 위해 등장한 것이다.

범어와 희랍어에 이른바 '아오리스트' 시제가 존재한 것도 이런 맥락에서 이해할 수 있다. 통상 '부정과거'(不定過去) 시제로 불리는 아오리스트 시제는 신의 동정을 표현할 때 사용된 특이한 용법이다. 이는 우리말의 '-하도다'의 뜻에 가깝다. 아오리스트는 완료상(完了相)과 가까웠던 까닭에 라틴어에 이르러서는 완료형으로 통합돼 버렸다. 역사비교언어학의 관점에서 볼 때 영어와 독어에 존재하는 현재완료형은 아오리스트의 흔적에 해당한다.

영어와 게르만어

현재 인도유럽어에서 영어의 모어(母語)에 해당하는 게르만어가 갈라져 나온 배경은 아직 명확히 밝혀져 있지 않다. 다만 다른 언어와의 비교를 통해 그 원형을 대략 추정할 뿐이다. 현재는 문헌 이전의 시대에 빚어진 게르만어 자음의 조직적 변화가 밝혀진 상태다. 이를 두고 학계에서는 발견자의 이름을 따 '그림의 법칙'이라고 부른다.

현대영어 'friend'는 단수와 복수밖에 존재하지 않으나 현대독어 'Freund'는 성(性)과 격(格)에 따른 어미변화가 모두 살아 있다. 상대적으로 인도유럽어의 원형에 가까운 셈이다. 인도유럽어는 원래 단수와 복수 외에 쌍수(雙數)가 존재했다. 호메로스에서 고전기에 이르는 희랍어의 변천과정에서 그 흔적을 찾을 수 있다. 현대 아랍어에서는 쌍수가 제대로 기능하고 있다.

복수형과 관련해 주목되는 현상이 히타이트어와 범어, 희랍어에 존재한다. 중성명사의 복수가 주어로 등장할 때 동사가 단수형을 취하는 이른바 '불일치(不一致)의 용법'이 그것이다. 이는 중성명사의 주격복수형이 본래는 같은 모음으로 끝나는 여성 주격단수형에서 길다져 나온 역사를 반영한 것이다. 이 여성명사는 집합적인 의미를 가진 추상명사였다.

현대의 스웨덴어에서는 생물과 무생물의 2성이 대립하고 있으나 범어와 희랍어, 라틴어에서는 남성과 여성, 중성 등 3성이 대립했다. 현대 불어는 남성과 여성의 2성 대립 구도이나 독어와 러시아어 등은 3성 대립 구도다. 어떤 것이 더 오랜 체계인지에 대해서는 견해가 엇갈리나 인도유럽어 전체에서 보면 3성 쪽이 유력하다.

명사와 형용사의 격은 어파에 따라 상이하다. 가장 동쪽에 분포한 토카라어는 3격이면서도 접미어에 의한 2차적인 격이 존재한다. 불어와 독어는 주격과 소유격, 여격, 목적격 등의 4격을 보유하고 있다. 그러나 현재의 힌디어는 범어와 마찬가지로 호격을 포함해 모두 8개의 격을 그대로 보유하고 있다. 역사언어학적으로 8격 이상의 격은 나타나지 않았다는 점을 감안할 때 8격이 가장 오래됐다는 주장이 설득력을 얻고 있다. 그러나 호격을 포함시켜 5격이 존재했고 여기에 구체적인 관계를 표시하는 구격(具格, 공동격)과 탈격(奪格), 어격(於格, 처소격) 등의 3격이 덧붙여졌다는 견해도 있다. 이들 성, 수, 격 등 3요소는 인도유럽어의 명사와 형용사를 형성하는 기본요소에 해당한다.

인도유럽어는 중세에서 근대로 넘어올 때 성과 격의 구별이 희미해지거나 대거 사라졌다. 이는 영어에서 가장 먼저 일어났다. 격의 구별이 점차 애매해지면서 문장의 뜻이 모호해지는 것을 방지하기 위해 주어와 목적어를 분리시키고 그 사이에 동사를 끼워 넣는 어순이 하나의 법칙으로 굳어졌다. 영어는 동사조차 활용어미를 대거 상실하는 바람에 문장 안의 위치가 더욱 중요할 수밖에 없었다.

원래 라틴어 때까지만 해도 본동사의 활용을 통해 인칭과 수, 시제(時制), 태(態), 법(法) 등의 5요소를 모두 표시했다. 그러나 영어를 포함한 게르만어의 경우는 초기부터 동사의 시제가 현재와 과거밖에 없는 까닭에 조동사의 도움이 없으면 미래시제와 수동태, 가정법 등을 표

현할 길이 없었다. 그럼에도 영어를 포함한 21세기의 모든 인도유럽어
는 수천 년 동안 면면히 이어지고 있는 굴절어의 특징을 고스란히 보존
하고 있다. 학자들이 영어의 뿌리를 탐색하기 위해 범어와 희랍어, 라
틴어 등을 공부하는 이유다.

그러나 일반인의 경우 범어와 희랍어, 라틴어를 공부한다고 영어를
더 잘하는 것은 아닐 것이다. 영어를 모국어로 사용하는 사람일지라도
별반 다르지 않다. 그러나 그 뿌리를 아는 것과 모르는 것은 커다란 차
이가 있다. 우리말의 경우 한자와 한문을 아는 사람과 그렇지 못한 사
람의 경우를 생각하면 쉽게 이해할 수 있다. 21세기는 지식창조 사회
다. 창조는 지식에서 나올 수밖에 없고, 지식은 동서양의 고전을 통해
습득할 수밖에 없다.

한국인을 포함해 중국인과 일본인 등 서구 열강의 막강한 힘을 절감
했던 동아시아인들의 경우 서양의 역사문화에 대한 이해는 지피지기
(知彼知己) 차원에서 극히 중요할 수밖에 없다. 영어는 서양의 문학과
역사, 사상 등을 이해하는 열쇠에 해당한다. 영어를 외국어로 배우고
있는 우리에게도 영어를 모국어로 배우는 사람들 못지않게 영문법에
대한 심도 있는 지식이 요구되는 이유다.

최근 원로 경제학자 정기준이 그간 'geometry'의 번역어로 알려져
있던 '기하'의 어원을 밝혀낸 것은 좋은 사례에 해당한다. 그가 최근 수
학학회지에 발표한 논문에 따르면 명대 말기인 1607년 마테오 리치와
서광계(徐光啓)는 라틴어로 유클리드의 『Elementa』를 『기하원본』이
라는 책이름으로 번역했다. 이 책은 제1권의 머리에 "여러 도수(度數)
를 다루는 분야는 모두 십부(十府)에 의뢰할 때 그 가운데 기하부(幾何
府)에 속한다"고 써놓았다. '십부'는 아리스토텔레스가 말한 '10카테
고리'이고, 두 번째 것이 '수량카테고리'이다. 수량카테고리의 의미는
영어의 'how much'이고, 이를 직역하면 기하(幾何, '얼마'의 뜻으로

쓰이는 부사)가 된다.

4백 년 동안 한중일 3국에서 지오메트리의 음역(音譯)으로만 알았던 기하가 21세기에 들어와 한국의 한 원로학자에 의해 원래는 수학 일반을 가리킨다는 사실이 처음으로 밝혀진 것이다. 동서양의 문화교류는 그 역사가 이처럼 깊다. 찾기로 들면 이와 유사한 사례를 무수히 찾을 수 있을 것이다.

실제로 2010년에야 한국어로 번역된 주겸지(朱謙之)의 『중국이 만든 유럽의 근대』는 동양이 유럽의 근대를 모방했다는 기존의 잘못된 상식을 일깨워주고 있다. 북경대 철학과 교수로 재직했던 그는 이 책에서 유럽의 문예부흥은 중국 고전의 '번역'에서 시작되었다고 역설하고 있다. 원제국 성립 이후 이탈리아 선교사와 상인 등의 중국 방문이 줄을 이었고, 선교사들은 광적으로 중국 고전을 라틴어로 번역했고, 데카르트와 파스칼, 루소 등은 이를 통해 자유와 민권 등을 주창하게 되었다는 것이다.

주겸지의 이런 주장은 미국의 저명한 중국학자인 크릴이 『공자, 인간과 신화』에서 거듭 주장한 것이기도 하다. 문제는 서양의 지식인들이 이를 인정치 않고 있는 데 있다. 표절을 해놓고도 시치미를 떼는 격이다. 그러나 중요한 것은 기원이 어디에 있었는지 여부가 아니다. 종이와 화약, 총포, 나침반, 도자기, 제자백가사상, 성리학 등 모든 문물이 동양에서 서양으로 흘러들어갔을지라도 서양은 이를 더욱 발전시켜 자신들의 것으로 만든 데 반해 동양은 이를 소홀히 한 것을 반성해야 한다.

중요한 것은 외국의 뛰어난 문물을 적극 받아들여 자국의 역사문화 전통과 결합시켜 독창적이면서도 수준 높은 새 문물을 만들어내는 '창조정신'이다. 21세기의 치열한 글로벌 경제전쟁 상황에서 이를 소홀히 하고 자그마한 성공에 안주해 자고자대(自高自大)할 경우 그 어떤 나라라도 이내 쇠망의 길로 접어들 수밖에 없다. 세상만사가 늘 그렇듯이 영원한 제국도, 영원한 1등도 존재하지 않는다. 오직 부단히 노력하는 자만이 앞서 나갈 수 있다. 『주역』이 '자강불식'(自强不息)을 역설하는 이유다.

고대영어

영어를 제대로 이해하려면 먼저 영어가 걸어온 발자취를 개략적이라도 알 필요가 있다. 언어학자들은 영어에 결정적인 변화를 가져온 역사적인 사건들을 토대로 영어의 역사를 크게 고대영어, 중세영어, 현대영어로 삼분한다. 고대영어는 5세기 중엽부터 1100년까지, 중세영어는 1100년부터 1500년까지, 현대영어는 셰익스피어가 등장하는 1500년 이후에서 21세기 현재까지를 말한다.

고대영어는 5세기 중엽 게르만족의 일파인 앵글족과 색슨족 등이 당시 켈트족이 살고 있었던 브리튼 섬에 발을 디디면서 시작되었다. 이는 켈트족이 스코트족 등의 침입에 대항하기 위하여 이들에게 도움을 청한 데서 비롯되었다. 앵글족은 원래 독일북부와 덴마크 국경에 살았고, 색슨족은 이들과 인접해 살았다. 현재 독일의 작센 지역이 이들의 고향이다. 영어의 문어에 가끔 'Spring is come' 등의 표현이 등장하는 것은 독어에서 완료형 조동사로 haben(*have*)동사 외에 sein(*be*)동사가 등장하는 것처럼 앵글족과 색슨족이 남긴 고대영어의 흔적에 해당한다.

당시 켈트족의 요청으로 브리튼 섬에 정착한 앵글족과 색슨족은 이내 켈트족을 아일랜드 섬으로 몰아내고 브리튼 섬을 장악했다. 원래 켈트족은 로마제국 때까지만 해도 브리튼 섬을 중심으로 여러 지역에 널리 퍼져 있던 강력한 민족이었다. 동서로 지금의 터키 앙카라에서부터 스페인까지, 남북으로 로마 북부에서 프랑스를 거쳐 브리튼 섬에 이르기까지 드넓은 지역이 이들의 영역이었다. 그러던 것이 이후 게르만족의 압박에 밀려 아일랜드 섬으로 쫓겨 들어가면서 이들이 사용하는 켈트어 역시 극도로 축소돼 현재는 아일랜드와 영국 웨일즈 지방, 프랑스의 브레톤 지방에만 남아 있다.

이와 정반대로 켈트어를 대신한 게르만어는 급속도로 확장되었다. 브리튼 섬에는 무수한 방언이 존재했으나 크게 서부 색슨어(Western Saxon), 북부 앵글리아어(Northern Anglian), 런던을 포함한 남동부의 켄트어(Kentish) 등 3개의 방언이 주류를 형성했다. 지금도 7~11세기 서부 색슨어로 쓴 기록이 많이 남아 있다.

당시 앵글족과 색슨족은 이른바 '저지대 서게르만어'(Low West Germanic dialects)를 사용하고 있었기에 상호 의사소통에 큰 불편함이 없었다. 그러나 시간이 지나면서 게르만어의 복잡한 굴절형태를 보전하기가 쉽지 않았다. 같은 뿌리에서 나온 독어와 영어가 현대에 이르러 유사한 점을 찾아보기 힘들게 된 이유다.

굴절은 명사, 형용사, 지시대명사, 의문대명사, 동사 등이 인칭과 성(性, 여성 · 중성 · 남성), 수(數, 단수 · 쌍수 · 복수), 격(格, 주격 · 소유격 · 여격 · 대격 등)에 따라 어미변화를 하는 것을 말한다. 영어 등의 게르만어를 비롯해 라틴어를 뿌리로 삼고 있는 불어 등의 로망스어, 러시아어와 폴란드어 등의 슬라브어, 아랍어 및 히브리어 등의 셈어가 모두 굴절어에 속한다. 이들 굴절어를 통상 인도유럽어로 부르는 것은 가장 뿌리가 되는 조어(祖語)가 현대 힌디어의 조상어인 범어에 있다는 사실에 기초한다.

굴절어와 대비되는 것이 중국어와 베트남어, 말레이-인도네시아 등의 고립어(孤立語)다. 이들 고립어는 전혀 굴절을 하지 않는 점에서 영어 등의 인도유럽어와 극명한 대조를 이루고 있다. 고립어의 가장 큰 특징은 문장 내 위치에 따라 격을 부여하는 데 있다. 격어미 대신 조사를 사용하는 한국어 등의 교착어(膠着語)는 굴절어와 고립어의 중간에 속한다.

당초 영어가 뿌리를 같이하는 독어와 다른 길을 걷게 된 데에는 브리튼 섬에 들어온 앵글족과 색슨족이 호전적인 기질로 인해 역사를 기록하는 일에 무관심했던 점이 크게 작용했다. 게르만어의 복잡한 굴절형태를 모두 기억해 후손에게 물려주는 일은 애초부터 불가능했다. 이들에게 글을 쓰는 관행이 생긴 것은 6세기 말 기독교가 브리튼 섬에 전파된 이후다. 9세기에 앨프레드 왕이 출현하면서 영어로 글을 쓰고 외국 작품을 영어로 번역하는 일이 시작되었다. 이 시기를 고대영어의 전성기로 본다.

당시 바이킹족의 계속된 침략으로 인해 앨프레드 왕이 지배하던 지역의 방언으로 쓰인 문헌을 제외하고 나머지 지역 방언으로 쓰인 기록은 모두 파기되었다. 이 와중에 영어는 굴절형태를 적잖이 상실한 데이어 기독교의 영향으로 인해 라틴 어휘가 가미되면서 게르만어와 이질적인 모습을 보이기 시작했다. 바이킹족이 사용하는 북부독일 방언도 영어에 대거 침투됐다. 이로써 고대영어의 시대는 끝나고 중세영어의 시대로 접어들게 되었다.

언어학 측면에서 볼 때 고대영어는 현대영어보다 뛰어난 점이 있었다. 한 단어에서 몇 백 개의 단어를 생성할 만큼 단어 생성력이 뛰어난 점이다. 이는 접두사와 접미사 등을 자유롭게 활용한 덕분이었다. 일부 언어학자들은 고대영어를 사용하던 사람들이 침략자인 바이킹족만큼이나 적응력이 뛰어나고 모험심이 강했기 때문으로 해석하고 있으나 이는 약간 지나치다. 그보다는 오히려 게르만어의 전통으로 보는 게 옳다. 현대독어가 아직도 접두사와 접미어를 이용해 수많은 단어를 생산하고 있는 게 그 증거다.

중세영어

영어가 중세영어로 접어들게 된 데에는 지금의 프랑스 북부지역인 노르망디 일대에 정착하고 있던 노르만족이 브리튼 섬을 장악한 게 결정적인 배경으로 작용했다. 노르만족은 원래 바이킹족이었으나 일찍부터 노르망디에 상륙해 프랑스 문화와 언어의 영향을 받았다. 이 지역을 다스리던 윌리엄 공은 영국 왕위계승의 합법성을 문제 삼아 영국을 침략함으로써 마침내 1066년 12월 영국왕으로 즉위했다. 이 사건으로 브리튼 섬에는 두 언어가 공존하게 되었다. 윌리엄 공은 2만 명가량의 노르만인을 거느리고 온 까닭에 불어로 생활하고 통치했다. 중세영어에 불어가 대거 혼입케 된 배경이다.

지배층인 노르만족은 불어, 일반 백성은 영어를 사용했으나 이로 인한 핍박은 없었다. 이 와중에 영어는 복잡한 굴절 형태를 과감히 생략하는 대신 불어의 단어와 어법을 대거 차용하게 되었다. 문장의 위치에 따라 품사의 격이 확정되는 현대영어의 기본특징이 이때 만들어졌다. 이는 불어를 사용하는 지배층과 라틴어에 익숙한 식자층이 불어와 라틴어로 글을 쓴 데 반해 일반 백성은 거의 글을 쓰지 못해 문어가 아닌 구어만 사용한 결과였다. 중세영어의 문헌이 거의 남아 있지 않은 것도 이와 무관치 않다. 영문학사에서 이 시기를 '영문학의 암흑기'로 부른다.

중세영어 후반기에 들어와 지배층인 노르만족이 프랑스 소재의 땅을 포기하고 오로지 영국인으로 살아가게 되면서 지배층까지도 영어를 사용하는 현상이 빚어지기 시작했다. 이때의 영어는 이미 게르만족이 5세기 중엽 처음 브리튼 섬에 상륙했을 당시의 언어와 현격한 차이를 보이고 있었다. 당시 일반 백성들이 사용하는 영어는 굴절 형태를 이미 상실하고, 품사가 문장 내 위치에 따라 결정되고, 격을 대신하는 전치사 등의 기능어에 의존하는 등 고립어의 모습으로 크게 변질돼 있었다. 접두사와 접미사를 덧붙여 어휘를 늘리거나 합성어를 만드는 게르만어의 특징이 상실되고, 대신 불어와 라틴어의 어휘가 일반 국민이 사용하는 영어에도 대거 차용되었다.

원래 고대영어에도 라틴어 차용이 더러 있었으나 거의 순수하게 게르만어로 변한 것이었다. 문장의 기본 틀도 게르만어의 특징에서 벗어나지 않았다. 그러나 중세영어에서는 어휘와 문장구조의 기본 틀만 게르만어의 특징을 보일 뿐 전체적인 특징은 오히려 불어 등의 로망스어에 가까웠다. 불어와 라틴어의 방대한 차용이 이런 결과를 초래한 것이다. 영어영문학 전공자들이 고대영어를 접할 때는 마치 외국어를 대하는 느낌을 받으나, 중세영어로 쓰인 글은 친숙하다는 인상을 받는 이유가 여기에 있다. 그러나 지금도 스칸디나비아 학생들은 영어권 학생들보다 고대영어를 더 친숙하게 느낀다.

현대영어

중세영어가 현대영어로 넘어오는 1500~60년경의 과도기에 위치한 르네상스기의 영어는 영국 사회 전반에 걸친 문예부흥의 성과를 고스란히 담고 있다. 과학과 철학, 예술, 문학 등 각 분야의 눈부신 발전은 영어를 매우 풍성하게 만들었다. 공전절후의 대문호 셰익스피어가 활약한 시기가 이때였다.

여기에는 인쇄기의 도입과 교육의 보급 등으로 글을 읽을 수 있는 사람이 기하급수적으로 늘어난 것이 가장 큰 요인으로 작용했다. 영어가 오늘날처럼 세계 공용어로 발돋움할 수 있는 기틀이 이때 마련됐다. 이는 복잡한 굴절 형태를 과감히 없애고, 문장 내 단어의 위치로 격을 대신한 영국인의 창조성이 발휘된 결과였다 명사로만 쓰이던 'water'가 주어 뒤의 동사 자리에 옴으로써 곧바로 동사로 작동해 괴기형인

'watered'가 나타나고, 'watered silk'(물결무늬 비단) 등의 신조어가 가능해진 게 그 실례다.

가장 뛰어난 창작품은 인도유럽어를 통틀어 오직 영어에만 존재하는 '현재진행형'이다. 이는 범어와 희랍어, 라틴어에 이어 불어 등의 로망스어에 이르기까지 꾸준히 이어진 이른바 반과거(半過去) 형태를 대신할 과거진행형을 만들어낸 뒤 이를 논리적으로 확장한 결과였다. 영국인은 여기에 그치지 않았다. 곧이어 완료상에까지 이를 확장해 현재완료진행과 과거완료진행, 미래완료진행 형태까지 만들어냈다.

우리말의 '아닌 게 아니라'처럼 부정에 대한 부정을 하면 긍정으로 변하는 것을 알아채 관습적으로 써오던 이중부정을 비문(非文)으로 간주케 된 것도 이때였다. 그 이전까지만 해도 이중부정은 부정을 더욱 강조하는 뜻으로 사용되었다. 비교급의 일회 사용으로도 능히 비교의 의미를 나타내는 것을 용인해 이전의 이중비교 형태를 폐기하기 시작한 것도 이때였다.

많은 학자들이 사물의 미세한 차이까지도 정확히 표현하기 위해 라틴어를 비롯해 로망스어와 희랍어 등에서 많은 단어와 어법을 과감히 차용한 것도 영어를 풍부하게 만드는 데 크게 기여했다. 그러나 이는 영어권에서 학식의 정도에 따라 상이한 영어를 구사함으로써 보이지 않는 계층을 형성하는 계기로 작용하기도 했다. 어휘를 많이 알면 알수록, 어문구조의 논리성을 알면 알수록 문장의 길이가 짧아지고 의미전달이 더욱 효과적으로 이뤄진 결과다. 이는 마치 중국과 조선의 사대부들이 한문과 한시 등을 이용해 서로 정보를 교환하며 교환(交驩)한 것에 비유할 만하다.

21세기 현재에 이르기까지 널리 사용되고 있는 현대영어의 기본 틀이 갖춰진 것은 르네상스기 때 여러 사람이 앞장서 영어를 최고의 문화어로 만들기 위해 부단히 노력한 결과다. 셰익스피어를 비롯한 수많은 문학가와 학자들이 일등공신의 역할을 한 셈이다.

현대영어의 세 가지 특징

영어는 외양상 불어나 이태리어 등의 로망스어와 닮아 있다. 그러나 '오다'와 '가다', '서다', '먹다', '자다' 등 사람들의 일상생활과 관련한 용어가 모두 게르만어에서 나온 것을 보면 영어의 뿌리는 어디까지나 게르만어라는 사실을 인정할 수밖에 없다. 로망스어와 어원을 같이하는 어휘는 예외 없이 식자층과 상류층이 즐겨 쓰는 학술·예술 용어 등에 한정돼 있다. 이런 현상은 어제오늘의 일이 아니라 근 1천 년 이상의 역사를 갖고 있다. 영어의 역사가 영국의 역사를 반영한다는 얘기가 나오는 이유다. 21세기 현대영어에 나타나는 특징을 역사언어학의 관점에서 보면 대략 3가지로 요약할 수 있다.

첫째 어휘의 단순화 경향이다. 우선 단음절로 구성이 된 점을 들 수 있다. 이미 바이킹족과의 동화과정에서 일상생활 속의 발음하기 어려운 다음절 어휘는 바이킹족이 사용한 발음하기 쉬운 단음절 어휘로 대체되었다. ceorfan이 cut으로 대체된 것 등이 그 실례다. 그러나 당시 식자층이 들여온 다음절의 차용어들은 거의 원형을 그대로 간직했다. 이들은 단어의 섬세한 뉘앙스와 사물의 과학적인 논리를 뒷받침하기 위해 희랍어와 라틴어 등을 과감히 차용했다. 여기에 외국어들도 한몫했다. 외국어와 모국어를 섞어 사용하는 이른바 '언어변환'(code-switching) 현상이 그것이다. 경제적이면서 과학적인 영어가 가능케 된 단초다.

둘째 어순의 고립어 경향이다. 문장 내 위치에 따라 품사가 자유롭게 변하는 게 그 증거다. 형용사가 주어나 목적어 자리에 오면 명사, 동사 자리에 오면 동사, 부사 자리에 가면 부사가 되는 시이다. 근대에 들어와 이런 경향이 더욱 심해지고 있다. 이는 일반 사람들이 명사, 형용사,

동사의 어미변화를 기억하지 못한 사실과 밀접한 관련이 있다. 이들이 주격, 소유격, 여격, 대격 등의 격어미를 과감히 없애고, 대신 문장 내 위치로 격을 나타낸 것은 탁월한 선택이었다. 영어가 중국어 등의 고립어처럼 전치사, 접속사, 대명사, 조동사 등에 크게 의존케 된 것은 이 때문이다.

셋째 문법체계의 단순화 경향이다. 시제와 상(相, aspect)을 통합하고, 원망법과 가능법을 가정법으로 통합시킨 점 등을 들 수 있다. 자신의 생각이나 의견을 타인의 그것과 구별코자 하는 문화가 이를 가능케 했다. 이는 범어 때부터 존재했던 인도유럽어의 가장 큰 특징인 아트만 개념과 불가분의 관계를 맺고 있다. 이런 점 등을 감안하고 영어를 접하면 훨씬 친숙한 느낌이 들 것이다.

한국어와 영어의 결정적 차이, 어순

한국인은 영어 단어를 많이 아는데도 회화가 잘 안 된다. 수십 년 동안 미국에서 살아왔고 어려운 단어도 꽤 많이 알고 있는 교포 1세가 초등학생 자녀인 교포 2세보다 영어를 못하는 게 그 증거다. 객관적으로 볼 때 한국의 대학생보다 단어 실력이 달리는데도 영어를 모국어로 하는 사람들은 불과 수백 개에 지나지 않는 낱말로 모든 것을 표현한다. 사실 한국인이 가정이나 직장에서 사용하는 단어도 모두 모아봐야 기껏 수백 개에 지나지 않는다. 일상회화의 관건은 '단어'가 아닌 '문형'에 있음을 방증하는 사례다.

영어는 명사와 동사의 어미가 인칭과 성, 수, 격, 시제, 상, 태, 법 등에 따라 수시로 변하는 굴절어다. 영어를 비롯해 불어와 독어, 러시아어, 아랍어, 이란어, 인도어 등 인도유럽어에 속하는 모든 언어가 굴절어에 속한다. 그러나 영어는 특이하게도 굴절 형태가 사실상 사라져 중국어 등의 고립어와 유사한 모습을 띠고 있다. 중국어와 베트남어 말레이-인도네시아어 등은 명사와 동사의 어미가 전혀 굴절하지 않는 까닭에 단어의 문장 내 위치에 따라 그 의미가 확정된다.

한국어의 문형은 영어와 현격한 차이가 있다. 유럽인은 물론 인도인, 중국인, 말레이인도 영어를 잘하는데 유독 한국인이 일본인과 더불어 세계에서 영어를 가장 못하는 국민으로 꼽히는 것도 이와 무관치 않다. 문형의 요체인 '어순'이 다르기 때문이다.

말이든 글이든 결국 문장을 통해 의사소통이 이뤄질 수밖에 없다. 문장은 기본적으로 단어의 나열로 이뤄지나 아무렇게나 단어를 나열한다고 문장이 되는 게 아니다. 반드시 문장의 규칙을 좇아야 한다. 이것이 '문법'이다. 문법 자체가 하나의 규범인 까닭에 이를 어기면 설령 뜻이 통할지라도 사이비 문장인 이른바 비문으로 간주되는 것이다. 문법도 일상생활의 법이 그렇듯이 고정돼 있는 게 아니다. 언어관행이 크게 바뀌면 과거에 비문으로 취급된 문장이 '정문'(正文)으로 간주되고, 정문이 비문으로 취급될 수 있다.

한국어와 영어의 문형에서 가장 큰 차이가 나는 것은 동사의 위치다. 영어는 동사가 반드시 주어 다음에 오게 되어 있으나 한국어는 문장의 맨 뒤에 나온다. 매우 작은 차이 같지만 사실 이게 한국인이 유창한 영어를 구사하는 데 가장 큰 걸림돌로 작용하고 있다. 짧은 문장의 경우는 이해하는 데 큰 문제가 없다. 그러나 전달 내용이 복잡해지면 이게 통하지 않는다. 큰 걸림돌로 작용하는 동사의 위치 때문이다.

현재 영어의 고립어 진행이 가속화하고 있는 만큼 언젠가는 영어도 중국어처럼 목적어를 동사 앞으로 끌어내는 구문이 등장할지도 모를 일이다. 이때는 한국인이 유창한 영어를 구사하는 데 적잖은 도움을 받을 수 있을 것이다. 그러나 현재로서는 한국어 어순으로 낱말을 늘어놓을 경우 설령 의사소통이 될지라도 비문으로 취급받을 수밖에 없다.

제1부

문장은 질서다

동서고금을 막론하고 하나의 문장을 이루기 위해서는 한 문장에 등장하는 낱말 모두 술어동사를 제외하고는 반드시 일정한 격(格)을 가져야만 한다. 이는 크고 작은 가족의 경우를 생각하면 된다. 역사상 가장 큰 대가족을 이룬 사람은 청대의 건륭제. 그는 다섯 세대가 한 집에서 생활하는 이른바 '5세동당'(五世同黨)을 자랑했다. '5세동당'에서 가장 연장자인 고조부에서 시작해 가장 어린 막내손자에 이르기까지, 일정한 호칭이 존재하지 않을 경우 집안은 이내 뒤죽박죽이 되고 말 것이다.

1 구문: 문장은 왜 질서로 비유될까

모든 문장은 크게 둘로 나눌 수 있다

고금동서를 막론하고 모든 언술은 장황하게 길어지면 일종의 '둔사'(遁辭, Excuse)가 되고 만다. 초점이 흐려져 전달코자 하는 내용이 왜곡 또는 실종될 소지가 크다. 이는 하나의 문장 내에 여러 개의 주어가 병렬, 중첩된 복문을 생각하면 될 것이다. 단문일지라도 술어동사의 활용을 되도록 자제해야 좋은 글과 말이 될 수 있다.

19세기 중엽 링컨이 게티스버그에서 연설할 당시 당대의 웅변가인 에드워드 에버렛은 2시간 동안 장광설을 펼쳤다. 연설을 마친 후 흡족한 표정으로 자리에 앉은 그는 자신의 뒤를 이어 단상에 오른 링컨의 연설을 듣고는 크게 부끄러워할 수밖에 없었다.

링컨의 연설은 단 2분에 불과했다. 사용된 단어 역시 총 266개에 지나지 않았다. 그러나 그 내용만큼은 사람들의 심금을 울리는 천고의 명문으로 이루어졌다. 절제된 표현과 정연한 논리로 다듬어진 덕분이다. 당시 연설의 대미를 장식한 다음 구절은 현재까지 미국 민주주의를 상징하는 명문으로 남아 있다.

The government of the people, by the people, for the people, /
shall not perish from the earth.

인민의, 인민에 의한, 인민을 위한 정부는 / 결코 지상에서 사라지지 않으
리라.

학교문법에서는 복잡한 해석을 시도하고 있다. The government는
주어, of the people, by the people, for the people은 주어를 꾸며
주는 형용사구, shall not은 미래시제 조동사, perish는 목적어와 보어
의 도움을 필요로 하지 않는 완전자동사, from the earth는 동사를 꾸
며주는 부사구라는 식이다. 게다가 제1형식 문장에 해당한다는 친절한
문형 분석까지 곁들이고 있다. 이런 분석이 영어를 제대로 이해하기 위
해 반드시 필요한 것이라면 나름대로 수긍할 수도 있으나 오히려 방해
만 될 뿐이다.

영문법 학자들은 '문형 5형식'을 크게 자동사(自動詞, Intransitive
Verb)와 타동사(他動詞, Transitive Verb) 구문으로 대별하고 있다. 이
는 아리스토텔레스 이후 많은 학자들이 인도유럽어의 문법구조를 열심
히 탐구한 결과를 반영한 것으로 높이 평가할 만하다. 문제는 그 다음
이다. 왜 자동사와 타동사를 다시 '완전'과 '불완전'으로 나눠 5개의 문
형으로 나눴는지에 대한 해명이 궁색하다. 나아가 빈어를 어떻게 '간접
빈어'와 '직접빈어'로 나눌 수 있는 것인지, 목적보어가 빈어의 의미를
보완한다는 것은 과연 구체적으로 무엇을 뜻하는지 등에 관해 제대로
된 설명을 내놓지 못하고 있다. 이것이 학생들을 더욱 헷갈리게 만들고
있는 것은 말할 필요도 없다.

고금동서를 막론하고 세상의 모든 문장은 아무리 길지라도 오직 하
나의 주어와 동사를 갖고 있다. 우리말에서 한 문장에서 사용되는 '-은
/는'과 '-이/가'가 구별되는 이유다. 한 문장에서 문장 전체를 대표하는

주어는 '-은/는'의 주격조사가 붙은 구절이 될 수밖에 없다. 일례로 「기미독립선언서」의 다음 대목을 보자.

원한과 분노가 쌓인 2천만 민족을 힘으로 구속하는 것은 다만 동양의 영구한 평화를 보장하는 길이 아닐 뿐만 아니라, 이로 인해 동양 안위를 좌우하는 핵심인 4억 중국인이 일본에 대하여 가지는 두려움과 의심을 갈수록 두텁게 하여 그 결과로 동양의 모든 국면이 함께 넘어져 망하는 비참한 운명을 가져 올 것이 분명하니, / 오늘날 우리 조선의 독립은 조선 사람으로 하여금 정당한 생존과 번영을 이루게 하는 동시에 일본으로 하여금 그릇된 길에서 벗어나 동양을 붙들어 지탱하는 자의 중대한 책임을 온전히 이루게 하는 것이며, 중국으로 하여금 꿈에도 잊지 못하는 일본 침략의 불안한 공포로부터 벗어나게 하는 것이며, 또 동양평화로써 그 중요한 일부를 삼는 세계평화와 인류행복에 필요한 단계가 되게 하는 것이다.

문법의 관점에서 볼 때 하나의 문장이 너무 길어 좋은 글이라고 하기는 어려우나 내용면에서 보면 나름대로 매우 논리정연하게 전개된 글임을 알 수 있다. 첫 머리인 '원한'에서 '분명하니'까지는 이유를 설명하는 종속절이다. '오늘날'부터 '것이다'까지가 주절이다. 주어는 '조선의 독립', 술어는 3개의 '것이다'로 나타나 있다. 이처럼 엄청난 길이의 문장도 그 핵심내용을 추려보면 '조선독립은 세계평화의 전제조건이다'라는 단문을 확장한 것에 불과하다. 다음 예문을 보자.

	(A)	=	(B)
영어	Chosun's independence	/ is /	a precondition for World Peace.
중어	朝鮮獨立	/ 是 /	世界和平的 前提條件.

한 문장에서 주어로 등장하는 명사를 통상 주격명사라고 한다. 주격은 주어가 될 수 있는 자격을 말한다. 주격명사를 대신한 대명사는 주격대명사가 된다. 한 문장에서 주어가 될 수 있는 것은 주격명사와 주격대명사밖에 없다.

이들 주격명사와 주격대명사는 한 문장에서 가장 핵심적인 실체(實體)를 이루고 있는 까닭에 통상 '체언'(體言, Substantive)이라고 한다. be동사로 연결되는 'A=B' 문장에서 주격체언은 주어와 술어에 동시에 등장한다. 주어와 술어에 등장하는 주격체언을 연결시켜주는 be동사는 '용언'(用言, Predicate)에 해당한다.

호모 나란스의 입장에서 볼 때 굴절어인 영어와 고립어인 중국어, 교착어인 한국어에 근본적인 차이가 있을 수 없다. 실제로 이들 3국에서 사용된 고금의 문장을 보면 하나의 통칙을 찾을 수 있다. 그것은 바로 문장을 크게 자동사 구문과 그 밖의 타동사 구문으로 대별할 수 있다는 점이다. 영어에 나타나는 자동사 구문은 크게 4가지로 나눌 수 있다. 문형 5형식의 1-2형식에서 말하는 자동사 구문을 기준으로 한 다음 예문을 보자.

1) 완전자동사: be동사와 go동사 등 (-다)

Time / **flies** fleetingly before we know it. 세월이 덧없이 흐른다.

The stars / **shined** more brilliantly. 별들이 더욱 찬연히 빛났다.

2) 완전자동사: be동사와 have동사 (-이 있다)

Caesar / **is no more**. 카이사르는 더 이상 존재하지 않는다.

Whatever **is**, / is right. 세상에 존재하는 건 모두 옳다.

3) 불완전자동사: be동사와 become동사 (−이다, −되다)

Their contention / **has become** salient. 그들의 다툼이 점점 노골화했다.

A fine child / **becomes** a fine man. 될성부른 나무는 떡잎부터 알아본다.

4) 불완전자동사: be동사와 seem동사 등 (−같다)

That / **sounds** good to me. 그게 내겐 좋아 보인다.

She / **appeared** surprised at the news. 그녀는 그 소식에 놀란 듯했다.

문법학자들은 have동사를 일괄적으로 '−을 갖고 있다'는 뜻의 타동사로 구분하고 있으나 이는 잘못이다. be동사가 불완전자동사로 기능한다면 '−이 되다'의 뜻을 지닌 become동사도 동일한 기능을 수행한다고 보아야 한다. 독어에서 werden(*become*)동사가 수동태의 조동사로 사용되고 있는 사실이 이를 뒷받침한다.

이때 '−이다'에 해당하는 영어의 be동사는 A와 B를 연결해주는 역할에 그치는 까닭에 통상 '계사'(繫辭, copula)라고 한다. 마지막 예문에 나오듯이 seem, appear, get, sound 등의 동사는 계사인 be동사와 유사한 기능과 역할을 하는 까닭에 반계사(半繫辭, semi copula)로 불린다.

위 예문은 자동사 구문 모두 결국은 '−이다' '−있다' '−같다' '−다' 등 be동사의 4가지 용법이 확장된 경우에 해당한다는 사실을 뒷받침하고 있다. go와 come 등의 완전자동사와 반계사 등의 불완전자동사 모두 be동사에 약간의 뜻이 첨가된 것에 불과하다.

타동사 구문은 문형 5형식에서 3−5형식으로 분류되고 있으나 이들 모두 우리말의 '−을/를'에 해당하는 빈어를 지니고 있다는 점에서 동일하다. 결국 굴절어인 영어는 말할 것도 없고 중국어 등의 고립어 한국어와 일본어 등의 교착어 모두 문장은 크게 자동사 구문과 타동사 구문으로 이뤄져 있는 셈이다.

문장의 질서는 통치와 닮았다

하나의 문장을 이루기 위해서는 한 문장에 등장하는 낱말 모두 술어동사를 제외하고는 반드시 일정한 격(格)을 가져야만 한다. 이는 크고 작은 가족의 경우를 생각하면 된다. 역사상 가장 큰 대가족을 이룬 사람은 청대의 건륭제다. 그는 다섯 세대가 한 집에서 생활하는 이른바 '5세동당'(五世同堂)을 자랑했다. 5세동당에서 가장 연장자인 고조부에서 시작해 가장 어린 막내 손자에 이르기까지 일정한 호칭이 존재하지 않을 경우 집안은 이내 뒤죽박죽이 되고 말 것이다.

문장의 격은 바로 이런 호칭에 비유할 수 있다. 주어, 술어동사, 보어, 빈어가 문장의 핵심에 해당한다. 고금동서를 막론하고 문장은 몇 가지 규칙이 있다. 먼저 주어는 반드시 하나만 존재해야 한다. 이는 하늘에 두 개의 태양이 없는 것에 비유할 수 있다. 이 원칙이 무너지면 마치 『삼국지』의 내용처럼 군웅이 각지에 할거해 저마다 천하의 주인을 자처하는 것과 비슷하게 된다.

영어는 주어로 사용되는 명사와 대명사를 문두(文頭)로 끌어내는 방법으로 이 문제를 해결하고 있다. 영어를 포함해 불어와 독어 등에 it이나 이와 유사한 뜻의 il, es 등의 '비인칭 주어'가 등장하는 이유가 여기에 있다.

영어의 주어가 문두로 나오는 것은 사실 중국어와 베트남어, 말레이-인도네시아어처럼 고립어가 갖는 기본적인 특징이기도 하다. 실제로 영어는 인도유럽어 중 격변화가 사실상 사라진 유일한 경우에 속한다. 영어의 문장이 고립어의 특징을 보여주는 것은 이 때문이다.

고립어에 가까운 영어가 주어의 위치문제를 해결했다고 해서 곧바로 문장을 구성할 수 있는 것은 아니다. 술어동사를 비롯해 보어와 빈어, 수식어 등에 대한 배치문제가 남아 있기 때문이다. 여기서 두 번째 규칙이 나왔다. 술어동사는 반드시 주어 뒤에 나오고 보어와 빈어는 술어동사 뒤에 나오도록 한 것이다. 이 규칙이 지켜지지 않을 경우 수식어와 피수식어가 뒤엉키고, 보어와 빈어의 위치가 술어동사와 뒤바뀌는 등 혼란스럽게 된다. 이는 군주가 신하의 도움을 받지 못해 고성(孤城)에 홀로 남아 있는 것에 비유할 수 있다.

술어동사는 본동사와 조동사로 이뤄진다. 이를 동사구(動詞句)라고 한다. 동사구는 조정백관이 모인 조정(朝廷)에 비유할 수 있다. 동사구의 핵심은 말할 것도 없이 본동사다. 본동사는 일인지하, 만인지상의 승상(丞相)에 해당한다. 그러나 일부 본동사는 겉모습만 본동사일 뿐 내용상 오히려 조동사가 본동사의 역할을 대행하는 경우도 있다. 이는 현대 정치에서 허수아비 총리 밑에 실세 장차관이 포진한 것에 비유할 만하다. 고립어의 성격을 띠고 있는 영어는 범어와 희랍어, 라틴어와 달리 조동사의 도움이 없을 경우 미래시제와 완료상, 수동태, 가정법 등을 표현할 길이 없다.

술어동사가 굴절어미를 사실상 상실해 고립어와 별반 차이가 없게 된 21세기의 영어는 조동사가 본동사의 통제 아래 있는 한국어와 달리 조동사가 본동사를 압도하는 '난세의 조정'에 해당한다. 의문문을 만들 때 본동사 또는 조동사가 주어 앞으로 튀어나오는 게 그 증거다. 중국어 등 대부분의 고립어가 문미(文尾)에 우리말의 '-까?'에 해당하는 종결조사를 덧붙이는 방식과 대비되는 대목이다.

나라의 모습을 제대로 갖추기 위해서는 조정을 세우는 것만으로는 안 된다. 먼저 나라의 근본인 백성들이 안심하고 생업에 종사할 수 있어야 한다. 그래야 재정과 군비를 확충해 유사시에 대비할 수 있기 때문이다. 그러기 위해서는 민(民)과 관(官) 모두 맡은 바 임무에 충실해야 한다. 이는 술어동사 뒤에 나오는 보어와 빈어가 술어동사의 명을 좇아 자신이 있어야 할 위치에 자리 잡고 맡은 바 임무를 수행하는 것에 비유할 수 있다. 이로써 비로소 문장이 성립케 된다.

언어학자들은 문장을 주격(N)과 주어(S), 술어(P), 술어동사(V), 보어(C), 빈어(O) 등으로 표현하고 있다. 문장을 Sentence＝NP ; N＝S, P＝V＋C/O로 도식화하는 이유다. 이를 국가통치에 비유할 경우 주격 N은 곧 군주, 술어동사 V는 군왕의 명을 받들어 일반 관민을 다스리는 조정, 보어 C는 백성에 해당한다. 빈어 O는 우리말의 '-을/를'로 나타나고 있는 데서 알 수 있듯이 술어동사의 명령을 직접적으로 받는 까닭에 중앙조정의 명을 받드는 천하 각지의 지방관원에 비유할 수 있다. 군주 N의 명을 받들어 일반 관민을 다스리는 조정 V가 활약무대로 삼고 있는 술어 P는 군명이 집행되는 통치공간에 해당한다.

영어는 우리말처럼 이른바 정태동사(定態動詞, 영어의 형용사)가 존재하지 않고 오직 동태동사(動態動詞, 영어의 동사)만이 존재하는 까닭에 조정 V의 비중이 더욱 클 수밖에 없다. 모든 언어학자들이 동사를 정복하면 영어를 정복한 것이나 다름없다고 말하는 이유다.

이를 통치에 비유하면 조정 V는 승상에 해당하는 본동사를 포함해 승상을 곁에서 돕는 좌승상 이하의 조정백관인 조동사로 구성돼 있는 셈이다. V가 시제와 완료상, 능동태, 직설법 등에 따라 다양한 활용을 하는 것은 치세와 난세의 상황에 따른 조정의 임기응변에 비유할 수 있다.

만일 군주인 N이 국가대계의 미래를 얘기하고자 하는데도 조정 V가 계속 현재나 과거에 머물거나, 조심스런 태도로 백성에게 다가가고자 하는데도 조정 V가 가정법을 사용치 않고 직설법을 구사하거나 하면 이는 군명을 제대로 받들지 못하는 것이다.

정반대로 백성 C가 상소를 올려 민심을 상달코자 하는데도 조정 V가 이를 뭉개버릴 경우 군주가 민정(民情)을 알 길이 없어 자동사 구문의 전형인 제2형식의 N＝C 문형이 성립할 길이 없게 된다. 나아가 조정의 명을 직접적으로 받는 지방관원 O가 지방의 특수한 사정으로 인해 조명을 늦춰줄 것을 상소했음에도 조정 V가 이를 제대로 수용치 않고 고압적인 자세로 일관하면 타동사 구문의 전형인 제5형식의 O＝np 문형이 성립할 길이 없게 된다.

국가공동체로 나타나는 통치공간은 일반 관민(官民)이 생업에 종사하고 공무를 집행하는 국가영토에 비유할 수 있다. 문장으로 표현되는 통치공간은 술어 즉 P＝V＋C/O로 구성돼 있다. 보어 C는 통상 계사로 작동하는 be동사의 매개를 통해 N＝C의 관계를 이루고 있는 까닭에 군왕인 N과 직결돼 있다.

이는 동양 전래의 통치이념인 '군민일체'(君民一體, 군주와 백성은 한 몸임) 또는 '이민위천'(以民爲天, 백성으로 곧 하늘을 삼음) 개념과 상통하는 것이다. 보어가 전혀 등장하지 않는 이른바 '영보어'(零補語, zero complement)의 자동사 구문은 군주 N이 승상과 문무백관 등이 참여한 가운데 조정 V에서 국가대사를 논의하는 것에 비유할 수 있다. 다음 예문을 보자.

I　　/　**must fly**!

→ 군주 'I'는　/　조정에서 'must fly'한다고 표명한다.

We　　/　**can fly** to the moon!

→ 군주 'We'는　/　조정에서 'can fly'한다고 표명한다.

첫 번째 예문은 국가대사를 논의하는 자리에서 일방적으로 군주의 의지만 표명된 까닭에 일반 군민에게 특별히 알릴 내용이 없다. 그러나 두 번째 예문의 경우는 약간 다르다. fly의 움직이는 방향이 to the moon의 부사구로 나타난 데서 알 수 있듯이 군주의 의지표명이 나라의 앞날에 커다란 영향을 미칠 수밖에 없기 때문이다. 이는 문형 5형식에서 말하는 2형식으로 보는 게 옳다. 군주의 단순한 의지표명과는 차원이 다르기 때문이다.

군주의 의지가 민의와 완전히 일치하는 구문의 전형은 조정 V가 오직 계사로 작용하는 N＝C 문형이라고 할 수 있다. 여기서 조정 V는 단지 군주와 백성을 이어주는 역할에 그치고 있다. 이를 통치에 비유한 다음 예문을 보자.

We / *are* **happy**.

→ 군주 'We'는 / 조정에서 'happy'하다고 표명한다.

be동사는 계사의 역할에 그치고 있는 까닭에 주어 N과 보어 C에 개입할 여지가 전혀 없다. 보어로 등장하는 모든 명사와 형용사가 주어와 똑같이 주격을 취하는 이유다. 이는 한 문장 안에서 오직 하나의 주격 명사만을 인정하는 영어문장에서 유일한 예외에 해당한다. 파격이 아닐 수 없다. 동양의 정치 이상론자인 맹자 등이 역설한 군민일체(君民一體) 또는 이민위천(以民爲天)의 통치이념이 그대로 반영된 것에 비유할 만하다.

비교언어학의 관점에서 볼 때 아랍어와 러시아어 등에서 be동사가 '-(이)다'와 '-있다'의 의미 중 어느 쪽인지를 막론하고 직설법 현재시제에서 be동사를 생략하는 것도 이와 무관치 않다고 보아야 한다. be동사가 오로지 N＝C의 문형을 만드는 일에 매진한 까닭에 군주 N과 백성 C는 be동사의 존재를 거의 인식하지 못한다. 백성에 비유된 보어 C의 역할과 기능이 가장 선명히 드러나는 구문이 바로 be동사 구문이라고 해도 과언이 아니다.

이에 반해 타동사 구문은 그 성격을 완전히 달리 한다. 타동사 구문은 하나같이 우리말로 '-을 -하다'로 표현되는 데서 알 수 있듯이 조정 V로 비유되는 술어동사의 명을 반드시 이행해야만 한다. 빈어 O를 조정의 명을 받드는 일반 관원으로 비유한 이유가 여기에 있다.

실제로 타동사 구문에서는 문형 5형식에서 말하는 제3-5형식 모두 조정 V의 명을 얼마나 잘 집행했는지에 따라 비문(非文) 여부가 갈린다. 절을 단문으로 축약해놓은 5형식의 경우 O=np 구조로 이뤄져 있는 빈어 O를 다시 절로 환원시킬 때, np의 p가 문장 전체를 지배하는 술어동사 V와 시제, 완료상, 태 등에서 정확히 일치해야만 한다. 이것이 일치하지 않을 경우 이는 조정의 명이 제대로 집행되지 않는 관기(官紀) 문란에 비유할 수 있다.

타동사 구문에서는 술어동사 V 뒤에 아무리 많은 낱말이 올지라도 모두 빈어 O로 통합할 수 있어야만 한다. 군민일체로 표현되는 자동사 구문 N=C의 구조와는 정반대되는 모습이다. N=C 구조에서 V는 사실상 존재하지 않는 듯 보이는 게 가장 바람직하다. N=C의 구조에서 술어동사 V가 그 모습을 그나마 드러내는 것은 시제와 완료상, 태 등을 구체적으로 드러낼 때 뿐이다. 이때 역시 N=C 구조를 해쳐서는 안 된다. 군민일체의 이상을 훼손하는 것은 군주 N의 명을 거역하는 것이나 다름없다.

이에 반해 타동사 구문에서는 정반대로 군주 N의 명을 철저히 집행해야만 한다. 스스로 시제와 완료상, 태 등에서 임기응변의 모습을 보여주어야 하는 것은 물론 3형식의 O=o1, 4형식의 O=o1+o2, 5형식의 O=np 등 다양한 유형의 O를 효과적으로 통제할 수 있어야만 한다. 이를 태만히 할 경우 관기가 무너져 군명이 실종되고 만다. 먼저 타동사 구문 중 가장 간략한 형태인 3형식의 문형을 통치상황에 비유해보자.

I / hope **that concert was a shot in the arm**.

→ 군주 'I'는 / 조정에서 'O'를 'hope'한다고 표명한다.

→ 'O'는 '콘서트가 활력소가 된 것'이다.

→ 나는 '콘서트가 활력소가 됐기'를 바란다.

타동사 구문은 3형식과 4형식, 5형식을 막론하고 모두 S=V+O의 구조를 하고 있는 까닭에 우리말의 '-를 -하다' 구문으로 요약할 수 있다. O가 무조건 우리말의 '-하는 것'으로 요약되는 이유가 여기에 있다. 4형식에서 가장 기본이 되는 give동사와 teach동사 구문을 보면 이를 더욱 쉽게 알 수 있다.

She / won't give **me a definite answer**.

→ 군주 'She'는 / 조정에서 'O'를 'will not give'한다고 표명한다.

→ 'O'는 '나에게, 확정적인 대답을'이다.

→ 그녀는 '나에게 확정적인 대답'을 주지 않을 것이다.

He / taught **me English**.

→ 군주 'He'는 / 조정에서 'O'를 'taught'한다고 표명한다.

→ 'O'는 '나를, 영어를'이다.

→ 그는 '나에게 영어를' 가르쳤다.

원래 teach동사는 ask동사와 더불어 고전 범어시대 이후 이른바 '2 중대격'(二重對格, double accusative)을 취했다. 두 번째 예문의 문장을 쪼갤 경우 '나를 가르치다'와 '영어를 가르치다'로 나뉘는 이유다. 이는 원래의 수여동사 give가 원래부터 '-에게 -을 주다'의 뜻을 지니고 있는 것과 적잖은 차이가 있다. 영어는 teach동사가 '-에게 -을 가르치다'의 뜻을 지니고 있는 까닭에 가르치는 대상과 가르치는 내용이 동시에 등장할 경우 가르치는 대상은 대격에서 여격으로 변한다. 러시아어에서 teach동사가 '-를 -로 이끌다'의 뜻을 지니고 있는 것과 대비되는 대목이다.

타동사 구문에서는 술어동사의 움직임이 빈어인 O에 그대로 투사되는 까닭에 술어동사의 명을 어길 경우 문장 자체가 파탄나게 되어 있다. 가장 복잡한 5형식의 O=np 구문을 보면 이를 보다 확연히 알 수 있다. 5형식의 가장 복잡한 문형을 분석한 다음 예문을 보자.

Jane / dye **Tom's hair yellow**.

→ 군주 'Jane'은 / 조정에서 'O'를 'dye'한다고 표명한다.

→ 'O'는 '톰의 머리가 노란 것'이다.

→ 제인은 '톰의 머리가 노랗게 되도록' 물들인다.

Mary / had **Jane dye Tom's hair yellow**.

→ 군주 'Mary'는 / 조정에서 'O'를 'had'한다고 표명한다.

→ 'O'는 '제인이 톰의 머리를 노랗게 물들이는 것'이다.

→ 메리는 '제인이 톰의 머리를 노랗게 물들이도록' 시켰다.

Bill / has **me say that Mary had Jane dye Tom's hair yellow**.

→ 군주 'Bill'은 / 조정에서 'O'를 'has'한다고 표명한다.

→ 'O'는 '내가 메리는 제인을 시켜 톰의 머리를 노랗게 물들였다고 말하는 것'이다.

→ 빌은 "내가 '메리는 제인을 시켜 톰의 머리를 노랗게 물들이게 했다'고 말하도록" 시킨다.

빈어에 사물이 등장한 첫 번째 예문은 V의 빈어 O가 his hair = dyed yellow의 n = c 모습으로 O = np에 부합하고 있음을 보여준다. 빈어에 사람이 등장한 두 번째 예문은 V의 빈어 O가 Jane dye his hair yellow의 p = v + o의 모습으로 O = np에 부합하고 있다. 주목할 것은 두 번째 예문의 O가 5형식의 np구조를 이루고 있는 점이다.

세 번째 예문은 O = np 구조가 3중으로 결합된 〔S = V + O ← O = v' + o' ← o' = v^ + o^〕 구조로 되어 있다. 수학으로 치면 y = f(x)의 3중 적분에 해당한다. 두 번째 예문은 y의 1차 미분, 첫 번째 예문은 y의 2차 미분이 되는 셈이다. 아무리 긴 문장일지라도 수학의 미적분 이치를 도입하면 하등 문제될 게 없다.

결국 영어의 모든 구문은 S = V + C의 자동사 구문 또는 S = V + O의 타동사 구문으로 단순화시킬 수 있음을 알 수 있다. 이런 미적분이 가능케 된 것은 바로 술어동사 V가 전체의 문장을 통솔하고 있기 때문이다. 이처럼 술어동사는 과거와 미래, 완료상과 미완료상, 수동태와 능동태, 직설법과 가정법 등 상황에 따른 다양한 활용을 통해 주어의 의미를 전달하는 역할을 수행하고 있다.

이상과 같은 검토를 통해 영어의 타동사 구문은 일괄적으로 S = V + O로 요약할 수 있음을 알 수 있다. 이는 S = V + C로 요약되는 자동사 구문과 짝을 이룬다. 형용사가 동사처럼 활용(活用, Conjugation)하는 한국어 · 중국어와 달리 명사와 똑같이 곡용(曲用, Declension)하고 있는 영어의 특징이 선명히 드러나는 대목이기도 하다. 곡용과 활용에 대한 정확한 이해는 자동사와 타동사 구문을 막론하고 영어구문을 정확히 파악할 수 있는 지름길에 해당한다. 영문법에서만 통용되고 있는 문형 5형식의 가장 큰 문제점은 인도유럽어 중에서 체언의 곡용과 용언의 활용이 극도로 축소된 영어만을 분석대상으로 삼아 억지 문법을 만든 데 있다.

2 보어: 문장은 왜 보어가 주격일까

문장 분석의 기본 틀

우리나라에서 최초로 문법을 다룬 사람은 구한 말의 개화사상가 유길준이다. 최초의 미국 유학생이기도 한 그는 『조선문전』에서 한국어를 영어와 비교한 뒤 품사를 명사와 대명사, 동사, 형용사, 부사, 후사(後詞, 조사), 접속사, 감탄사 등 8종으로 나눈 바 있다. 명저 『서유견문록』을 펴낸 바 있는 그는 근현대에 들어와 한국인으로서는 역사상 최초로 정치언어학을 탐구한 인물에 속한다.

이에 자극을 받은 국어학자 주시경도 곧 1909년에 『국어문법』을 펴내면서 한국어의 품사를 명사, 형용사, 동사, 조사, 접속사, 관형사, 부사, 감탄사, 종지사 등 모두 9가지로 나눴다. 이것이 현재 한글 문법체계의 골간이 되어 있다.

그러나 주시경의 국어문법은 우리말과 동족관계에 있는 만주어와 몽골어 등에 대한 고찰이 빠져 있고, 고립어인 중국어와 굴절어인 인도유럽어 전반에 대한 고찰이 생략돼 있어 적잖은 문제가 있다. 구문론의 관점에서 볼 때 개별적인 품사 분석에 중점을 둔 현행 학교문법은 속히 개선될 필요가 있다.

통상 언어학자들은 문장을 분석할 때 먼저 해당 문장을 크게 주부(主部, Subject)와 술부(述部, Predicate)로 나누는 일부터 시작한다. 수식어를 동반한 주어와 술어의 덩어리가 바로 주부와 술부이다. 수식어를 털어낼 경우 주부는 곧 주어(S), 술부는 술어(P)만 남게 된다. '주부와 술부'는 '주어와 술어'를 달리 표현한 셈이다.

국어문법에서는 주부와 술부, 주어와 술어 이외에도 체언과 용언 개념을 즐겨 사용한다. 이는 『주역』에 나오는 '체용'(體用) 개념을 이용해 주어와 술어를 품사론의 관점에서 파악한 것이다. 명사와 대명사, 수사 등은 문장의 몸체가 된다는 의미에서 체언이 되고, 동사와 형용사 등은 이들 체언을 구체적으로 설명해준다는 의미에서 용언에 해당한다는 취지다. 문장을 S+P의 구조로 파악하는 것은 이 때문이다.

그러나 구문론을 중시하는 사람들은 S+P 대신 N+P를 주로 사용한다. 여기의 N은 명사와 대명사 등이 주어로 등장할 수 있는 자격인 주격(主格, Nominative)을 뜻한다. 체언과 용언의 개념으로 풀이하면 문장구조를 '주격체언+술부'로 파악한 셈이다. 문장을 N+P구조로 파악할 경우 한국어와 일본어 등의 교착어는 중국어·영어와 적잖은 차이가 있음을 단박에 알 수 있다.

그는 / 두통이 있다.
彼は / 頭痛が 有る.
他　 / 有　　 頭痛.
He / has a headache.

그는 / 머리가 아프다.
彼は / 頭が　 痛い.
他　 / 頭　　 痛.

His　head　／　aches.

　앞의 예문들은 한국어와 일본어, 중국어, 영어 모두 어순만 다를 뿐 사실 똑같은 문장구조를 갖고 있음을 보여준다. 그러나 뒤의 예문들은 굴절어의 일종인 영어가 한국이나 일본어 등의 교착어, 중국어 등의 고립어와 적잖은 차이가 있음을 보여주고 있다. 왜 이런 차이가 나는 것일까.

　뒤의 예문에서 한국어와 일본어의 경우는 '머리가 아프다'가 하나의 덩어리가 되어 술어의 역할을 하고 있다. 격조사를 가진 교착어의 특징이 완연히 드러나는 대목이다. 격조사는 물론 격어미도 존재하지 않는 중국어 역시 하나의 절로 구성된 '頭痛'(tou tong)이 한 덩어리가 되어 술어의 역할을 수행하고 있다. 중국어에서는 주어 '他'(ta)와 술어 '頭痛' 사이에 '-있다'의 의미를 지닌 '有'(you)가 들어올 수도 있고 생략될 수도 있다.

　그러나 영어에서는 우리말과 일본어의 '그는 머리가 아프다' 또는 중국어 '他頭痛' 구문처럼 한 문장 안에 두 개의 주격이 동시에 등장하는 게 불가능하다. he를 소유격으로 변환시킨 후 his head를 주어로 내세운 자동사 구문을 사용하거나 head와 ache를 하나로 통합한 명사 headache을 have동사의 빈어로 변환시킨 타동사 구문을 사용해야만 한다.

　빈어는 과거 일본인들이 번역해 사용한 목적어를 대신한 문법용어다. 중문법에서는 빈어와 보어를 통틀어 객어(客語)라고 한다. 문장의 구조를 주객(主客)의 관계로 파악한 결과다. 이는 문장을 통치 질서로 파악한 본서의 취지에 부합한다. 실제로 우리말의 '-가 -를 -하다'의 구조를 이루고 있는 타동사 구문은 주인과 손님 관계를 연상시킨다.

　일부 학자는 한국어와 일본어, 중국어처럼 한 문장에 두 개의 주격이 등장하고 있는 것을 두고 이른바 '2중 주어문'으로 해석하고 있으나 이는 잘못이다. 고금동서를 막론하고 한 문장에 2개의 주어가 존재하는 것은 비문(非文)이다.

한국어와 일본어에서 주격조사 '-이/가'가 동일한 주격조사 '-은/는'과 함께 쓰일 때는 반드시 서술절을 이끄는 역할을 하는 까닭에 문장 전체의 주어인 '-은/는'과 충돌할 이유가 없다. 중국어에서 '그는 머리가 아프다'와 '그는 두통을 갖고 있다'의 구문이 동시에 등장할 수 있는 것은 have동사에 해당하는 '有'를 '-있다'로 해석하기 때문이다. 만일 '有'를 영어의 have처럼 '-를 갖고 있다'의 타동사로 고정시키면 우리말처럼 '그는 머리가 아프다'는 식의 표현이 불가능하게 된다. 영어와 마찬가지로 한 문장에 2개의 주어가 등장하기 때문이다.

영어 등의 굴절어와 한국어 등의 교착어, 중국어 등의 고립어 모두 영어의 be동사에 해당하는 동사는 '-있다'와 '-이다'의 뜻을 동시에 갖고 있고, 직설법 현재시제의 경우에는 과감히 생략하는 게 상례다. 영어를 비롯해 독어와 불어 등 서구의 일부 언어에서만 직설법 현재시제에도 이를 생략치 않을 뿐이다. 이는 have동사를 '-을 갖고 있다'의 타동사로 고정시킨 결과다. 다음 예문이 그 증거다.

他 / (φ)　頭　　痛. （○）
He / (φ)　head　ache. （×）

他 / 有　頭痛.　　　（○）
He / has a headache.　（○）

두 예문에서 중국어 '頭痛'은 '有'가 없는 구문에서는 '머리가 아프다'는 절로 나타난 것이고, '有'가 있는 구문에서는 영어의 headache

처럼 하나의 명사로 등장한 것이다. '有'가 있는 구문에서도 '頭痛'을 영어의 that절처럼 해석해 '그는 머리가 아픈 것이 있다'로 해석할 수도 있으나 문맥이 매끄럽지 못하다.

이에 대해 고립어 양상을 보이고 있는 영어는 중국어처럼 '有'동사를 생략하는 게 불가능하다. 생략할 경우 한 문장에 주어가 2개 출현하는 결과가 되기 때문이다. have동사를 '有'처럼 '-있다' 의미의 자동사로 통합치 못한 결과가 이런 차이를 빚어낸 것이다. 문장을 분석할 때 품사론보다는 구문론의 차원에서 문장 전체를 총체적이면서도 유기적으로 해석해야 하는 이유가 여기에 있다.

굴절어인 'VO 언어'와 교착어인 'OV 언어'

한국어처럼 격조사가 발달한 교착어와 인도유럽어처럼 격어미를 발전시킨 굴절어, 중국어처럼 격조사와 격어미를 모두 생략한 고립어에 나타나는 가장 큰 차이는 어순이다. 일찍이 언어학자 조지프 그린버그는 이에 주목해 동사의 문장 안 위치를 기준으로 세상의 모든 언어를 크게 'VO언어'와 'OV언어'로 나눴다. 그가 밝혀낸 두 언어의 차이점은 다음과 같다.

VO 언어(굴절어)	OV 언어(교착어)
피수식어 / 수식어	수식어 / 피수식어
동사 / 부사	부사 / 동사
명사 / 관계절	관계절 / 명사
명사 / 형용사	형용사 / 명사
명사 / 소유격	소유격 / 명사
조동사 / 본동사	본동사 / 조동사

전치사/ 명사   명사/ 후치사

완결조사 없음   완결조사 있음

　VO언어인 영어는 beautiful girl 및 the boy's box처럼 형용사와 소유격이 명사의 앞에 나오는 예외적인 면도 있다. 그러나 그린버그의 분석틀에서 벗어나는 것은 아니다. 고립어인 중국어의 경우는 대략 VO와 OV의 중간지대에 속한다. 조동사가 본동사 앞에 오는 점 등에서는 VO의 특징을 지니고 있으나 수식어가 피수식어 앞에 나오고 '-까?'에 해당하는 '-嗎'(ma) 등의 완결조사가 존재하는 점 등에서는 OV와 닮았다.

　그린버그의 분류에서는 명확히 드러나지 않으나 영어 등의 VO언어와 한국어 등의 OV언어를 구별하는 중요한 징표가 있다. 그것은 형용사가 명사처럼 격에 따라 격변화를 하는 이른바 곡용을 하는가, 아니면 동사처럼 시제와 수동태, 가정법 등에 따라 활용을 하는가 하는 점이다. 영어 등의 인도유럽어는 형용사가 예외 없이 명사처럼 곡용을 한다. 이에 반해 한국어와 일본어 등의 교착어는 형용사가 동사처럼 활용을 한다.

　이는 기본적으로 완결조사가 존재하기에 가능한 것이다. 완결조사가 존재하는 중국어 역시 형용사가 동사처럼 활용한다. 형용사의 곡용과 활용은 VO와 OV를 구별하는 중요한 기준이 된다. 영어가 속해 있는 인도유럽어에서 동사가 극도로 복잡한 모습을 띠고 있는 것은 형용사가 의미가 고정돼 있는 명사와 같은 부류로 취급되고 있는 사실과 무관치 않다. 동사가 형용사를 대신해 사물의 성상(性狀, 성질과 상태) 변화까지 표현해야 하는 부담을 떠안은 결과다.

범어와 인도유럽어

역사언어학의 관점에서 볼 때 영어는 불어로 상징되는 라틴문화와 독어로 대표되는 게르만문화의 유산을 모두 보유하고 있다. 영어가 매우 중요한 분석대상이 되는 이유다. 불어의 영향을 받아 이른바 '반과거'(半過去) 활용에 대응하는 과거진행형을 만들어내는 과정에서 인도유럽어 중 유일무이하게 현재진행형을 만들어낸 것 등이 그 실례다. 딸을 뜻하는 daughter가 독어 Tochter와 함께 '젖을 짜다'라는 뜻의 범어 어근 'duh-'에서 파생한 것은 서구 문명의 뿌리가 어디에 있는지를 짐작케 해준다. 아들을 뜻하는 영어 son과 독어 Sohn도 유사한 맥락에서 나온 것이다. 이는 버터 등을 만들기 위해 중간 단계의 유제품을 강한 힘으로 '압착하다'의 뜻을 지닌 범어 어근 'su-'에서 나온 것이다. 영어 daughter와 son의 형성배경은 다음과 같다.

어근 duh- → 3인칭 단수 현재 dogdhi → 파생명사 **duhitṛ**(젖 짜는 낭자) → **daughter, Tochter**.
어근 su- → 3인칭 단수 현재 sunoti → 파생명사 **suta**(압착하는 총각) → **son, Sohn**.

이는 동양인이 대략 1만 년 전부터 노동집약적인 농경문화로 진화하면서 돼지를 키우는 움막을 뜻하는 '가'(家) 등의 문자를 만들어낸 것과 대비되는 대목이다. 현재 불어는 daughter 및 son과는 뿌리가 완전히 다른 fille와 fils를 쓰고 있다. 이른 시기에 수렵과 유목생활을 졸업한 로마제국의 문화유산을 전수받은 결과다. 카이사르가 『갈리아전기』에서 밝혔듯이 프랑스인의 조상인 프랑크족은 독일인의 조상인 게르만족과 달리 로마문화를 동경해 급속히 동화되었다.

불어 fille와 fils는 라틴어 filia 및 filius가 변형된 것으로 '실'(絲)을 뜻하는 라틴어 filum에서 파생한 것이다. 로마제국의 사람들은 아들과 딸을 양과 소의 젖을 짜거나 버터를 만드는 사람으로 생각지 않고 실처럼 조상과 연계돼 가문의 영광을 지키는 후예(後裔)로 생각했던 것이다.

원래 고대 범어에서 분기한 원시 게르만어에 뿌리를 두고 있는 영어는 11세기의 노르망디공 윌리엄 1세의 브리튼 섬 정복 이후 불어의 영향을 크게 받아 많은 낱말을 불어 식으로 바꿨다. 그럼에도 daughter와 son 등의 낱말은 바꾸지 않았다. 게르만족 뿌리에 대한 강한 애착의 소산으로 볼 수 있다.

영어와 독어는 's'로 시작하는 단어가 가장 많다. 이들 단어 중에서도 독어의 'Sch-'와 'Sp-', 'St-'로 시작하는 단어처럼 두음에 격한 치찰음(齒擦音)이 오는 낱말이 가장 많다. **shut**(*schleißen*), **shove**(*Schieben*), **stab**(*stoßen*), **stand**(*stehen*), **stop**(*stopfen*), **stride**(*schreiten*), **strike**(*schlagen*), **spring**(*springen*) 등의 동사와 **sharp**(*scharf*), **strong**(*stark*) 등의 형용사가 그것이다. 지금도 영국과 독일에서 매우 빈번하게 사용되는 단어들이다. 이들 단어 모두 격렬한 발음과 강렬한 의미를 지니고 있는 게 특징이다.

이는 과거 이들의 조상인 게르만족이 농사도 지을 수 없는 거친 산림지대에서 수렵과 유목생활을 영위하며 로마제국에 흡수되지 않은 채 게르만족 특유의 독자적인 문화를 형성해 나갔음을 짐작케 해준다. 우아함과 멋을 중시하는 프랑스문화와 성실과 근면을 강조하는 독일문화가 형성된 것도 이런 역사언어 배경과 무관할 수 없다. 경험과 실용으로 상징되는 영국문화 역시 인도유럽어 중 거의 유일하게 격변화 등을 극소화해 고립어와 유사한 모습을 지니게 된 영어 발달사와 밀접한 관련을 맺고 있다.

형용사와 정태동사

우리나라의 현행 국어문법에서는 '있다'의 존재사(存在詞)와 '(이)다'의 지정사(指定詞)를 인정하지 않는다. 학자들 사이에 논란이 지속되고 있어서인데, 이는 잘못이다. '-(이)다'와 '-있다' 모두 영어의 be동사 및 have동사처럼 매우 중요한 역할을 수행하고 있기 때문이다.

영어를 비롯해 불어와 독어, 러시아어, 아랍어 등 인도유럽어에서는 '-있다'와 '-(이)다'의 의미를 be동사로 통합해 사용하고 있다. 중국어는 우리말처럼 '-있다'는 '有'(you), '-(이)다'는 '是'(shi)로 구분해서 쓴다.

비교언어학의 관점에서 볼 때 우리말의 '-있다'와 '-(이)다'는 단순히 어떤 사물의 성질과 상태만을 서술하는 데 그치지 않는다. 이 둘은 영어의 형용사에 해당하는 낱말과 결합해 동사처럼 활용하는 역할을 수행한다. 영어의 be동사가 형용사 young과 결합해 우리말의 '젊다'처럼 술어 역할을 수행하는 것과 같다. 다음 예문을 보자.

He / is young.   → 그는 젊 + 다.
He / was young.   → 그는 젊 + 었다.
He / would be young. → 그는 젊 + 으리라.

위 예문을 통해 우리말의 '-(이)다'는 영어의 be동사처럼 영어의 형용사에 해당하는 어근 '젊'과 결합해 마치 동사처럼 활용하고 있음을 쉽게 알 수 있다. 우리말은 be young에 해당하는 '젊다'가 영어처럼 'be동사 + 형용사'로 나뉘지 않고 한 덩어리가 되어 마치 '가다', '먹다' 등의 동사처럼 활용하고 있는 점이 다를 뿐이다.

우리말의 '젊다'와 '곱다' 등을 영어와 달리 동사의 일종인 '징태동사'(定態動詞, Stative Verb)로 분류하는 이유가 여기에 있다. '가다'와 '먹다' 등의 동사는 정태동사와 대립되는 '동태동사'(動態動詞, Dynamic Verb)로 분류된다. 정태동사와 동태동사는 아무 차이가 없다. 다만 정태동사는 사물의 성질과 상태의 변화를 표시하는 데 반해 동태동사는 사물의 움직임을 표시하는 게 다를 뿐이다.

우리말은 정태동사가 동태동사처럼 활용하는 까닭에 사물의 성상(性 狀) 변화를 표현할 때 '젊다', '젊었다', '젊으리라' 등처럼 어미를 변화 시킨다. 이에 반해 영어는 명사와 마찬가지로 그 성상의 의미가 고정돼 있는 형용사 young을 마치 우리말의 어근 '젊'으로 간주한 뒤 be동사 를 마치 정태동사 '젊다'의 어미처럼 활용해 사물의 성상 변화를 표현 한다. 일부 문법학자가 우리말의 '-(이)다'와 '-있다'를 지정사·존재 사로 규정하며 여타 정태동사나 동태동사와 구분코자 것은 바로 영어 의 be동사의 활용에 주목한 결과로 볼 수 있다. 비교언어학의 관점에서 볼 때 나름대로 타당한 주장이다.

우리말의 동태동사가 시제와 완료상 활용을 할 때 반드시 '-(이)다' 와 '-있다'의 도움을 받고 있는 사실이 이를 뒷받침한다. 이는 오직 동 태동사만이 존재하는 영어에서 시제·완료상 등을 표현할 때 반드시 be동사와 have동사의 도움을 받아야 하는 것과 닮아 있다. 다음 예문 을 보자.

He / goes.　　→ 그는 가 + 은다(현재)

He / went.　　→ 그는 가 + 았다(과거)

He / will go.　→ 그는 가 + 을 것이다(미래)

주목할 점은 영어의 동태동사 go가 과거시제를 표현할 때 went로 바 뀌고 완료상을 표현할 때는 과거분사형인 gone으로 변환되고 있는 점이다. 이는 우리말의 동태동사 '가다'의 어근 '가'가 온갖 종류의 시제와 완료상에도 전혀 변하지 않는 것과 대비된다. go가 과거시제에서 어근이 완전히 다른 went 형태로 바뀌는 것은 일종의 변칙활용에 해당한다.

　일부 국어문법 학자들이 인도유럽어에서 보편적으로 나타나고 있는 이런 변칙활용에 주목해 우리말의 정태동사 '곱다'(美)와 동태동사 '줍다'(拾) 등이 '고우니'와 '주워서' 등으로 변하는 것에 주목해 'ㅂ변칙활용' 등으로 규정하고 있으나 이는 잘못이다. 우리말의 정태동사와 동태동사는 어근 '곱'과 '줍' 등이 변하는 게 아니다. 단지 어근이 어미와 결합할 때 발음을 매끄럽게 하기 위한 일종의 활음조(滑音調, euphony) 현상에 불과한 것이다. 우리말에서는 정태동사와 동태동사를 막론하고 영어와 달리 어근이 절대 변하지 않는다. 활음조 현상을 두고 인도유럽어의 변칙활용으로 해석하는 것은 잘못이다.

　우리말의 이런 특징은 태(態, Voice) 변환 때에도 그대로 드러난다. 정태동사의 능동태 '먹다'의 어근 '먹'에 수동과 사역의 의미를 지닌 '-이'와 '-히' 등의 음소(音素)를 덧붙여 만든 사동태(使動態) '먹이다'와 피동태(被動態) '먹히다' 등이 그 실례다.

　이때 '먹다'의 사동태와 피동태의 어간인 '먹이-'와 '먹히-'는 한 덩어리가 되어 능동태 어근 '먹'처럼 작용하는 까닭에 전혀 변하지 않는다. 이는 영어에서 능동태 동사가 be동사를 포함해 have동사 · make 동사 등과 결합해 사동태 · 피동태로 변환할 때 과거분사 또는 원형동사로 나타나는 것과 대비된다. 우리말은 시제와 완료상, 피동태 등의 활용 때 어근은 물론 어간까지 전혀 변하지 않아 매우 간략한 느낌을 준다. 그러나 영어는 원형동사와 과거분사를 be동사 · have동사 등과 결합시킨 매우 복잡한 모습으로 나타난다. '-(이)다'와 '-있다'의 뛰어난 효용성이 생생히 드러나는 대목이다.

　우리말의 '-(이)다'와 '-있다'가 영어의 be동사 · have동사와 동일한 기능과 역할을 하고 있다는 것은 비교언어학의 관점에서 볼 때 매우 중요한 의미를 지닌다. 불어, 독어, 러시아어 등 인도유럽어가 모두 영어처럼 변할 뿐만 아니라 중국어도 시제와 완료상, 태를 표시하는 '在'(*zai*), '了'(*le*), '被'(*bei*) 등의 조동사를 동원해 동일한 효과를 거두고 있기 때문이다. '-(이)다'와 '-있다'를 두고 정태동사·동태동사의 활용에 나타나는 종결어미 정도로 간단히 치부하는 기존의 견해에 적잖은 문제가 있음을 보여주는 것이다.

영어에서 우리말의 정태동사 활용과 동일한 효과를 거두기 위해 'be동사+형용사' 어구를 취하는 것은 일종의 고육책에 해당한다. 형용사를 용언이 아닌 체언으로 분류한 결과다. 영어에서 be동사 이외에 become, grow 등의 다양한 자동사가 등장하는 것도 우리말의 정태동사가 구현하고 있는 다양한 표현을 흉내내고자 하는 노력의 일환으로 볼 수 있다.

문형 5형식의 재해석

현재 학교문법에서는 영어문장을 이른바 문형 5형식을 통해 파악할 것을 주문하고 있다. 불어와 독어, 러시아어 등 여타 인도유럽어에서는 결코 이런 식으로 문형을 분류하지 않는다. 문형 5형식의 가장 큰 문제는 자동사와 타동사를 예외 없이 '완전'과 '불완전'으로 나누는 데 있다. 먼저 학교문법에서 가르치고 있는 문형 5형식의 기본구조부터 살펴보자.

제1형식: S / Vi
제2형식: S / Vi + S.C
제3형식: S / Vt + O

제4형식: S / Vt + I.O + D.O

제5형식: S / Vt + O + O.C

문장의 구조를 크게 주어와 술어로 나눈 뒤 술어동사를 자동사와 타동사, 술어동사의 지휘를 받는 부속어구를 보어와 빈어 등으로 나눈 것이 눈에 띤다. 아리스토텔레스 이후 서양의 많은 학자들이 문법을 부단히 연구해온 성과로 평가할 만하다. 보어를 주격보어(S.C)와 목적보어(O.C)로 나누고, 빈어를 간접빈어(I.O)와 직접빈어(D.O) 등으로 구분한 것도 이해할 수 있다.

그러나 과연 술어동사를 완전과 불완전으로 나눌 필요가 있는 것일까. 고금의 모든 문장은 기본적으로 NP 구조로 이뤄져 있다. 보어와 빈어는 자동사와 타동사를 구별하는 중요한 징표인 만큼 이를 기준으로 영어의 모든 문장을 NP 구조에 입각해 분석하면 다음 2가지 유형으로 정리할 수 있다.

1. 자동사 구문: NP → P = Vi(**자동사**) + C(**보어**)

2. 타동사 구문: NP → P = Vt(**타동사**) + O(**빈어**)

문형 5형식의 제1형식은 자동사 구문 중 보어가 탈락한 특수한 경우로 보고, 제4형식은 빈어가 두 개 겹쳐 나오는 경우로 간주하고, 제5형식은 빈어가 절로 구성된 것으로 파악하면 간단히 해결되는 것이다. 굳이 술어동사를 완전과 불완전으로 구분할 필요가 없는 셈이다.

실제로 술어동사로 등장하는 자동사와 타동사를 완전과 불완전으로 엄밀하게 가를 수 있는 것도 아니다. 중요한 것은 해당 낱말이 문장 안에서 어떤 기능과 역할을 하는가 하는 점이다. 그럼에도 문형 5형식을 고집하는 사람들은 자동사와 타동사를 완전과 불완전으로 나눠야 문장의 뜻을 정확히 파악할 수 있다고 주장하고 있다. 먼저 이들이 제시하는 제1형식의 예문부터 살펴보자.

Time / **flies** like an arrow.   시간이 살처럼 흐른다.

Here I / **am**.   저 여기 있습니다.

Nowadays farming / doesn't **pay**. 요즘은 농사가 수지가 맞지 않는다.

첫 번째 예문의 fly는 '날다'는 뜻의 자동사, 두 번째 예문의 be동사는 '존재하다'는 뜻의 자동사, 세 번째 예문의 pay는 '수지가 맞다'는 뜻의 자동사이다. 문형 5형식에서 be동사는 제2형식의 불완전자동사, pay동사는 통상 제3형식의 완전타동사로 쓰이는 동사다.

위 예문은 동일한 낱말이 문장에 따라 자동사와 타동사를 오간다는 점을 예시한 것으로 보인다. 나름대로 일리가 있다. 원래 be동사는 제2형식의 '-(이)다' 의미로 주로 사용되나 '-있다' 의미의 제1형식 술어동사로 등장하는 경우도 매우 많다. 17세기 초 데카르트가 남긴 라틴어 명구가 그 실례다.

Cogito,   ergo   **sum**.   나는 생각한다, 고로 존재한다.

I think, therefore I am.

라틴어 sum은 주어와 술어가 하나로 결합한 형태로 I am을 뜻한다. sum 자체만으로도 실존철학의 대전제인 '나는 존재하다'의 의미를 충분히 전하고 있다. 그러나 문제는 be동사가 주어와 보어를 연결시키는 제2형식의 계사로 작용할 때 이를 군이 불완전자동사로 구분해야 하는가 하는 점이다. 다음 예문을 보자.

완전자동사 구문:　　　He / goes **to his house**.

불완전자동사 구문:　He / is **a student**.

첫 번째 예문을 통해 알 수 있듯이 문형 5형식을 주장하는 사람들이 자동사를 완전과 불완전으로 나눈 것은 첫 번째 예문에 나오는 부사구를 단순히 술어동사 go를 꾸며주는 수식어로 간주한 데서 비롯된 것이다. 두 번째 예문에서는 정반대의 논리를 펴고 있다. 첫 번째 예문에서 He goes는 그 자체로 완벽한 문장을 이룰 수 있는 데 반해 두 번째 예문에서는 He is 자체만으로는 완벽한 문장을 이룰 수 없다는 것이다.

그러나 과연 그럴까. 일상생활에 사용되는 용례를 토대로 보면 대화 당사자들이 상호 이해할 수 있는 수준의 대화를 나누기 전에는 결코 He goes를 완벽한 문장으로 생각지는 않을 것이다. He is가 불완전한 것처럼 문장이 성립되지 않기는 매한가지다.

그럼에도 문형 5형식을 주장하는 사람들은 He goes는 단독으로 성립될 수 있고 He is는 불가능하다고 강변하고 있는 것이다. 다음 예문을 보면 이들의 주장이 논리적으로 모순임을 쉽게 알 수 있다.

He / **goes to school** by bicycle.　　(○)

He / goes by bicycle to school.　　　(×)

제1형식을 대표하는 go동사가 굳이 방향을 표시코자 하지 않을 때에는 뒤에 아무리 긴 부사구가 따라 붙을지라도 문제가 되지 않는다. 이는 말 그대로 제1형식에 해당한다. 그러나 반드시 방향을 나타내고자 할 때는 상황이 달라진다. go동사 뒤에 곧바로 to school 등의 어구가 뒤따라 나오지 않을 경우 문장이 성립되지 않는다.

이는 부사구 to school과 by bicycle이 질적인 차이가 있음을 보여주는 것이다. 똑같은 부사구이나 하나는 보어, 다른 하나는 말 그대로 단순한 부사구로 쓰인 결과다. 어떤 경우이든 go동사는 그 움직임이 자신의 행동에 그치고 있는 까닭에 완전자동사로 분류해야 한다는 주장이 얼마나 잘못된 것인지를 생생히 보여주는 사례다.

고금동서의 모든 문장에 등장하는 서술동사는 기본적으로 자동사와 타동사 사이를 자유롭게 오갈 수 있다. 앞서 살펴보았듯이 데카르트가 sum(*I am*)의 전제조건으로 언급한 cogito(*I think*) 역시 자동사로 사용된 것이다. 다음 예문을 보자.

He / **goes to his house** (by bicycle, with his friends, today).

아무리 문장이 길지라도 문장 안에서 가장 중요한 것은 주어와 술어 동사, 보어와 빈어다. to his house는 go동사가 움직이는 방향을 표시코자 한 까닭에 술어동사와 불가분의 관계를 맺고 있다. 사실상 보어 역할을 수행하고 있다. 위 문장을 두고 기존의 학교문법처럼 문형 5형식의 틀에 얽매여 완전자동사인 go가 술어동사로 등장한 까닭에 제1형식에 해당한다는 식으로 파악해서는 안 되는 이유다.

미래와 완료상에서 go 등의 자동사가 동작 자체를 중시하는 데 반해, be동사는 동작의 결과를 드러내는 식으로 역할분담을 하고 있는 것을 보면 go동사를 완전자동사로 못 박을 수 없다는 사실을 쉽게 알 수 있다.

He / **has gone** to America.　　　그는 미국으로 떠나 버렸다.

He / **have been** to America 5 times.　그는 미국에 5번 다녀왔다.

완전자동사로 분류되는 **come**, **run**, **walk**, **begin**, **end**, **rise**, **set**

등의 경우도 그 기능과 역할 등에서 go동사와 동일하다. be동사와 같은 부류로 분류되는 **become**, **get**, **feel**, **grow**, **taste**, **smell**, **look**, **seem**, **turn**, **sound**, **keep** 등도 마찬가지다. 중요한 것은 해당 동사의 문장 내 기능과 역할이다.

이런 지적 때문인지는 몰라도 최근 웹스터 사전을 능가하는 6만여 자의 방대한 영영사전을 펴낸 바 있는 롱맨은 기존의 문형 5형식을 새롭게 다듬은 예문을 제시한 바 있다.

제1형식: My office   / **is**   in the next building.

제2형식: Your dinner / **seems**   ready.

제3형식: You   / **can put**   the dish on the table.

제4형식: I   / **must send** my parents an anniversary card.

제5형식: Most students / **have found** her reasonably helpful.

기존의 문형 5형식보다는 한결 나아진 느낌이다. 특히 제2형식의 기본문형으로 be동사 대신 seem 등의 반계사(半繫辭)가 들어간 예문을 제시한 것은 나름대로 높이 평가할 만하다. 반계사 구문은 매우 많다. **seem**, **appear**, **look**, **become**, **get**, **sound** 등이 등장하는 자동사 구문이 그것이다.

I / **seem** to have left my book at home. 나는 책을 집에 두고 온 것 같아.

She / **became** sad from thinking about it. 그녀는 그 일을 생각하니 슬퍼졌다.

위 예문에서 술어동사 뒤에 나오는 어구는 모두 보어에 해당한다. 기본적으로 be like 구문을 뉘앙스를 약간 달리해 표현한 것으로 볼 수 있다.

You / **look like** you're in another world.   당신은 딴 세상에 사는 사람 같다.

They / **are like** brothers and sisters.   그들은 마치 형제자매처럼 보인다.

위 예문의 like는 뒤에 나오는 구나 절 등의 어구를 '-와 같은'의 형용사의 의미로 통합해 be동사와 이에 준하는 seem 등의 보어로 만드는 역할을 하고 있다. 이는 be 동사 뒤에 나오는 전치사 of의 기능과 똑같은 것이다. of가 be동사 뒤에 나오는 명사와 한 덩어리가 되어 형용사 보어로 변환된 다음 예문을 보자.

She / is **of noble blood**.   그녀는 귀한 가문의 인물이다.

→ She / is **noble**.   그녀는 귀족적이다.

He / is **of a patient disposition**.   그는 끈질긴 성품의 인물이다.

→ He / is **patient**.   그는 끈질기다.

두 예문에서 of 이하 형용사구는 생략된 피수식어 a woman과 a man의 역할까지 대신하고 있다. 이는 전치사 of가 뒤에 나오는 명사와 한 덩어리가 되어 보어의 역할을 수행한 결과다. 다음 예문을 보면 of의 역할을 보다 쉽게 이해할 수 있다.

She / is **very kind**.   그녀는 매우 친절하다.

= She / is **kindness itself** (= all **kindness**).

= She / is **of great kindness**.

위 예문은 동일한 메시지를 약간 표현을 달리해 전달하고 있음을 보여준다. 그럼에도 문형 5형식을 주장하는 사람들은 자동사 구문에서 명

사보어가 나오는 경우와 형용사보어가 나오는 경우를 달리 취급하고
있다. 이는 영어에서 형용사가 명사와 함께 체언으로 움직인다는 사실
을 망각한 것이다. 다음 예문을 보자.

> She / is (**a woman**) **of singular beauty**. 그녀는 독보적인 미인이다.
> = She / is **an absolute beauty**.　　　그녀는 절세미인이다.

　영어에서 형용사보어가 등장하는 be동사 구문을 손쉽게 명사보어 구
문으로 바꿀 수 있는 것은 형용사가 명사와 똑같은 기능을 수행하고 있
기 때문이다. 영어에서는 형용사 또는 형용사 상당 어구를 대명사로 간
주해도 아무 문제가 없다. 마이클 잭슨의 음반제목인 'This Is It'이 그
실례다. 유사한 사례를 살펴보자.

> This / is **it**!　　　자, 시작이야!
> That / is **it**!　　　바로 그거야!
> It / is **that**!　　　과연 그렇소!

　위 예문의 대명사보어는 상대방이 이미 알고 있는 것으로 짐작되는
낱말과 구절 등을 한마디로 압축해놓은 것이다. 결과적으로 be동사 구
문에서는 보어가 명사이든 형용사이든, 절이든 구이든 따질 필요가 없
는 셈이다. 이는 be동사의 계사 역할에 따른 것이다.
　원래 be동사는 '-이다'의 의미로 쓰일 때 주어와 보어를 곧바로 이어
주는 매개역할에 그치는 까닭에 과감히 생략해도 큰 문제가 없다. 인도
유럽어에는 이런 전통이 오랫동안 이어져 내려왔다. 오른쪽에서 왼쪽
으로 문장을 쓰는 아랍어의 다음 예문을 보면 이를 더 선명히 파악힐
수 있다.

Al-waladu / (φ) **saghilun**. (الولد صغل)

The boy / (is) young.

아랍어는 직설법 현재시제에서 명사보어는 말할 것도 없고 형용사보어가 등장할 때 역시 be동사를 과감히 생략한다. 영어 역시 형용사보어와 명사보어를 굳이 구분할 필요가 없는 것이다. 관사가 존재하지 않는 러시아어 역시 마찬가지다.

형용사보어   Этот(*etot*) урок(*urok*) / (φ) **интересный**.

                This   *subject*   / (*is*) *interesting*.

형용사수식어   Этот(*etot*) / (φ) **интересный урок**.

                This   / (*is*) *interesting*   *subject*.

be동사가 생략되었음에도 형용사 'интересный'(*interesnuiy*)가 술어로 쓰인 경우와 수식어로 쓰인 데 따른 혼란이 전혀 일어나지 않고 있다. 이는 수식할 때는 형용사가 피수식어 앞에 오고, 술어일 때는 그 뒤에 오기 때문이다. 영어 역시 셰익스피어 시대 이전까지만 해도 직설법 현재에서 be동사를 생략하는 게 상례였다. 사실 이것이 범어와 희랍어, 라틴어의 기본 원칙이었다. 아랍어와 러시아어는 범어 이래의 전통을 고수하고 있는 셈이다.

그러나 인도유럽어는 태생적으로 형용사를 체언으로 간주한 까닭에 형용사를 보어로 쓸 때 be동사만으로는 일정한 한계를 느낄 수밖에 없다. 우리말의 정태동사처럼 사물의 성상 변화를 정교하게 드러낼 수 없기 때문이다. 형용사보어의 자동사 구문에서 be동사를 대신해 **become**, **grow**, **go**, **come**, **remain**, **keep**, **appear**, **turn**, **taste**, **smell**,

stand, **fall**, **run**, **prove** 등의 자동사가 등장하는 이유가 여기에 있다.

The buttons / **had come** undone.　　단추들이 풀려 있었다.
He / **has remained** poor all his life.　그는 평생 빈한하게 살고 있다.
The room / **smells** damp.　　그 방은 곰팡내가 난다.
The river / **ran** dry during the drought.　그 강물은 가뭄 중에 말라 버렸다.

위 예문에 나온 다양한 술어동사는 'be동사 + 형용사'의 한계를 타개하기 위해 동원된 것들이다. 영어는 형용사가 명사처럼 굳어져 있는 까닭에 be동사만으로는 우리말의 '추워지다'와 '썰렁해지다' 등과 같이 사물의 성상 변화를 정교하게 표현할 수 없다. 이는 동사의 부담을 엄청나게 가중시켰다. 영어를 비롯한 인도유럽어에서 동사가 복잡한 활용을 할 수밖에 없는 이유다.

그러나 be동사 구문 역시 다양한 보어를 통해 그 활용을 극대화할 경우 이들 자동사 구문과 거의 동일한 수준의 표현이 가능하다. 이는 명사와 대명사, 형용사, 부사구, 부정사, 동명사, 절 등 다양한 유형의 어구가 보어로 등장하기에 가능하다. 그 실례를 보자.

명사보어　　　He / is **an amateur golfer**.
　　　　　　그는 아마추어 골퍼다.
대명사보어　　Woe / is **me**!
　　　　　　화가 내게 미치다니, 슬프다!
형용사보어　　She / was **also so beautiful**!
　　　　　　또한 그녀는 매우 아름답다.
형용사구보어　I / am **full on small portions**.
　　　　　　난 소식해도 이내 배가 부르다.

부사보어	The deal / is **off**.
	거래성사는 물 건너갔다.
부사구보어	We / were **out of breath after 5 minutes**.
	우리는 5분 만에 숨이 가빴다.
부정사보어	It / is **to be classified into many items**.
	이는 여러 항목으로 나눌 수 있다.
동명사보어	My hobby / is **collecting stamps**.
	내 취미는 우표를 모으는 것이다.
절보어	The fact / is **that he said so**.
	사실은 그가 그리 말했다는 것이다.

be동사가 계사로 등장하는 자동사 구문의 가장 큰 특징이 N = C 구조에 있음을 극명하게 보여준다. N = C 구조가 성립되는 것은 말 그대로 계사인 be동사가 N과 C를 연결하는 역할에 충실한 결과다. 아랍어와 러시아어 등에서 직설법 현재시제의 경우 be동사를 과감히 생략하는 것은 이 때문이다.

영어와 불어, 독어 등에서 직설법 현재시제에서 be동사를 생략하지 않는 것은 과거와 미래시제 등에 be동사가 등장하는 것에 균형을 맞추기 위한 것이다. 문법적으로는 일관성을 지니고 있는 셈이다. 그러나 사실 영어 등에서 직설법 현재시제인데도 불구하고 be동사를 생략치 않는 가장 큰 이유는 be동사가 보유하고 있는 또 다른 의미인 '-있다'의 취지를 적극적으로 드러내고자 하기 때문이다. There와 Here 등이 글 앞에 나오는 유도부사 자동사 구문이 그 실례다.

There is / a restaurant around the corner.
모퉁이를 돌면 식당이 하나 있소.

There has just been / a car accident.

방금 교통사고가 났다네.

유도부사 구문은 기본적으로 문장을 부드럽게 이끄는 역할을 한다. 불어에 be동사가 생략된 유도부사 구문이 널리 사용되고 있는 게 그 증거다. 영어 there is는 본래 '저기 있다'에서 유래했다. 이와 똑같은 역할을 하는 불어 voilà 역시 '저기 좀 봐!'에서 유래했다. 불어의 다음 예문은 유도부사 구문이 지니고 있는 특징을 잘 보여주고 있다.

Voilà / un restaurant.　　　　저기 식당이 하나 있소.

Me **voilà**!　　　　　　　　　　저 여기 있어요!

유도부사 구문은 자동사 구문에서 get과 seem 등의 자동사가 be동사와 약간 다른 뉘앙스의 다양한 구문을 만드는 것에 비유할 수 있다. 기본적인 뜻은 별반 차이가 없으나 술어동사의 움직임이 강하게 드러나고 있는 점에 주목할 필요가 있다.

There goes / the phone!　　　　　　　전화벨이 울리고 있소!

There prevails / a profound suspicion.　깊은 의구심이 팽배해 있다.

위 예문은 사물의 변화 상태를 생생히 전해주고 있다. be동사의 유도 부사 구문이 사물의 어떤 상태를 알려주는 데 그치고 있는 것과 대비된다. 그러나 유도부사 구문에 등장하는 자동사가 결코 be동사와 큰 차이가 있는 것은 아니다.

Here you go, let me know if you want more.

여기 있다. 더 필요하면 나에게 알려라.

Here you are, three adult tickets.

여기 있습니다. 어른 표 3장입니다.

이상 살펴본 바와 같이 문형 5형식을 주장하는 사람들이 보어의 존재 여부를 기준으로 자동사를 완전과 불완전으로 나누는 것은 공연한 짓이다. be동사는 구문 안에서 '-있다'의 1형식이든 '-(이)다'의 2형식이든 본질적인 차이가 있는 게 아니다. 1형식은 2형식의 NP(v+c) 구조에서 c가 생략된 NP(v+φ) 구조로 보면 된다. c가 생략된 φ를 통상 '영(零) 보어'라고 한다.

have동사가 '-있다'의 뜻일 때는 자동사 구문이다

영어문장에서 have동사는 be동사와 더불어 핵심적인 역할을 수행한다. 완료상에서 have동사가 조동사로 활용되고 있는 게 그 실례다. 타동사 구문에서 여러 술어동사를 대신하는 이른바 '대동사'(代動詞, pro-verb)로 이용되는 것도 같은 맥락에서 이해할 수 있다.

She / **had** him by the collar.　　그녀는 그의 옷깃을 움켜잡았다.

Mary / **had** her back to me.　　메리는 내 쪽으로 등을 보였다.

She / **is going to have** a baby.　그녀는 곧 출산할 것이다.

We / **had** some friends to dinner.　우리는 친구들에게 저녁을 대접했다.

위 예문은 take와 eat, smoke, see, bear, receive 등 다양한 내용의 술어동사를 대신하고 있는 have동사의 대동사 역할을 잘 보여주고 있다. 이는 be동사가 자동사 구문에서 go, come 등의 자동사를 대신하는 것에 비유할 만하다. have동사가 완료상을 만들 때 단독으로 사용되고 있는 것도 have 동사의 이런 특징과 무관치 않다. 불어와 독어에서 be동사가 have동사와 더불어 완료상의 조동사로 활용되는 것과 대비되는 대목이다.

이는 기본적으로 have동사 역시 be동사처럼 '-있다'의 뜻으로 널리 사용되고 있는 사실에서 비롯되었다. have동사가 '-있다'의 뜻으로 사용될 경우 형식상으로만 타동사 구문일 뿐 내용상으로는 자동사 구문으로 파악해야 한다. 다음 예문을 보면 그 이유를 대략 짐작할 수 있다.

He / **has** a new car. → 그는 / 새 승용차를 한 대 갖고 있다. (○)
　　　　　　　　　　　　그에게는 / 새 승용차 한 대가 있다. (○)
He / **has** a strict father. → 그는 / 엄격한 부친을 갖고 있다. (×)
　　　　　　　　　　　　그에게는 / 엄격한 부친이 계시다. (○)

have동사 구문은 빈어가 생물체 또는 비(非)생물체인지 여부에 따라 그 해석을 달리해야 문맥이 자연스럽다. 우리말에서는 빈어가 생물체인지 여부를 따지지 않고 '-있다'로 기술할 경우 아무 문제가 없다. 영어의 have동사 구문 역시 '-있다'로 해석해야 하는 경우가 매우 많다. 이는 have동사가 be동사를 대신해 '-있다' 뜻의 자동사 구문을 만들고 있음을 반증한다. 다음 예문을 보자.

The ham / **has** *a smoky flavor*.
그 햄에서는 연기냄새가 난다.
He / **has** *a front tooth missing*.
그는 앞니 한 개가 없다.
I / **have** *a few ideas for the title*.

나는 제목에 대해 몇 가지 생각이 났다.

The green / **has** *a restful effect*.

녹색은 마음을 편안하게 해주는 효과가 있다.

위 예문은 have동사 구문이 There is 형식의 유도부사 구문과 동일한 뜻을 지니고 있음을 보여준다. have동사 앞에 나오는 문법상의 주어는 술어동사의 영향력이 미치는 장소를 드러내는 것에 불과하고 실질적인 주어는 have동사 뒤에 오고 있기 때문이다. 유도부사로 나타나는 자동사 구문과 하등 차이가 없는 셈이다. 다음 예문을 보면 이를 보다 확연히 파악할 수 있다.

He **has** / no hope of winning.　　　그는 승리 가능성이 없다.

= There *is* / no hope of winning for him. 그에게는 승리 가능성이 없다.

유도부사 구문의 there은 문법상의 주어도 아니고 내용상의 주어도 아니다. 이에 반해 have동사의 주어는 형식상·문법상 주어의 모습을 취하고 있다. 비슷한 역할을 하는 중국어의 '有'(*you*)와 달리 have동사를 '~을 가지고 있다'의 뜻으로 고정시킨 결과다.

have동사 구문은 문장 안의 실질적인 주어가 소재하고 있는 위치를 문두에 내세워 그 소재를 확실히 하고 있는 점만이 유도부사 구문과 다를 뿐이다. 위 예문의 한국어 번역에서 '그는'이 비록 주격조사인 '~은'을 취하고 있으나 사실은 처소격의 뜻으로 사용되고 있는 점에 주목할 필요가 있다. 한국어 구문에서 '~은/는' 등의 주격조사가 나왔다고 해서 반드시 주어가 되는 것이 아니듯이 영어 역시 문두에 문법상의 주어로 나타났다고 해서 반드시 주격으로 해석할 이유가 없다. 동일한 내용의 중국어·러시아어 예문이 이를 뒷받침한다.

I	/ have	**a**	**book**.

→ у меня / (есть) одна книга.

→ 我 / 有 一本書.

위 예문을 통해 러시아어의 'у(*u*) меня(*menya*)'는 아예 '나에게'의 처소격으로 굳어져 있음을 알 수 있다. 문장의 앞에 나와 주격의 모습을 취하고 있는 중국어 예문의 '我'(*wo*) 역시 '나는'이 아니라 '나에게'로 굳어져 있는 것이다.

'-있다'의 뜻을 지닌 영어의 have동사 구문 역시 '-있다'의 뜻으로 사용될 경우 사실상 이런 예외를 인정한 것으로 판단하는 것이 옳다. 외양만 타동사 구문일 뿐 사실상 자동사 구문으로 간주해야 하는 것이다. 사실 그같이 해야만 문맥의 흐름이 자연스럽게 된다. 영어라고 해서 have동사를 원래의 뜻대로 새겨 '나는 부모를 갖고 있다'는 식으로 해석할 리가 없기 때문이다.

그럼에도 대다수 영문법 학자들은 이를 눈치채지 못한 채 '-있다'의 뜻을 지닌 have동사 구문 역시 일괄적으로 타동사 구문으로 간주하고 있다. 문법상의 주어가 주격의 모습을 취한 것에 얽매일 필요가 없다. 더 중요한 것은 문장 안의 기능과 역할이다. 중국어에서 '有'동사 구문의 예외를 인정한 게 좋은 예다.

실제로 '-있다' 뜻의 have동사 구문에서 주어는 유도부사 구문의 there과 마찬가지로 오직 술어동사의 동작이 미치는 소재지를 밝히는 역할을 수행할 뿐이다. 유도부사 구문의 there와 달리 취급할 이유가 하등 없는 것이다. '-있다' 뜻의 have동사 구문에 대한 예외를 인정해야만 have동사가 be동사에 버금하는 역할을 수행하는 것을 제대로 이해할 수 있다. 다음 예문을 보면 영어의 have동사가 지니고 있는 위력을 실감할 수 있다.

영어	The lovely	daughter	of the tailor	/ **has gone**.
불어	La fille	aimable	du couturier	/ **est allée**.
독어	Die liebliche	Tochter	des Schneiders	/ **ist gegangen**.

위 예문은 영어와 달리 불어와 독어에서는 be동사에 해당하는 être 와 sein 동사가 일부 자동사의 완료상 조동사로 활용되고 있음을 보여 주고 있다. 불어와 독어에서는 go, come, fall 등 장소의 이동을 나타 내는 자동사는 완료상에서 have동사 대신 be동사를 조동사로 취한다. 영어가 예외 없이 have동사를 사용하는 것과 대비되는 대목이다.

자동사 뒤에 나오는 보어부사구

영어의 have동사가 사실상 자동사 구문을 이끌 수 있게 된 데에는 같 은 뜻의 불어 avoir와 독어 haben동사에 비해 상대적으로 '-있다'의 의미를 강하게 띠고 있는 점이 작용했다고 분석할 수 있다. 이는 seem 등의 자동사가 자동사 구문에서 be동사를 대신해 형용사보어의 다양한 의미를 전달하는 것에 비유할 만하다.

그렇다면 영어문장에는 have동사에 이끌리는 자동사 구문과 정반대 로 겉모습은 자동사 구문이지만 사실상 타동사 구문에 해당하는 경우 는 없을까. 매우 많다. 다음 예문을 보자.

The college / **graduated** *50 students* last year.

그 대학은 작년에 50명을 졸업시켰다.

50 students / **graduated** *in Chinese* last year.

작년에 중국어 분야에서 50명이 졸업했다.

My son / **graduated** *from Harvard* last year.

내 아들은 작년에 하버드대를 졸업했다.

첫 번째 예문은 구문의 내용과 구조에 비춰 명백한 타동사 구문에 해당한다. 두 번째 예문은 in Chinese가 술어동사 graduate를 수식하는 역할에 그치고 있는 까닭에 명백한 자동사 구문에 해당한다. 그렇다면 세 번째 예문은 어디에 속하는 것일까.

문형 5형식을 주장하는 사람들은 자동사 구문으로 잘라 말하고 있다. from Harvard 역시 in Chinese와 마찬가지로 술어동사를 수식하는 부사구에 불과하다는 게 논거다. 그러나 과연 그럴까. 부사구 from Harvard는 두 번째 예문의 in Chinese와 외형상 유사한 모습을 띠고 있으나 그 기능과 역할에는 본질적인 차이가 있다.

graduate는 기본적으로 '-를 졸업하다'의 뜻을 지니고 있다. from Harvard처럼 술어동사가 요구하는 어구가 뒤따라 나올 경우 이는 graduate가 말하고자 하는 바를 충족시킨 경우에 해당한다. 첫 번째 예문의 in Chinese와는 성격이 다른 것이다. from Harvard는 술어동사와 하나로 결합해 일종의 빈어 역할을 수행하고 있다고 보는 게 옳다. 다음 예문을 보면 자동사 구문에 등장하는 부사구를 간단히 취급할 수 없다는 사실을 확인할 수 있다.

The car / **went into** a tree.　　그 차가 나무를 들이받았다.

My son / **went to** the university.　내 아들이 그 대학을 들어갔다.

첫 번째 예문의 go into는 hit, 두 번째 예문의 go to는 enter와 동일한 뜻으로 사용되고 있다. 전치사와 묶어 해석할 경우 내용상 완전히 타동사에 해당한다. 두 번째 예문의 번역문에서 알 수 있듯이 현재 우리말에서는 자동사 구문인 '대학에 들어가다'와 타동사 구문인 '대학을 들어가다'가 혼용되고 있다. 시간이 지나면 두 구문 중 어느 하나로 정리될 가능성이 높다. 중국어에서 go에 해당하는 '去'(qu)가 당초 자동사로만 쓰이다가 타동사로 전용된 사례가 이를 뒷받침한다.

> 他 / 去(qu).   그가 간다.
> → 他 / 去信(quxin).   그가 편지를 보낸다.
> → 他 / 去貴妃(quguifei).   그가 양귀비 배역을 맡는다.

    고립어인 중국어는 전적으로 문장 안 위치만으로 해당 낱말이 주격인지 아니면 대격인지 여부를 판별할 수밖에 없다. 중국어 동사가 자동사와 타동사 사이를 자유롭게 넘나드는 이유다. 현재 격어미를 대부분 상실해 사실상 고립어와 흡사한 모습을 띠고 있는 영어도 예외일 수 없다. 다음 예문이 그 증거다.

> My mouth / **waters**.   내 입안에서 군침이 돈다.
> I / **watered** the horse.   나는 말에게 물을 먹였다.
>
> She / **heads** for the door.   그녀는 문 쪽으로 간다.
> She / **headed** the research team.   그녀는 그 연구팀을 이끌었다.

    위 예문은 술어동사가 문장 안의 위치와 기능에 따라 자동사와 타동사 사이를 자유롭게 오가고 있음을 잘 보여주고 있다. 앞서 나온 예문에서 graduate from과 go to처럼 전치사가 붙은 경우는 구체적으로 문장 안에서 어떤 역할을 하고 있는지에 따라 자동사 또는 타동사 구문으로 나눠 해석하는 게 타당할 것이다.

He / **went to** Harvard.	그는 하버드대를 들어갔다.
He / **went to** school.	그는 학교에 다녔다.
He / **went to** the school.	그는 그 학교에 갔다.

첫 번째 예문은 내용상 타동사 구문으로 간주하는 게 타당하다. 두 번째 구문은 go to school이 '학교에 다니다'는 뜻의 관용어로 굳어져 있는 만큼 go동사가 보어 school을 강력 요청하고 있다고 파악하는 게 옳다. 문형 5형식에 따르면 2형식이다. 세 번째 예문은 단순히 '갔다'는 사실만 강조한 것으로 판단될 경우는 제1형식, '어떤 곳'을 특별히 강조한 것으로 판단될 때는 2형식으로 보는 게 옳다.

여기서 주목할 것은 첫 번째 예문처럼 외양상 자동사 구문의 형식을 취하면서 사실상 타동사 구문으로 해석될 경우다. 영어에는 이와 유사한 구조와 기능을 가진 구문이 매우 많다. 전치사와 결합해 사실상 타동사 구문을 이끄는 역할을 수행하는 동사로 go to, graduate from, come to, complain of, wait for, experiment with, sympathize with, interfere with, consent to 등을 들 수 있다. 다음은 이들 동사들이 사실상의 타동사 구문을 이끌고 있는 구체적인 실례다.

A good ideas / **come to** my mind.	좋은 생각이 머릿속에 떠오른다.
He / **complains of** being overworked.	그는 업무 가중을 불평한다.
I / **sympathized with** his situation.	나는 그의 처지를 측은해했다.
She / **interferes with** my work.	그녀는 내 작업을 방해한다.

이를 통해 영어의 자동사 구문은 크게 보어가 필요한 구문과 그렇지 않은 구문으로 대별할 수 있음을 알 수 있다. be동사 구문은 '-(이)다' 와 '-있다'의 두 가지 뜻을 지니고 있는 만큼 크게 보어가 등장하는

NP(v+c)와 보어가 탈락한 NP(v+φ) 구문 중 하나에 속하게 될 것이다. 여타의 자동사 구문은 이미 검토한 바와 같이 문장 안 기능과 역할에 따라 보어를 취하기도 하고 사실상의 타동사 역할까지 수행함으로써 1형식과 2형식, 3형식을 자유롭게 넘나든다. 가장 주목할 점은 타동사로 못을 박아놓은 have동사가 '-있다'의 의미를 지닐 때 사실상 자동사 구문을 이끄는 경우다. 중국어의 '有'동사 구문처럼 예외로 간주하면 아무 문제가 없다.

3 빈어: 문장은 왜 빈어가 대격일까

타동사 구문의 빈어는 한 덩어리다

문형 5형식에서 말하는 제3-5형식의 타동사 구문은 기본적으로
P＝v＋o의 구조에서 벗어나지 않고 있다. 자동사 구문에서 술어동사
가 보어를 취하는 것처럼 타동사 구문에서는 모든 술어동사가 예외 없
이 빈어를 취한다. 자동사 구문의 보어에 명사, 형용사, 구와 절 등의
제한이 없듯이 빈어 역시 아무 제한이 없다. 먼저 타동사 구문에서 가
장 기본이 되는 3형식의 예문부터 살펴보자.

대명사	I / love *her*.	나는 그녀를 사랑한다.
부정사	She / wishes *to succeed in life*.	그녀는 성공적으로 살고자 한다.
동명사	He / avoids *making a promise*.	그는 약속하는 것을 피한다.
절	I / know *(that) he is honest*.	나는 그가 성실하다는 것을 안다.

자동사 구문이 P＝v＋c 구조를 띠고 있는 것처럼 타동사 구문 역시
P＝v＋o 구조를 하고 있다. 경우에 따라서는 v기 구(句)의 링내늘 쥐
할 때도 있다.

The recipe / **calls for** butter, but margarine will do.

그 조리법은 버터를 필요로 하나, 마가린으로 충분하다.

위 예문의 call for 등과 같이 두 단어 이상으로 이루어진 동사를 구동사(句動詞, phrasal verb)라고 한다. 구동사는 전치사와 결합한 구 자체를 하나의 동사로 간주한 것을 말한다.

타동사 구문을 특별히 어렵게 생각할 필요는 없다. 다만 몇 가지 특이한 경우를 주의하면 된다. 현재 sentence와 condemn, punish 등이 술어동사로 등장한 구문은 외양상 4형식과 닮아 있음에도 3형식으로만 간주되고 있다.

The king / **sentenced** *him to death*.　（○）

왕은 그를 사형에 처했다.

→ The king / sentenced *death to him*.　（×）

The king / **punished** *him with death*.　（○）

왕은 그를 사형으로 벌했다.

→ The king / punished *death to him*.　（×）

sentence와 condemn, punish 등의 동사는 우리말의 '-를 벌하다'처럼 직접빈어와 단단히 결합해 있는 까닭에 3형식으로 존재할 수밖에 없다는 사실을 확인할 수 있다. 다음 예문 역시 4형식과 닮아 있으나 통상 3형식으로 간주되고 있다.

He / **envied** *me my good looks*.　그는 나의 그 미모를 부러워했다.

It / **costs** *me my life*.　　　　　　그건 나의 그 죽음을 대가로 요한다.

He / **grudges** *me my success.*　　그는 나의 그 성공을 배 아파한다.

위 예문은 대부분 외양상 '-에게 -을 해주다'의 구조를 취하고 있다. 그러나 술어동사 뒤에 곧바로 나오는 me와 her 등은 연이어 나오는 빈어를 강화하는 기능만 하고 있는 까닭에 생략할지라도 아무 문제가 없다. 일종의 동어반복에 가깝다. 실제로 일상생활에서는 이들 빈어를 생략한 문장이 널리 쓰이고 있다.

　　　He / envied **me my good looks**. 그는 나의 미모를 부러워했다.
　= He / envied **me good looks**.
　= He / envied **my good looks**.

　　　He / hit **me on my head**.　　그는 나의 머리를 때렸다.
　= He / hit **me on the head**.
　= He / hit **my head**.

결국 겉모습만 4형식을 취하고 있을 뿐 단순한 3형식임을 쉽게 알 수 있다. 그러나 모두 그런 것은 아니다. 일부 구문은 기능과 역할 면에서 완벽하게 4형식의 모습을 취하고 있다.

He / found **me my bag**.
그는 (나에게) 내 가방을 찾아주었다.
God / forgave **you your sin**.
신은 (당신에게) 당신의 죄를 사하여주었다.

문법적으로 볼 때 이들 예문은 일종의 빈어 복사(複寫) 구문에 해딩

한다. 영어에 존재하는 세 종류의 복사 구문 중 하나다. 3종의 복사 구문은 빈어 복사 구문 이외에 자동사 복사와 주어 복사 구문을 말한다.

자동사 복사 구문은 흔히 '동족빈어'(同族賓語, Cognate Accusative) 구문으로 불린다. 이는 술어동사와 동일한 뜻의 빈어가 등장하는 구문을 말한다. 우리말의 '숨을 쉬다' '삶을 살다' '꿈을 꾸다' 등에 나오는 빈어가 이에 해당한다.

> He / **died** *heroically*.　　　그는 영웅적으로 죽었다.
> →He / **died** *hero's death*.　　그는 영웅적인 죽음을 맞았다.

동족빈어 구문은 자동사와 타동사 구문이 원래부터 엄격히 구분될 수 있는 게 아님을 보여주고 있다. 인도유럽어 중 동족빈어가 가장 발달한 언어는 아랍어와 히브리어 등 셈족 언어다. 자동사의 명사형 동족빈어를 만들어 동사의 의미를 강화시킨 아랍어의 다음 예문을 보자.

> Faraha　　　　／ farahan. (فرح　حرفا)
> *He rejoiced ／ the rejoice*.

영어의 동족빈어 구문도 위의 아랍어 예문처럼 술어동사의 의미를 강조코자 하는 취지에서 나온 것으로 볼 수 있다. 영어에서 최상급 동족빈어를 사용한 경우가 그 증거다. 다음 예문을 보자.

> She / smiled **her brightest** (*smile*).　그녀는 극도의 희색(喜色)을 띠었다.
> She / breathed **her last** (*breath*).　그녀는 최후의 숨을 내쉬었다.
> He / died **a beggar** (-'s *death*).　　그는 객사(客死)했다.
> She / died **young** (*age's death*).　　그녀는 요절(夭折)했다.

위 예문은 동족빈어를 수식하기 위해 등장한 명사와 형용사가 동족 빈어의 의미까지 내포한 경우를 보여주고 있다. 영어 역시 문장을 간명하게 만들기 위해 동족빈어를 생략한 것일 뿐 기본취지만큼은 아랍인이 동족빈어 구문을 즐겨 사용하는 것과 동일하다.

'재귀동사'(再歸動詞) 구문은 주어를 복사해 빈어로 삼은 게 특징이다. 재귀동사의 동작이 타인에게 미치지 않고 주어 자신에게만 미친 결과다. 술어동사의 기능과 역할 면에서 볼 때 재귀동사 구문은 수동태 구문과 사뭇 닮아 있다. 우리말의 '스스로 -하다'의 뜻과 유사하다. 다음 예문을 보자.

> She / **prides herself** on her beauty. 그녀는 자신의 미모를 자부한다.
> They / **love each other**. 그들은 서로를 사랑한다.

두 번째 예문에 나오는 each other를 두고 일부 학자는 '상호목적어'로 부르고 있다. 그러나 그 기능과 역할 등에서 빈어복사와 하등 차이가 없다. 재귀동사의 동작이 복수형의 주어에 동시적으로 작용한 것으로 파악하면 된다.

공급동사와 수여동사는 본질적으로 같다

영어의 3형식 중에는 우리말로 번역할 때 자동사 구문으로 착각하기 쉬운 게 제법 많다. 일례로 '-와 결혼하다'의 뜻을 지닌 marry동사를 들 수 있다. 이들 동사는 우리말에서는 자동사 구문이나 영어에서는 타동사 구문으로 나타나고 있다. 그 이유는 무엇일까.

원래 불어에서 유래한 marry동사는 '-를 출가시키다'의 뜻을 지니고 있다. 영어의 marry동사가 타동사 구문으로 나타나는 이유다. 불어와 비교해놓은 다음 예문을 보자.

능동태   Il / marie **sa fille au banquier**.

그는 딸을 은행가에게 출가시킨다.

→ He / marries **his daughter to a banker**.

수동태   Ellle / est mariée **au banquier**.

그녀는 은행가에게 시집간다.

→ She / is married **to a banker**.

재귀동사   Ellle / **se** marie **avec le banquier**.

그녀는 은행가와 결혼한다.

→ She / marries **a banker**.

그녀는 은행가를 배우자로 삼는다.

불어는 '스스로를 결혼시키다'의 재귀동사를 통해 우리말과 똑같은 '-와 결혼하다'의 구문을 형성하는 데 반해 영어는 '-를 배우자로 삼다'의 새로운 뜻을 부여해 불어의 재귀동사 구문을 대체한 것을 알 수 있다. 영어는 불어의 marry동사를 도입하면서 '-를 출가시키다'의 뜻은 그대로 둔 채 '-를 배우자로 삼다'의 새 의미를 부여하는 창조성을 발휘한 셈이다.

우리말은 어휘가 풍부한 까닭에 영어의 marry동사 구문이 나올 때 딸을 시집보내는 부모가 주어로 나오면 '-를 출가시키다', 결혼 당사자인 딸이 주어로 나올 경우는 '-를 배우자로 삼다'로 풀이하면 된다. 현재 영어에는 marry동사처럼 자동사 구문으로 착각하기 쉬운 타동사 구문이 몇 개 더 있다. approach, become, resemble 등이다.

She / **approached** *the bank* for a loan.

그녀는 융자문제로 은행과 접촉했다.

It　/ **becomes** *you.*

그것은 너와 잘 어울린다.

She / **resembles** *her mother.*

그녀는 모친과 닮았다.

위 예문 모두 '-와 -하다'로 해석되고 있는 점에 주의할 필요가 있다. 이는 원래 술어동사 뒤에 나오는 대격 명사가 이른바 공동격(共同格) 어미를 취하고 있다가 이후 격어미가 탈락한 결과다. 위 예문 모두 우리말의 자동사 구문으로 번역되는 까닭에 특별히 주의를 요한다.

이와 비슷한 경우로 이른바 '공급동사'(供給動詞) 구문을 들 수 있다. 이는 '-에게 -를 제공하다'로 번역되는 까닭에 4형식의 이른바 수여동사(受與動詞, Dative Verb) 구문과 혼동하기 쉽다.

We / **supplied** *them with food.*

우리는 그들에게 식량을 공급했다.

= We / **supplied** *food to（=for) them.*

We / **gave** *them food.*

우리는 그들에게 식량을 주었다.

= We / **gave** *food to（=for) them.*

공급동사와 수여동사 구문에 나오는 술어동사는 그 위치와 기능에 하등 차이가 없다. 그러나 위 예문을 통해 알 수 있듯이 공급동사 구문에서는 내용상 직접빈어에 해당하는 food가 간접빈어에 해당하는 them 뒤에 올 경우 반드시 전치사 with의 도움을 받아야 문장을 이룰 수 있다. 그 이유는 무엇일까.

　로마제국의 공용어인 라틴어에 뿌리를 둔 불어에서 유래한 supply동사는 그 자체만으로는 과연 동작의 결과가 대상자에게 도움을 주었는지 여부를 판단할 수 없다. 단지 '-을 제공하다'의 뜻밖에 없다. 이에 반해 독어 geben처럼 원시 게르만어에 뿌리를 두고 있는 give동사는 오랫동안 그 자체로서 '-을 베풀어주다'는 시혜(施惠)의 의미로 통용돼왔다. 이런 역사언어학적 차이가 공급동사와 수여동사를 가르는 기준이 되었다.

　현재 영어에서 supply와 유사한 기능을 하는 공급동사로 provide, equip, furnish, present, endow, entrust 등을 들 수 있다. 라틴어에 뿌리를 둔 이들 공급동사가 사용된 예문을 보면 그 실체를 보다 명확히 이해할 수 있다.

> He / **provided** me *with* the best service.
> 그는 나에게 최상의 서비스를 제공했다.
> She / **furnished** him *with* some information.
> 그녀는 그에게 약간의 정보를 제공했다.
> Nature / **endowed** him *with* wit and intelligence.
> 하늘은 그에게 기지와 지성을 주었다.
> He / **entrusted** his nephew *with* the task.
> 그는 조카에게 그 과제를 맡겼다.

　위 예문 모두 직접빈어에 해당하는 명사 앞에 전치사 with가 등장하고 있는 점에 주의할 필요가 있다. 이는 공급동사와 수여동사의 차이가 전치사 for와 with의 차이와 무관치 않음을 암시하는 것이다.

　원래 고전 범어 이래 인도유럽어에서는 '-를 위해'와 '-을 가지고'를 엄격히 구분했다. '-를 위해'는 이른바 위격(爲格)으로 분류해 수여동사의 간접빈어 격어미인 '-에게'의 여격(與格)과 동일하게 취급했다. 여격은 말 그대로 어떤 혜택이 돌아가는 당사자를 지칭하는 격이다. 훗날 격어미가 탈락한 이후 영어 전치사 for와 독어의 für, 불어의 pour가 위격 또는 여격의 격어미를 대신하고 있는 게 그 증거다.

이에 반해 '-을 가지고'는 술어동사 움직임의 수단과 도구를 나타내는 이른바 조격(造格) 또는 구격(具格)으로 취급했다. 위격과 달리 '-를 위해'의 뜻이 빠져 있는 것이다. '-와 함께'의 뜻을 지닌 공동격 역시 술어동사의 움직임에 동참한 사람을 드러내기 위한 것으로 '-를 위해'의 뜻이 배제되어 있다. 이후 조격과 구격, 공동격의 격어미가 탈락하면서 영어의 with, 독어의 mit, 불어의 avec가 문장 안에서 이들의 격어미를 대신하게 되었다. 영어에서 공급동사 supply가 본래의 수여동사 give와 달리 반드시 전치사 with를 동반하는 이유가 여기에 있다. 다음 예문을 보자.

> She / **furnished** *the room with antiques.*
> 그녀는 / 그 방에 고가구를 배치했다.　　　(○)
> 그녀는 / 그 방을 고가구로 치장했다.　　　(○)

> She / **furnished** *him with some information.*
> 그녀는 / 그에게 약간의 정보를 제공했다.　　(○)
> 그녀는 / 그를 약간의 정보로 제공했다.　　　(×)

위 예문은 공급동사 furnish가 전치사 with를 똑같이 동반하고 있음에도 술어동사 뒤에 오는 빈어가 사람일 경우와 그렇지 않을 경우 그 뜻이 현격히 달라지고 있음을 보여준다. 사람이 등장하는 경우는 반드시 간접빈어로 파악해야만 문장의 뜻이 통하나 사물이 등장하는 경우는 3형식과 4형식 어느 쪽으로 해석해도 문맥이 통한다. 공급동사와 수여동사는 그 기능과 역할에 근원적인 차이가 없음에도 굳이 그 차이를 찾는다면 이 점을 들 수 있을 것이다.

수여동사 구문을 제4형식으로 구분할 필요가 없다

문형 5형식을 주장하는 사람들은 4형식의 수여동사 구문을 매우 특별히 다루고 있다. 그러나 이 또한 큰 틀에서 보면 타동사의 기본문형인 3형식에서 벗어나는 게 아니다. 4형식의 핵심요소를 추출한 다음 예문이 그 증거다.

He / **teaches** *me English*. (○)

→ He / teaches *English*.　(○)

→ He / teaches *me*.　(○)

He / **buys** *me a car*.　(○)

→ He / buys *a car*.　(○)

→ He / buys *me*.　(×)

두 번째 예문을 통해 알 수 있듯이 일반동사에서 전화한 수여동사 buy는 직접빈어만을 대동해도 문장이 성립하나 간접빈어와 결합할 때는 '그는 나를 매입하다'의 뜻으로 바뀌어 비문이 된다. 이에 반해 teach는 직접빈어 또는 간접빈어와 단독으로 결합할지라도 문장이 모두 성립한다. 이런 차이가 나는 것은 일반동사에서 전화한 수여동사 buy의 직접빈어로 사람이 왔기 때문이다. 이를 인정할 경우 인신매매의 뜻이 된다.

teach는 그럴 염려가 전혀 없기에 '그는 나를 가르치다'와 '그는 영어를 가르치다' 구문이 모두 성립하는 것이다. 직접빈어에 사람이 오든 사물이 오든 아무 상관이 없다. 러시아어의 다음 예문을 보면 수여동사 teach의 특징을 보다 확연히 알 수 있다.

Он(on) / учит(*utshit*) меня(*menya*) музыке(*musike*).
He   / teaches   me   to music.

teach에 해당하는 러시아어 учить(*utshiti*)는 가르치는 대상을 직접 빈어, 가르치는 내용을 간접빈어로 취한다. 우리말로는 '–를 –로 이끌다'의 뜻에 가깝다. 이는 고전 범어시대부터 teach와 ask 등의 동사가 '가르치다'와 '묻다'의 대상 인물을 여격이 아닌 목적격으로 받은 사실과 무관치 않다. 다음의 예문이 그 증거다.

He / taught   **me with it**.   (○)
→ He / taught   **me it**.   (○)
→ He / taught   **it for me**.   (○)

위 예문은 동일한 구조를 이루고 있는 수여동사와 공급동사를 통틀어 가장 기본이 되는 동사가 바로 teach임을 보여준다. 현재 영어는 중국어처럼 고립어로 진행하고 있기 때문에 언젠가는 수여동사와 공급동사 모두 teach처럼 하나로 통합될지도 모를 일이다. 다음의 중국어 예문이 이를 암시한다.

他 / 教   我   英文.

(*He teaches me English.*)

→ 他 / 教 英文 給我.

(*He teaches English for me.*)

→ 他 / 教 給我 英文.

(*He teaches for me English.*)

현재 영어에서는 teach와 give 등의 수여동사 구문의 경우 위의 마지막 예문에 나온 'He teaches for me English' 형식이 등장하지 않고 있다. 그러나 장차 고립어의 경향이 더욱 진전될 경우 이런 문형이 출현할지 모른다. 다음 예문이 이런 추론을 뒷받침한다.

I / explained **to him** *what this means.*

나는 그에게 이게 무슨 뜻인지 설명해 주었다.

She / proved **to me** *that this is true.*

그녀는 나에게 이것이 사실임을 입증해 보였다.

중국어에서는 영어의 수여동사에 해당하는 타동사를 이른바 '쌍빈동사'(雙賓動詞)로 취급한다. 위 예문을 통해 중국어의 쌍빈동사와 영어의 수여동사 구문이 사실 동일한 문법구조 위에 있음을 쉽게 알 수 있다. '敎'(*jiao*, teach), '問'(*wen*, ask), '許'(*xu*, allow), '傳'(*chuan*, tell), '寫'(*xie*, write), '買'(*mai*, buy), '送'(*song*, send), '還'(*huan*, return) 등이 대표적인 '쌍빈동사'다.

위 예문은 영어의 수여동사 구문이 중국어의 쌍빈동사 구문과 하등 차이가 없음을 보여주는 것이다. 영어의 **introduce**, **announce**, **confess**, **describe**, **suggest**, **propose** 등의 타동사 모두 그 기능과 역할 면에서 위 예문과 같다.

영어에서 '-에게 -을 해주다' 형태의 타동사 구문은 제3-4형식을 막론하고 하나로 통합해 제3형식의 확장으로 파악하는 게 타당하다. 사실 그렇게 해야만 문장의 뜻이 더 선명히 드러난다. 다만 이 경우 직접빈어가 앞에 나와 이른바 3형식의 모습을 구체적으로 드러낼 경우에는 간접빈어를 표시하는 전치사가 to나 for 이외에도 of와 on 등이 출현하는 것에 주의할 필요가 있다. 다음 예문을 보자.

He / played **me** a trick.　　　 그는 나에게 속임수를 썼다.
→ He / played a trick **on me**.

I / asked **him** some questions.　 나는 그에게 몇 가지 질문을 했다.
→ I / asked some questions **of him**.

두 번째 예문에 전치사 of가 나온 것은 ask가 teach와 마찬가지로 '그를 향해 물었다'와 '의문점을 물었다'는 뜻을 지니고 있기 때문이다. 원래 범어에서는 ask, tell, teach 등의 동사가 나올 때 give로 상징되는 수여동사와 달리 '-를 향해 -를 물었다'는 식으로 '2중대격'을 취했다. ask동사가 사실상 일종의 동족빈어에 해당하는 question이 나올 경우 전치사 to 대신 of를 취하는 이유가 여기에 있다.

일각에서는 He send me a letter의 구문에 나오는 me는 '방향 간접빈어', He bought me a new bag의 me는 '이해 간접빈어'로 구분해 부르고 있으나 이는 오히려 혼란만 가중시킬 뿐이다. 이들 간접빈어는 사실 처소격 부사어에 지나지 않는다. 이는 이들 동사가 원래 공급동사·수여동사처럼 '-에게 -를 해주다'의 뜻을 지니고 있지 않기 때문이다. 다만 문장 안에서 수여동사처럼 기능하고 있기에 이를 수여동사 구문으로 간주하는 것일 뿐이다.

5형식은 3형식의 빈어를 절로 늘려놓은 것이다

문형 5형식에서 말하는 제5형식은 확실히 제3-4형식과 다른 모습을 하고 있다. 이는 that절을 술어동사의 빈어로 압축시켜놓은 결과다. 5형식의 문장을 that절로 환원시킬 수 있는 것은 이 때문이다.

He / found **her (to be) helpful**.
그는 그녀가 도움이 되리라는 것을 알아챘다.
= He / found *that she would be helpful*.

She / told **me to lose weight**.
그녀는 나에게 체중을 줄이라고 말했다.
= She / told *that I should lose weight*.

위 예문은 5형식의 술어동사 뒤에 나오는 일체의 어구를 that절로 환원시킬 수 있음을 보여주고 있다. 이는 5형식 또한 3형식의 변형에 지나지 않는다는 사실을 증명하는 것이다. 어떤 면에서 5형식은 2개의 빈어를 취하고 있는 4형식보다 훨씬 간명하다.

5형식의 특징을 가장 잘 보여주는 술어동사는 see와 hear 등의 이른바 지각동사와 have 등의 사역동사다. 이들 동사가 등장하는 구문은 5형식의 가장 큰 특징인 O =np 구조를 잘 보여준다. 다음은 5형식 구문을 내용적으로 해체한 것이다.

I / saw **him scream**.
나는 그가 비명을 지르는 것을 보았다.
→ I / saw him who screamed.

나는 비명을 지르는 그를 보았다.

→I / saw him, he then screamed.

나는 그를 보았는데, 당시 그는 비명을 질렀다.

I / ordered **him to sleep**.

나는 그에게 취침을 명했다.

→I / ordered that he should sleep.

나는 그가 자야 한다고 명했다.

→I / ordered him, he then didn't sleep.

나는 그에게 명했는데, 당시 그는 자지 않았다.

위 예문은 5형식의 O=np 구조가 관계대명사와 that절로 이뤄졌음을 보여준다. 이는 술어동사의 빈어가 잇달아 나오는 부정사 구문의 주어 역할을 동시에 수행한 결과다. 5형식의 O=np 구조는 술어동사가 지각동사나 사역동사가 아닌 경우에도 동일하게 나타나고 있다.

I / want **him to come back** soon.

나는 그가 이내 돌아오기를 원한다.

이를 통해 5형식의 빈어는 O=np 구조로 이뤄졌음을 알 수 있다. 술어동사를 기준으로 보면 p=v+o의 3형식에 지나지 않는다. p를 두고 통상 목적보어로 부르고 있으나 이는 약간 문제가 있다. p가 자동사 구문뿐만 아니라 타동사 구문까지 망라하고 있기 때문이다. 보어와 빈어를 통칭하는 객어를 사용해 '목적객어'로 부르는 게 타당하다.

목적보어

He / had *his baby kidnaped*. 그는 아이를 유괴당했다.

I / got *the car to start*. 나는 차에 시동을 걸었다.

목적빈어

He / had *me kidnap her baby*. 그는 나를 시켜 그녀의 아이를 유괴했다.

I / got *her to help him*. 나는 그녀를 시켜 그를 도왔다.

현재 5형식과 관련해 가장 논란이 되고 있는 것은 O＝np의 p가 부사구로 이뤄진 경우다. 문장 안 기능과 역할에 비춰 분명 O＝np의 모습을 띠고 있음에도 5형식으로 취급받지 못하고 있다. 이는 술어동사의 직접빈어가 뒤이어 나오는 부사구와 과연 np의 구조를 이루고 있는지를 확인하면 쉽게 알 수 있다. 3형식과 5형식이 구분되는 다음 예문을 보자.

I / hit *him on the head*.

나는 그를 머리 위로 때렸다.

→ I / hit *him, he is on the head*.

나는 그를 때렸고, 그는 머리 위에 있다.　　(×)

I / put *the cup on the table*.

나는 컵을 탁자 위에 놓았다.

→ I / put *the cup, it is on the table*.

나는 컵을 놓았고, 컵은 탁자 위에 있다.　　(○)

두 예문 모두 비슷한 모습을 하고 있으나 첫 번째 예문은 O≠np인데 반해 두 번째 예문은 O=np로 5형식과 동일한 구조를 이루고 있다. 두 번째 예문을 5형식 구문과 비교하면 그 특징을 확연히 파악할 수 있다.

I / **left** *him (to be) alone.*

나는 그를 외톨이로 놔두었다.

→ I / **left** *him that he might be alone.*

나는 그가 외톨이로 있도록 놔두었다.

It / **bored** *me to death.*

그것은 죽을 정도로 따분했다.

→ It / **bored** *me so much that I was near to death.*

그것이 너무 따분해 죽을 뻔했다.

위 예문 모두 부사와 부사구가 하나같이 O=np에서 p의 역할을 하고 있음을 보여준다. 이들 부사구는 자동사 구문에서도 그러했듯이 5형식의 O=np에서도 똑같은 기능을 수행하고 있다. 이는 첫 번째 예문을 통해 알 수 있듯이 부사 alone이 him의 술어 역할을 한 결과다.

부사어가 이처럼 당당하게 O=np의 p 역할을 하게 된 것은 영어가 고립어의 성격을 띠고 있는 사실과 무관치 않다. 중국어 구문에서는 이런 현상이 매우 선명하게 드러난다.

他 / **擱** 杯子, **擱** 在卓子上.

He / put the cup, put on the table.

→ 他 / 把杯子 **擱** 在卓子上.

He / the cup put on the table.

우리말처럼 빈어를 앞으로 빼내는 이른바 '把(ba)-' 구문을 사용할 경우 '在桌子上'(zai-zhuozishang)이 직접빈어 '杯子'(beizi)와 동떨어지는 까닭에 우리말처럼 술어동사를 수식하는 부사구로만 기능하게 된다. 영어의 문형 5형식에 대입할 때 완벽한 3형식이 되는 셈이다.

그러나 '把-' 구문을 사용치 않을 경우 영어처럼 부사구를 빈어 뒤에 곧바로 이어 쓸 수 없다. 그럴 경우 부사구 '在桌子上'이 주어에 걸리게 되기 때문이다. 부사구를 술어동사 '擱'(ge)와 직접 연결시키기 위해서는 부득불 술어동사를 복사해 사용치 않으면 안 된다. 중국어에서 빈어를 앞으로 빼내는 '把-' 구문이 널리 사용케 된 것은 바로 이런 술어동사의 복사를 피하기 위한 노력의 소산이다.

영어에서는 on the table이 cup 뒤에 배치될지라도 술어동사에 직접 걸려 있는 것으로 간주하는 까닭에 중국어처럼 동사를 복사하지 않을 뿐이다. 그러나 논리적으로 보면 on the table은 cup 또는 I를 꾸며주는 수식어로 판단할 수도 있다. 문장 안 정황논리와 언어관행에 의해 on the table이 술어동사에 직접 걸려 있다고 간주하는 것일 뿐이다. 부사어가 O＝np 구조에서 술어역할을 수행할 경우 3형식이 아닌 5형식으로 파악해야 하는 이유가 여기에 있다.

5형식의 가장 큰 특징인 O＝np 구조는 마치 거울 속에 거울이 존재하듯이 중층구조로 만들어진 경우도 있다.

Bill / has *me say that Mary had Jane dye Tom's hair yellow*.

←Mary / had *Jane dye Tom's hair yellow*.

←Jane / dye *Tom's hair yellow*.

위 예문은 "빌은 내가 '메리는 제인을 시켜 톰의 머리를 노랗게 물들이게 했다'고 말하도록 시킨다"는 복잡한 정보를 담고 있다. O＝np로 구성된 첫 번째 문장은 똑같은 구조로 이뤄진 두 번째 문장을 빈어로 보유하고 있고, 두 번째 문장 역시 동일한 구조의 세 번째 문장을 빈어로 삼는다. 한 문장 안에 5형식의 O=np 구조가 세 번에 걸쳐 중층적으로 나타나고 있다.

영어 역시 이론적으로는 마치 우리말에서 말꼬리를 계속 이어가듯이 이런 구조를 얼마든지 만들어낼 수 있다. 그러나 O=np 구조가 3중 이상으로 높아질 경우 헷갈릴 소지가 커 통상의 언문(言文)에서는 O=np의 중층구조가 3중 이상으로 넘어가지 않는 게 상례다. 5형식의 타동사 구문이 3중 이상의 O=np 구조로 이뤄졌을지라도 결국은 S=V+O의 가장 간략한 3형식 문장으로 환원시킬 수 있다.

이상과 같은 검토를 통해 5형식의 문형 역시 3형식의 기본 문형을 O=np 구조로 확대한 것임을 알 수 있다. 4형식은 빈어의 숫자를 확장한 O=o1+o2의 구조에 해당한다. 이는 teach처럼 2중대격(double accusative)을 취하는 동사를 포함해 give 등의 수여동사 구문을 분석할 때 이미 충분히 검토한 바 있다. 3형식을 4형식의 o2가 영(零)으로 구성된 O=o1의 단일구조로 간주해도 무방하다.

제 2 부

동사는 활용이다

한 문장 안에 하나의 주어가 존재하듯이 주어의 명을 받드는 술어동사도 하나만 존재한다. 이를 본동사라고 한다. 역사언어학의 관점에서 볼 때 인도유럽어의 조어에 해당하는 범어에서는 본동사가 자체의 활용을 통해 조동사의 도움 없이도 시제와 완료, 태, 법 등을 나타냈다. 현재 영어를 포함한 인도유럽어는 조동사의 도움 없이 이를 표기하는 게 불가능하다.

4 조동사: 영어에는 왜 우언형이 있을까

본동사와 조동사

한 문장 안에 하나의 주어가 존재하듯이 주어의 명을 받드는 술어동사도 하나만 존재한다. 이를 본동사(本動詞, full verb)라고 한다. 본동사는 한 문장 안에서 주어의 명을 받들어 술부 안에 있는 보어와 목적어 등 일체의 낱말을 통제하는 동사를 뜻한다.

조동사(助動詞, auxiliary verb)는 본동사의 뜻을 명확히 하기 위해 동원되는 모든 동사를 뜻한다. 통상 본동사와 결합해 동사구(動詞句, verb phrase)를 만든다. 가능과 의무, 추측 등을 나타내는 can, must, may 등의 본래적인 조동사를 포함해 수동태나 완료형을 만드는 be동사와 have동사 등이 모두 조동사에 속한다. 조동사 중에는 ought처럼 조동사로만 쓰이는 것도 있고, need처럼 문맥에 따라 본동사와 조동사 사이를 오가는 것도 있다.

역사언어학의 관점에서 볼 때 인도유럽어의 조어에 해당하는 범어에서는 본동사가 자체의 활용을 통해 조동사의 도움 없이도 시제와 완료, 태, 서법 등을 나타냈다. 그러나 현재 영어를 포함한 인도유럽어는 조동사의 도움 없이는 이를 표시하는 게 불가능하다. 조동사기 가장 많이 동원되는 것 중 하나가 미래완료 수동형이다.

범어와 희랍어는 미래완료시제가 없는 까닭에 미래시제 수동태 어미로 이를 처리했다. 미래완료시제는 라틴어에 처음으로 등장한다. 미래 수동형으로 활용한 범어·희랍어의 본동사를 미래완료 수동형으로 활용한 라틴어의 본동사와 비교한 다음 예문을 보자.

kiṃ / mayā **kāryam**.　　무엇이 나에 의해 행해져야 하는가?
(= What / **shall be done** by me.)

κρούετε καὶ **ἀνοιγήσεται** ὑμῖν.　두드려라, 그러면 너희에게 열릴 것이다.
(*krüete kai anoigēsetai huymin*.)
(= Knock, and it / **shall be opened** *unto you*.)

Crās Aureum / **portātum erit**.　내일이면 황금이 운반돼 있을 것이다.
(= Tomorrow the gold / **shall have been transported**.)

라틴어의 경우는 미래완료를 표시하기 위해 be동사에 해당하는 sum동사의 도움을 받게 되었으나 최소한 완료 수동의 형태에 한해서는 본동사의 활용을 통해 이를 해결했다. 라틴어 때까지만 해도 본동사가 시제와 태, 서법(敍法, mood)에서 중요한 역할을 수행하고 있었던 것이다.

그러던 것이 점차 굴절어미가 생략되기 시작하면서 조동사의 도움이 절실하게 되었다. 라틴어의 후신인 불어의 경우 본동사가 미래시제까지만 활용을 하고 완료·수동태의 활용은 일어나지 않는다. 라틴어에 비해 활용이 줄어든 것이다.

영어의 경우는 더욱 심하다. 굴절어미가 대거 생략된 까닭에 조동사의 도움이 없이는 미래시제와 완료, 수동태를 하나도 표현할 수 없다. 본동사가 인칭·수에 따라 굴절하는 독어의 경우도 별반 차이가 없다. 시제가 오직 현재와 과거밖에 없기 때문이다. 본동사의 다양한 활용 형태를 그대로 보유하고 있는 한국어 등 교착어와 대비되는 대목이다. 조동사가 가장 많이 등장하는 미래완료 수동형의 영어와 독어 구문을 라틴어의 후신인 불어, 교착어인 한국어와 비교해놓은 다음 예문을 보자.

영어 This newspaper / **will have been read** by the boy.

독어 Diese Zeitung   / **wird** von dem Knaben **gelesen worden sein**.

불어 Ce   journal   / **aura été lu** par ce garçon.

   (이 신문은 / 그 소년에 의해 다 **읽혀버릴 것이다**.)

위 예문을 통해 알 수 있듯이 우리말은 본동사 '읽다'의 활용만으로도 수동태 미래완료시제인 '읽혀버리리라'는 표현이 가능하다. 불어의 경우는 본동사 자체가 미래시제로 활용될 수 있는 까닭에 수동태와 완료시제를 표현하기 위해 조동사가 2개만 동원되었다. 이에 반해 독어와 영어는 본동사의 미래시제 활용이 존재하지 않기 때문에 조동사가 모두 3개씩이나 동원되었다.

이런 현상은 가정법의 경우에도 그대로 재현되고 있다. 가정법 미래완료 수동형의 영어와 독어 구문을 비교해놓은 다음 예문이 그 증거다.

영어 This newspaper / **would have been read** by the boy!

독어 Diese Zeitung   / **würde** von dem Knaben **gelesen worden sein**!

불어 Que Ce journal   / **ait été lu** par ce garçon!

   (이 신문이 / 그 소년에 의해 다 **읽혀버렸으면**!)

범어와 희랍어, 라틴어의 경우는 우리말처럼 본동사의 활용을 통해 시제와 태, 법 등을 나타냈다. 본동사의 어간에 미래시제 수동태를 뜻하는 어미 등을 덧붙여 현재의 독어, 영어 등과 대비되는 깔끔한 문장을 만들어낸 것이다. 본동사의 미래시제 활용이 존재하는 불어 등의 로망스어가 그나마 동원되는 조동사의 숫자를 줄이기는 했으나 위 예문을 통해 알 수 있듯이 여전히 복잡한 모습을 하고 있다.

영어와 독어에서 조동사를 극히 중시하는 것은 이 때문이다. 그런 의미에서 게르만어에 뿌리를 두고 있는 영어는 세상에서 가장 복잡한 동사구를 가진 언어에 속한다. 이는 완료상의 동사원형을 갖고 있는 러시아어 등의 슬라브어가 be동사에 해당하는 계사 быть(buity)의 도움만 받고 미래완료 수동형을 만들어내는 것과 대비된다. 다음 예문을 보자.

Этот журнал　　/ будет црочитанный этим маличком.

(= This newspaper / **will have been read** by the boy.)

위 예문을 통해 시제와 태, 서법 등의 활용을 표시할 때 러시아어를 비롯한 슬라브어가 인도유럽어 중에서 가장 간략한 모습을 하고 있음을 알 수 있다. 이는 슬라브어에 통상적인 원형동사 이외에도 완료형 원형동사가 별도로 존재하기 때문이다.

조동사의 중요성

많은 사람들이 조동사는 단순히 본동사를 돕는 데 그치는 것으로 알고 있으나 이는 잘못이다. 영어는 본동사가 활용어미를 대거 상실한 까닭에 조동사의 도움이 없이는 문장을 구성할 수 없다. 그런 의미에서 조동사는 오히려 본동사보다 훨씬 중요하다고 할 수 있다.

조동사는 그 역할과 기능에 따라 크게 두 가지로 나눌 수 있다. 하나
는 본동사와 결합해 문법범주(文法範疇)를 형성하는 경우다. 이를 통
상 문법조동사(文法助動詞, grammatical auxiliaries)라고 한다. 다음
예문을 보자.

He / **is playing** the piano.   그는 피아노를 연주하고 있다.

The house / **is built** by him.   저 집은 그에 의해 지어진다.

She / **has done** well as a lawyer.   그녀는 변호사로 잘 나간다.

I / wish he **would pass** this time.   그가 이번엔 합격했으면 한다.

위 예문은 be동사와 have동사 등의 조동사가 각각 시제와 태, 상, 서
법 등의 문법범주로 기능하고 있음을 보여준다. 이들 문법조동사에 대
해서는 시제와 태 등을 논할 때 자세히 살펴보기로 한다.

조동사의 또 다른 역할과 기능은 말 그대로 본동사의 뜻을 보완해 구
체적인 뜻을 나타내는 경우다. 이를 통상 의미조동사(意味助動詞,
significant auxiliaries)라고 한다. 독어에서는 문법조동사와 의미조동
사를 묶어 화법조동사(話法助動詞)로 총칭한다. 직설법과 명령법, 가
정법에 두루 쓰인다는 뜻이다.

원래 영어의 의미조동사는 크게 '-할 수 있다'의 가능, '-해야 한다'
의 의무, '-할 것이다'의 미래, '-한 듯하다'의 추측, '-하기 바라다'의
원망으로 대별할 수 있다. 강조와 의문, 부정(否定)의 의미를 덧붙이는
것도 의미조동사의 역할이다.

본동사에 다양한 의미를 덧붙일 경우 사람의 주관적인 정서가 강하게
투사되게 마련이다. 그 정도에 따라 크게 직설법과 가정법으로 나뉜다.

He / **will** return home next week.

그는 다음 주 귀가할 것이다.

I / **shall** go there without fail.

나는 반드시 그곳에 갈 것이다.

If he **will** be rich, I / **shall** be glad.

그가 부자가 되면 나는 기쁘리라.

If I **shall** die, everything / **will** be settled.

내가 죽으면 만사가 정리되리라.

　

첫 번째와 두 번째 예문은 단순미래(單純未來)와 의지미래(意志未來)로 나타난 직설법, 세 번째와 네 번째 예문은 원망법(願望法)과 가능법(可能法)으로 대별되는 가정법의 용례를 보여준다. 직설법 예문은 단순히 미래의 사실에 대한 추측 또는 의지의 표명에 그치고 있으나 가정법 예문은 언술하는 사람의 주관적인 심경이 문장 전면에 그대로 노출된다.

똑같은 조동사인데도 앞 예문에서는 단순한 미래시제형 조동사, 뒤 예문에서는 가정법 조동사로 사용되고 있는 것이다. 본동사의 원래 뜻에 강조, 가능, 의무, 미래, 추측, 원망 등의 뜻을 덧붙여주는 의미조동사를 순차적으로 살펴보기로 하자.

가능조동사 can

본동사에 가능의 뜻을 덧붙이는 가능조동사 can과 그 과거형 could는 직설법과 가정법에 두루 사용된다. 문맥을 살펴 직설법과 가정법 여부를 구분해야 한다. can은 언술하는 사람이 가능성을 염두에 두고 일정한 진술을 전개하거나 자신의 감정을 나타낼 때 긴요하게 사용된다. 다음 예문을 보자.

He / **can not** winks at the bad people.

그는 악인을 보면 못 본 체하지 못한다.

You / **can't** get happiness by pursuing it.

행복은 추구한다고 얻어지는 게 아니다.

첫 번째 예문은 언술하는 사람이 비록 타인의 심경을 묘사한 것이기는 해도 객관적인 사실을 있는 그대로 표현한 까닭에 직설법에 해당한다. 두 번째 예문은 언술하는 사람이 자신의 주관적인 판단을 마치 객관적인 사실인 양 표출하고 있는 까닭에 가정법에 해당한다. can의 과거형인 could는 가정법에 빈번히 등장한다. 그러나 모두 가정법인 것만은 아니다.

He / **could not** keep a lid on his anger.

그는 자신의 분노를 다스릴 수 없었다.

He / has depressions and **could** become suicidal.

그는 우울증으로 인한 자살가능성이 있다.

You / **could never** stand this place.

자네는 이곳에서 도저히 견뎌내지 못할 걸세.

It / would be ideal if you **could** stay.

자네가 머물 수 있다면 가장 좋을 텐데.

첫 번째와 두 번째 예문은 직설법, 세 번째와 네 번째 예문은 가정법에 해당한다. 분류의 기준은 언술하는 사람의 주관적인 정서가 얼마나 반영되어 있는가 하는 점이다. 결국 문맥을 좇아 판단하는 수밖에 없다.

가능조동사에는 can 이외에도 be able to가 있다. 이는 can을 다른 조동사와 결합해 사용할 수 없는 데 따른 고육지책으로 볼 수 있다. 다음 예문을 보자.

> You / **must be able to** adapt to an future.
> 너는 미래에 적응할 수 있어야 한다.
> It / **would be able to** carry 6 passengers.
> 거기에 6명의 탑승이 가능할 것이다.

본동사와 조동사를 자유롭게 오가는 dare는 엄밀히 따지면 감행(敢行)조동사에 해당하나 큰 틀에서 보면 가능조동사의 일종이다. 부정문이나 의문문에 많이 사용되고, 부정을 뜻하는 not을 동반하는 게 특징이다. 현재와 과거시제가 똑같은 까닭에 문맥에 따라 구분해야 한다.

> I / **dare not** think of that.　나는 그런 일은 감히 생각할 수조차 없다.
> She / **daren't** reveal herself.　그녀는 감히 자기 생각을 밝히지 못했다.

의무조동사 must와 should

반드시 해야 할 일이나 필연을 나타낼 때 사용되는 조동사 must는 독어·불어 등과 달리 따로 과거형이 존재하지 않는다. 문맥에 따라 판별하는 수밖에 없다. 동일한 뜻의 have to를 즐겨 사용하는 이유가 여기에 있다. had to를 사용할 경우 과거의 뜻을 분명히 드러낼 수 있기 때문이다.

> The deponent / **had to** swear an affidavit.
> 선서증인은 진술서에 선서해야 했다.

She / **had to** plank down the money.

그녀는 즉석에서 돈을 지불해야만 했다.

의무조동사 ought to의 ought은 원래 owe의 과거시제에서 나온 것으로 중세 때 aughte를 거쳐 현재의 모습으로 변한 것이다. ought to는 have to와 달리 과거형이 없다. 주로 당연히 해야 할 의무(obligation)를 나타내나 때로는 바람직한 소망(desirability), 강한 가능성(probability)을 나타내기도 한다. 여러 면에서 should와 상통한다. 다음 예문을 보자.

You / **ought to** act your age. 너는 네 나이에 맞게 행동해야 한다.

It / **ought to** be done at once. 그것은 당장 해야 한다.

본동사와 조동사를 자유롭게 오가는 need는 엄밀히 말하면 일종의 필요조동사에 해당하나 큰 틀에서 보면 의무조동사에 포함시킬 수 있다. 조동사 need는 주로 부정문과 의문문에 많이 나타나고 있다. 본동사가 아닌 조동사로 사용될 경우 must와 마찬가지로 과거와 과거완료형이 없다.

He / **need not** have done it after all.

그는 결코 그런 일을 할 필요가 없었다.

의무조동사로는 이들 이외에도 미래조동사 shall의 과거형인 should가 직설법과 가정법을 넘나들며 매우 폭넓게 사용된다. 이는 고대영어에서 비롯된 것이다. 보수적인 독어는 shall과 will의 고대영어가 지니고 있었던 원래의 의미를 그대로 간직하고 있다. 다음 예문을 보자.

Du / **sollst** Gott lieben.   너는 하나님을 사랑해야 한다.

(= *You / should love God.*)

Gott / **will** daß man glücklich sein.   하나님은 인간이 행복하길 바란다.

(= *God / wills that man be happy.*)

　고대영어에서 shall은 의무조동사, will은 희망을 나타내는 원망조동
사로 사용되었다. 현대영어에서 shall의 과거형인 should가 의무조동
사로 사용되는 것은 바로 그 흔적이라 할 수 있다.

　지금은 shall과 will이 단순미래와 의지미래를 나타내는 조동사로 마
구 뒤섞여 사용되고 있어 적잖은 혼란을 야기하고 있다. 영어가 변화하
는 과정에서 가장 실패한 사례를 들라면 단연 단순미래와 의지미래의
혼용을 들 수 있다.

　독어는 현명하게도 미래시제 조동사로 werden(*become*)을 사용해
의지미래와 같이 황당한 용어가 등장하는 사태를 방지했다. 미래시제
조동사 werden과 의무조동사 sollen, 원망조동사 wollen을 명확히 구
분해 사용하고 있는 독어의 경우를 보면 영어의 단순미래와 의지미래
가 얼마나 혼란스러운 것인지를 쉽게 알 수 있다.

미래조동사

Ich / **werde** das Buch kaufen.

나는 그 책을 살 것이다.

(= *I / will buy the book.*)

의무조동사

Er / **soll** das Buch morgen haben.

그는 내일 이 책을 갖게 된다.

(= *He / shall have the book tomorrow.*)

원망조동사

Keiner / **will** ins dunkel Zimmer treten.

아무도 암실에 들어가려 하지 않는다.

(= *Nobody / will walk in the dark room.*)

독어에서는 미래조동사와 의무조동사, 원망조동사가 확연히 다른 까닭에 문장의 뜻이 명확하다. 영어에서 단순미래와 의지미래의 혼란이 나타나게 된 근본적인 이유는 의무와 원망을 뜻하는 본동사 will과 shall을 무분별하게 미래시제 조동사로 사용한 데 있다.

도덕적인 의무와 책임을 표현하는 의무조동사 should는 언술하는 사람의 감정을 표면에 적극 드러내는 까닭에 주절과 종속절을 가리지 않고 등장한다. should가 등장하는 구문에서 shall의 과거형으로 등장하는 경우를 제외한 나머지 경우 거의 예외 없이 가정법을 형성하는 이유가 여기에 있다. 다음 예문을 보자.

Envy is, I **should** say, a deep-seated passion.

질투는 뿌리 깊은 감정이라 하겠다.

〔I / **should** be sorry to leave Paris without having some of the giant asparagus.〕

〔커다란 아스파라가스를 먹어보지도 못하고 파리를 떠나면 실로 유감이라고 생각한다.〕

두 번째 예문은 서머싯 몸의 『오찬』에 나오는 대목으로 여기의 should는 가정법조동사로 사용된 것이다. 현재와 반대되는 사실을 강하게 드러내기 위한 수사법의 일환이다. 다음 예문을 보면 이를 보다 쉽게 알 수 있다.

> I / **should** be very sorry **to lose** her.
>
> 그녀를 잃게 되면 실로 큰 유감이리라.
>
> = I / **should** be very sorry **if** I **lost** her.

의무조동사 should가 단독으로 등장할 경우 거의 예외 없이 가정법을 이끌고 있는 까닭에 이를 식별하는 데 큰 어려움은 없다. 문제는 shall과 will을 마구 뒤섞어 사용하는 데 있다. 미래조동사와 의무조동사, 원망조동사의 구별이 쉽지 않은 것이다. 언어정책을 통해서라도 독어처럼 should는 '의무조동사', would는 '원망조동사'로 고정시켜 혼란을 최소화하는 등의 차선책을 강구할 필요가 있다.

추측조동사 may

추측조동사 may는 조동사 중에서 가능조동사 can과 더불어 활용빈도가 매우 높은 경우에 속한다. 이는 may 역시 can이 과거형인 could를 갖고 있는 것처럼 might라는 과거형을 갖고 있는 사실과 무관치 않다.

may의 큰 특징은 언술하는 사람이 자신의 본심을 숨긴 데 있다. 긍정문에서 어떤 사실에 대한 강한 가능성을 표시하고, not을 동반한 부정문에서는 강한 의구심을 표현하면서도 끝까지 자신의 속셈을 밝히지 않는 게 그 증거다. 가정법에 may와 might가 자주 등장하는 이유가 여기에 있다. 이는 may가 술어동사의 가능성과 의구심, 겸손, 허가, 소망 등을 절묘하게 표현한 결과다.

might를 사용할 경우 이런 경향이 더욱 짙어진다. 시제의 일치 원칙을 좇아 단순히 may의 직설법 과거형으로 쓰인 경우와 애초부터 가정법조동사로 사용된 경우로 나눌 수 있다. could의 경우와 하등 다를 바 없다. 먼저 may가 가능, 허가, 소망 등을 표현한 경우를 보자.

Lord, we / know not what we **may** be.
폐하, 장차 어찌될지는 모르는 일입니다.
O! I / pray that he **may** not come.
정말, 그가 오지 않길 바라는 바이다.

위 예문을 통해 알 수 있듯이 추측조동사 may는 언술하는 사람이 어떤 사물에 대해 단정적인 어법을 피하고자 할 때 항시 등장한다. 위 예문은 비록 직설법으로 표현된 것이기는 하나 내용상 다분히 가정법의 분위기를 띠고 있는 것에 주의할 필요가 있다. 가정법으로 취급할지라도 크게 시비를 걸 수 없는 이유다.

might가 시제의 일치를 좇아 may의 과거형으로 쓰인 게 아닐 경우는 거의 예외 없이 가정법조동사로 사용된 경우다. 이는 언술하는 사람의 심경과 주관적인 정서가 두드러지게 나타난 결과다. 다음 예문을 보자.

You / **might** have told me!　자네가 말해줄 수도 있었잖아!
Might I / use your phone?　전화 좀 써도 되겠습니까?

두 번째 예문은 상대방에게 정중히 허락을 구할 때 사용한 가정법이다. 영어의 가정법은 크게 가능법과 원망법으로 구성돼 있으나 상대방에 대한 존경법과 자신에 대한 겸양법 역시 가정법의 일종에 해당한다.

가정법조동사 would

고대영어에서 will은 현재의 독어와 마찬가지로 원망법을 나타내는 조동사였다. 그러던 것이 미래조동사와 혼용되면서 단순미래와 의지미래라는 복잡한 문법용어가 나타나게 되었다. 단순미래와 의지미래를 비교한 다음 예문을 보자.

> I / wonder what this night **will** bring.
> 오늘 밤 무슨 일이 있을지 모르겠다.
> It / **will** give us the riches of freedom.
> 그게 우리에게 자유의 풍요를 줄 것이다.

> You / **shall** have higher wages.
> 나는 당신의 급료를 올려주도록 하겠다.
> He / **shall** give the money to you.
> 나는 그가 당신에게 돈을 주도록 하겠다.

앞의 예문은 단순히 미래에 이뤄질 사실을 객관적으로 표현한 단순미래, 뒤의 예문은 화자의 의지를 드러낸 의지미래의 용례다. will과 shall이 뒤섞여 있으나 문맥상 구별이 그리 어려운 것은 아니다.

문제는 would가 쓰였을 경우다. would는 might와 마찬가지로 시제의 일치를 좇은 게 아니라면 거의 예외없이 가정법조동사로 사용된 것이다. 그런 점에서 would는 대표적인 가정법조동사라고 할 수 있다.

would는 직설법의 미래시제 과거형으로 쓰일 경우 과거의 습관이나 반복적인 동작 등을 나타낸다. 이는 경험상(經驗相)을 나타내는 조동사 used to와 기능이 같다.

He / **would** often go swimming in the river.

그는 강으로 수영하러 가곤 했다.

→ He / **used to** go swimming in the river.

→ He / **was used to** go swimming in the river.

경험조동사 used to는 그 자체로 과거의 경험과 반복된 동작을 나타낸다. 그러나 때로는 경험상의 시제를 명확히 나타내기 위해 I am used to-, I was used to-, I have used to-, I had been used to- 등으로도 쓰인다. 다음 예문을 보면 이를 쉽게 확인할 수 있다.

He / is not as young as he **used to** be.

그는 이전처럼 젊지는 않다.

He / began to come more often than he **had been used to**.

그는 전보다 자주 오기 시작했다.

would는 단순미래의 과거형으로도 자주 쓰이지만 might와 should 등과 함께 가정법을 이끄는 가정법조동사로도 널리 사용되고 있다. 단순미래의 과거형으로 사용된 경우와 가정법을 이끄는 경우를 비교해 놓은 다음 예문을 보자.

She / **would** not allow me to do so.

그녀는 내가 그리 하는 걸 불허했다.

He / was taller than I thought he **would** be.

그는 내가 예상한 것보다 키가 컸다.

She / **would** have no choice but to follow me.

그녀는 날 좇을 수밖에 없을 것이다.

〔Arthur / **would** rather that we spoke the truth.〕

〔아서는 우리가 진실을 말하길 원한다.〕

마지막 예문은 코난 도일의 『주홍색 연구』에 나오는 것으로 명사절의 spoke는 현재 사실에 반대되는 가정법 과거형으로 사용된 것이다. 주목할 점은 여기의 would가 가정법을 이끄는 wish처럼 본동사로 사용되고 있는 것이다. 이는 would rather(sooner)가 관용어로 결합해 양보의 뜻을 나타내는 통상적인 용법과 커다란 차이가 있다. 독어와 유사한 고대영어의 부활에 가깝다. 다음 예문을 보자.

직설법

I / **would rather** not say about it.

난 그것에 대해 말하고 싶지 않다.

I / **would rather** die than suffer disgraces.

난 치욕을 당하느니 차라리 죽겠다.

가정법

I / **would rather** that they *did* not do so.

그들이 그리 안 했으면 한다.

I / **would rather** that he *considered* the matter.

그가 사태를 고려해주길 바란다.

would like도 would rather과 같은 맥락에서 이해할 수 있다. would like가 의문문에 등장할 경우 이는 상대방을 높이는 존경법 또는 자신을 낮추는 겸양법으로 쓰인 것이다. 존경법과 겸양법이 가정법의 일종임은 말할 것도 없다.

He / **would like** to do work with computers.

그는 컴퓨터 관련 업무를 하고 싶어 한다.

I / **would like** to meet to discuss this.

당신과 만나 이 문제를 상의했으면 한다.

would like가 사용될 경우 직설법의 want와 달리 상대방에게 공손한 분위기를 전하고 있다. would like는 전형적인 가정법 본동사인 wish에 비해 가정법의 느낌이 약간 덜한 게 사실이나 직설법의 want에 비해서는 가정법의 느낌이 매우 강하다. would like 용법을 가정법으로 간주해도 좋은 이유다.

5 3시제: 영어에는 왜 진행형이 있을까

범어와 시제

21세기 현대인들은 '1일 3식'을 한다. 그러나 그 내용과 형식은 다양하다. 중국과 일본은 격식을 차린 순서로 통상 찬(餐), 반(飯), 식(食)으로 구분한다. 영어 역시 3식 중 가장 풍성한 식사에 해당하는 저녁식사를 만찬의 뜻을 지닌 dinner로 표현한다.

불어에서 유래한 dinner는 원래 정오부터 오후 9시 사이 정식 메뉴에 의한 식사를 뜻하는 정찬으로 만찬보다는 오찬에 가깝다. dinner가 저녁식사를 뜻하는 셰익스피어 시대의 supper를 밀어내고 만찬의 의미를 지니게 된 것은 생활습관의 변화와 관련이 있다. 현재 유럽에서는 아침식사는 간단히 하고, 점심과 저녁식사를 충실히 하는 이른바 '2식주의'로 진행하고 있다.

그럼에도 영국은 아침식사 식단에도 소시지와 훈제 청어, 토마토를 올리는 등 매우 실속 있게 차려먹는 전통을 고수하고 있다. 이는 조찬을 뜻하는 breakfast의 어원이 단식을 끝냈다는 취지에서 나온 것과 무관치 않다. 다음 예문을 보자.

Muslims / **fast** during Ramadan.　무슬림은 라마단 기간 중 단식한다.

Muslims / **break their fast** today. 무슬림은 오늘 단식을 끝낸다.

현대인들이 3식 중 점심을 가장 가볍게 처리하는 것은 산업문화와 무관치 않다. lunch 역시 간단하면서도 가벼운 점심식사를 뜻한다. 격식을 차린 오찬의 경우는 luncheon으로 표현한다. lunch는 우리말의 점심 개념에 가장 가깝다고 할 수 있다.

이웃 일본과 중국은 우리와 사뭇 다르다. 중국어 點心(*dianxin*)은 영어의 snack 또는 nosh의 뜻인 간식을 의미한다. lunch는 따로 午飯(*wufan*)을 사용한다. 일본의 경우도 다르지 않다. 點心(*denshin*)은 차에 곁들이는 간단한 과자와 절임을 뜻하고, 우리말의 점심식사는 따로 晝飯(*hirumeshi*)로 표현한다.

중국어와 일본어에서 점심을 snack 개념으로 이해하게 된 것은 불가의 영향에 따른 것이다. 점심과 관련해 불가에서는 이런 설화가 전해 내려온다. 당제국 말기 서쪽 촉 땅에 머물던 덕산(德山)은 불경 중에서도 가장 어렵다는 『금강경』의 해설서를 쓸 만큼 해박했다. 사람들은 그를 '주금강'이라고 부르며 크게 존중했다.

하루는 남방의 선사(禪師)가 심즉불(心卽佛)을 외치며 교학을 우습게 여긴다는 말을 듣고 그들을 혼내주러 길을 떠났다. 풍주 땅에 도착한 그는 요기를 하기 위해 길가의 한 할머니의 가게로 들어갔다. 덕산이 바랑을 벗자 할머니가 지나가는 말로 물었다.

"바랑 속에 무엇이 들어 있소."

"『금강경』 주석서입니다."

"잘됐소, 궁금한 게 있어 물어보려 했는데 스님이 가르쳐줄 수 있겠소. 잘 가르쳐주면 공짜로 떡을 공양토록 하겠소."

"『금강경』이라면 무엇이든 물어보십시오."

"『금강경』에 '과거심불가득(過去心不可得, 과거의 마음도 얻지 못함), 현재심불가득(現在心不可得, 현재의 마음도 얻지 못함), 미래심불가득(未來心不可得, 미래의 마음도 얻지 못함)'이라는 구절이 있는데, 스님은 과거, 현재, 미래 중 어느 마음에 점심(點心, 마음을 밝힘)할 생각이오."

　"……."

　이는 설화이니 액면 그대로 믿을 수는 없으나 선방에서 행하는 점심의 유래와 무관치는 않을 듯하다. 원래 부처의 설법이 중국으로 전파될 때 달마의 6대 후계자인 육조선사(六祖禪師) 혜능(惠能)이 결정적인 역할을 했다. 그가 가장 중시한 경이 바로『금강경』이었다.

　『금강경』은 선불교의 맥을 잇는 한국의 조계종이 수행과 전법(傳法), 삶의 기준으로 삼는 소의(所依)경전으로 현재까지도 가장 중시되고 있다.『금강경』위주의 참선 제일주의에 대한 비판이 없는 것은 아니나『금강경』이 인도유럽어의 모어에 해당하는 고전 범어로 부처의 설법을 집약해놓은 것만은 사실이다.

　『금강경』이 역설하는 핵심 내용 중 하나가 우주의 무한한 시간 개념이다. 범어가 영어와 불어, 독어, 러시아를 막론하고 21세기 인도유럽어의 모든 술어동사의 시제보다 훨씬 복잡한 시제를 갖고 있는 것도 이와 무관치 않다고 보아야 한다. 범어의 시제를 알면 현재의 인도유럽어는 말할 것도 없고 라틴어·희랍어의 시제까지 사실상 통달했다고 말할 수 있을 정도다.

과거, 현재, 미래의 3시제

　시제는『금강경』에서 설파했듯이 현재의 시점을 중심으로 크게 그 이전이 과거와 그 이후의 미래로 나눌 수 있다. 이른바 '3시'(三時)가 그

것이다. 문장 안에서 3시를 관장하는 것은 말할 것도 없이 술어동사다. 그러나 문법에서 말하는 시제는 우리가 생각하는 통상적인 3시 개념과 다르다. 이를 두고 덴마크의 저명한 언어학자 예스페르센은 이같이 요약했다.

"시간은 모든 인류에게 공통되는 것으로 언어 없이도 존재한다. 그러나 시제는 언어에 따라 제각기 다르며, 시간관계를 표현하는 언어는 반드시 동사의 형태로 나타나게 되어 있다."

비교언어학의 관점에서 볼 때 술어동사에서 가장 정교한 시제를 갖고 있는 것은 영어를 비롯한 인도유럽어. 석가모니가 등장하기 수천 년 전부터 신에 대한 경배를 극도로 중시한 베다어 시대의 유산이다.

그러나 언어로 시간을 정확히 표현하는 것은 애초부터 불가능한 일이다. 시간은 잠시도 멈추지 않고 언제나 한 방향으로 질주하기 때문이다. 이른바 불가역(不可逆)이다. 한 번 지나간 시간은 영원히 돌아오지 않는다. 현재라고 말하는 순간 이내 과거가 된다. 과거와 현재, 미래의 시제 모두 그 내막을 보면 다양한 시간관계를 하나로 뭉뚱그린 것에 불과하다.

문법의 시제는 문장 전체를 총괄하는 술어동사가 표시하는 시간개념을 기준으로 한 전후관계를 말한다. N=C 구문을 제외한 모든 구문은 한 문장 안에서 주격은 오직 하나밖에 있을 수 없고 주어를 제외한 나머지 체언 모두 '시격'(斜格, 주격 이외의 모든 격)의 형태를 취해야 한다. 시제도 이와 똑같다. 한 문장 안에 존재하는 모든 동사는 술어동사의 시제를 기준으로 전시(前時), 동시(同時), 후시(後時) 3개의 시제 중 하나를 부여받는다. 시제에 어긋날 경우 문장 전체의 뜻이 애매해져 비문이 되고 만다.

영어의 시제는 우리가 알고 있는 것과 달리 원래 현재와 과거 두 시제밖에 없다. 미래시제는 will과 shall 등의 조동사, 완료시제는 have동사, 진행시제는 be동사의 도움을 통한 것이다. 독일어의 경우도 같다. 이는 게르만어의 가장 큰 특징 중 하나다.

통상 노르만 정복 이전 5세기에서 11세기까지의 고대영어 시기에는 미래시제가 없어 현재시제가 이를 대신했다. 불어에서 단순과거 이외에도 대과거와 완료과거의 시제까지 두루 사용한 것과 대비된다. 이는 생활이 그만큼 단순했음을 방증한다.

현재 게르만족의 발상지는 정설은 없으나 문화지리학적으로 볼 때 중부 유럽의 동쪽 지역 중에서 '너도밤나무'가 자라던 지방으로 추정되고 있다. 인도게르만어족 모두 이 낱말이 동일한 뜻으로 자리 잡고 있는 게 그 논거로 제시된다. 일각에서는 독일 남부의 슈바르츠발트 지대를 지목한다. 통상 흑림(黑林)으로 불리는 이 지역은 길이 200킬로미터, 폭 60킬로미터에 달하는 거대한 숲이다. 선주민은 2500년 전 이곳에 정착한 켈트족이었다. 이들은 고대독어를 사용하는 게르만족에 쫓겨 브리튼 섬으로 이주했다가 그곳에서마저 앵글로색슨족에 밀려 마침내 아일랜드 섬으로 들어가 오늘에 이르고 있다.

미래시제는 범어시대 이후 희랍어와 라틴어를 거쳐 현재의 모든 인도유럽어에 이르기까지 동사활용시제의 기본에 해당한다. 그럼에도 유독 게르만어 계통에만 미래시제가 존재하지 않았다는 것은 초기 게르만족들이 흑림 일대에 정착할 당시만 해도 미래를 언급하기에는 먹고 사는 문제가 매우 시급했으리라는 추론을 뒷받침한다. 라틴어의 후신인 불어가 술어동사 자체의 활용을 통해 미래, 진행, 완료시제를 모두 표현하고 있는 것과 극명한 대조를 이룬다.

물론 불어에도 영어와 독어처럼 조동사의 도움을 받아 시제를 표시하는 경우가 있으나 그 내용과 의미는 사뭇 다르다. 러시아어와 아랍어의 경우는 시제 대신 '완료상'(完了相)을 기준으로 하여 시제를 간접적으로 표시하고 있다. 이 또한 범어 이래의 전통을 이어받은 것으로 특이하게 볼 것은 아니다.

미래시제의 혼란

현대영어를 비롯한 인도유럽어의 시제는 우리들이 생각하는 통상적인 시간개념과 크게 다른 까닭에 영어문장을 해석할 때 적잖이 당황할 수밖에 없다. 가장 대표적인 것이 현재완료다. 문법상 현재시제는 술어동사의 움직임이 현재진행 중인 것을 뜻하기 때문에 사실 현재진행과 시제가 같다. 독어와 불어, 러시아어가 현재시제로 현재진행시제까지 표시하는 것은 이 때문이다.

러시아어는 현재완료시제를 아예 인정하지 않고 있다. 이는 현재시제가 술어동사 움직임의 진행까지 내포하고 있는 상황에서 어떻게 완료상이 존재할 수 있는가 하는 의문에서 비롯된 것이다. 논리적으로 이게 타당하다. 러시아어와 동일한 시간개념을 갖고 있는 우리나라 사람이 영어의 현재완료시제에서 가장 헷갈려 하는 것도 이 때문이다.

그렇다면 영어를 비롯해 독어와 불어 등은 어떻게 해서 현재완료시제를 인정하고 있을까. 먼저 현재완료시제의 독특한 시간개념부터 살펴보자.

통상 술어동사가 조동사의 도움을 얻어 시제를 표시하는 것을 복합시제(複合時制, compound tense)라고 한다. 조상어가 같은 고대영어와 독어는 술어동사의 시제가 현재와 과거밖에 없었던 까닭에 매우 오래 전에 복합시제를 만들어 미래와 완료시제 등을 표시해왔다.

고대영어에서 미래를 나타내기 위해 초기에 사용된 조동사는 scullan과 willan이다. 이는 독어 sollen, wollen과 어원이 같은 것으로 훗날 shall, will로 변했다. 이들 조동사는 본동사에서 유래한 까닭에 초기부터 미래시제의 조동사로만 기능한 것도 아니었다. 이른바 단순미래와 의지미래의 구분은 여기서 비롯되었다. 단순미래는 말 그대로 미래를 표시하는 조동사의 기능을 하는 데 그치고 있는 반면 의지미래는 본동사로 존재했던 먼 과거의 유산을 그대로 이어받은 것으로 볼 수 있다.

현대영어는 shall과 will이 단순미래·의지미래에 마구 뒤엉켜 사용되고 있는 까닭에 매우 혼란스런 상황이다. 이로 인해 부득불 영어문장에서 shall과 will이 등장할 경우에는 먼저 이들 미래 조동사가 문장 안에서 어떤 의미로 사용되었는지부터 파악해야 한다. shall이 각각 단순미래와 의지미래로 사용된 다음 예문을 보자.

I / **shall** be back in a day or two.　　하루 이틀 내 돌아오겠소.
Shall you / always love me?　　그대가 늘 나를 사랑할까?

Thou / **shall** conceive in thy womb! 그대는 수태(受胎)를 하게 되리라!
Never the twain / **shall** meet.　　동과 서는 영원히 합치지 못하리라.

구문에 따라서는 의지미래와 단순미래를 명확히 구분하기 어려운 경우가 많다. 영어에서 현재시제로 미래시제를 대신하는 구문이 많은 것도 이와 무관치 않다. 현재시제로 미래시제를 대체하는 관행은 복문의 종속절에서 광범위하게 나타나고 있다.

You / **shall** read it one day when you **are** older.
더 성장한 뒤 이것을 읽어라.
When the end **comes**, it / **will come** quietly.
종말이 오면 아마 조용히 오리라.

이는 주절의 술어동사가 이미 미래형으로 되어 있는 등 미래시제를 충분히 알 수 있는 상황에서 굳이 종속절에까지 중복해 표시할 필요가 없다는 판단에 따른 것이다. 가까운 미래를 나타낼 때 관행적으로 현재형 또는 현재진행형을 사용하는 것도 같은 맥락에서 이해할 수 있다.

The council / **doesn't meet** till next week.
회의는 다음 주까지 열리지 않는다.
I / **am running** down right now to see you.
너를 보러 지금 당장 내려가려 해.

영어에서 현재시제로 미래시제를 대체하는 관행이 널리 퍼져 있는 것은 미래시제가 존재하지 않았던 고대영어 시절의 유산으로 볼 수 있다. 그러나 역사언어학의 관점에서 볼 때 시제와 관련한 영어의 가장 큰 특징은 역시 진행형의 존재에서 찾아볼 수 있다. 이는 독어와 불어, 러시아어 등 인도유럽의 어느 나라에도 존재하지 않는 영어만의 특징이기도 하다.

진행형시제의 등장

시제를 극도로 중시히는 인도유럽어는 기본적으로 시간은 마치 화살처럼 날아가는 것과 같다는 생각에서 출발하고 있다. 대화하는 사람이 '현재'라고 생각해 말하는 시점 자체가 이미 말이 나오는 순간 '과거'가 되어버리고 만다. 불어와 독어 등이 영어의 '-ing' 형과 같은 현재진행시제를 따로 두지 않는 이유가 여기에 있다. 다음 예문을 보자.

	현재	현재진행
불어	Il / va.	Il / va.
독어	Er / geht.	Er / geht.
러시아어	Он / идёт (*idgyot*).	Он / идёт.
영어	**He goes.**	**He is going.**

영어를 빼고는 직설법 현재시제에서 현재진행형이 없음을 쉽게 알수 있다. 라틴어의 후신인 불어와 게르만어의 원형을 간직하고 있는 독어, 슬라브어의 상징인 러시아어 모두 현재시제로 현재진행을 표현하고 있다. 그런데도 유독 영어에만 현재진행형이 존재하는 이유는 무엇일까.

아직까지 이에 대한 정설은 없다. 현재 학계에서는 2가지 설이 널리지지를 받고 있다. 언어학자 스위트가 주장한 이른바 '유추설'과 예스페르센의 '혼동설'이다. 스위트는 'be동사 + 형용사' 구문에서 'be동사＋-ing' 형이 유출되었다고 주장하고 있다. 이에 대해 예스페르센은 'be동사＋현재분사'와 'be동사＋동명사' 구문이 혼용된 뒤 현재의진행형으로 발전했다는 주장을 펴고 있다. 두 사람의 주장을 비교해놓은 다음 예문을 보자.

스위트

① 〔vi〕 : Hie blissodon. (=They rejoiced.)

② 〔be + c〕 : Hie waeron blipe. (=They were glad.)

③ 〔be + -ende〕 : Hie waeron blissiende. (=They were rejoicing.)

①, ② → ①, ②, ③

예스페르센

① [be+-ende]　　Hie waeron blissiende.

　　　　　　　　(=They were rejoicing.)

② [be+on+-ung] Hie waeron on blissiung.

　　　　　　　　(=They were on rejoicing.)

③ [be+-inge]　　Hie waeron blissinge.

　　　　　　　　(=They were rejoicing.)

④ [be +-ung]　　Hie waeron blissiung.

　　　　　　　　(=They were on rejoicing.)

⑤ [be+-ing]　　Hie waeron blissing.

　　　　　　　　(=They were rejoicing.)

　　　①, ②　　　→　　③, ④　→　　⑤

　두 사람의 주장은 모두 고대영어에서 현재분사와 동명사의 형태가 뚜렷한 차이를 지닌 점에 주목한 것이다. 내용면에서 볼 때 예스페르센은 스위트의 주장을 근거로 자신의 설을 전개한 것이나 다름없다. 단지 고대영어의 현재분사 '-ende'와 동명사 '-ung'이 통합되어 현재의 '-ing'가 나오게 된 배경을 구체적으로 설명한 게 약간 다를 뿐이다. 어느 설을 취하든 큰 차이는 없는 셈이다.

　여기서 주목할 것은 영어에 등장한 최초의 진행형은 현재진행형이 아닌 과거진행형이었다는 점이다. 위 예문을 통해 알 수 있듯이 두 사람 모두 be동사의 과거형을 예로 든 게 그 증거다. 원래 영어와 독어 등 게르만어 계통에는 희랍어와 라틴어의 문법체계를 간직하고 있는 불어·러시아어와 달리 이른바 '반과거'(半過去, Imperfect Past) 시제가 존재하지 않았다. 이는 영어의 과거진행형과 같은 것이다.

반과거는 범어시대부터 계속 존재해온 것으로 매우 중요한 시제다. 인도유럽어에는 모두 반과거시제가 존재한다. 어떤 이유에서인지 유독 독어와 영어 등 게르만어 계통에는 현재와 과거시제만 있고 반과거시제가 존재하지 않았다. 범어와 희랍어, 라틴어에 나타나는 반과거는 영어·독어의 과거에 해당하는 단순과거, 현재완료에 해당하는 복합과거와도 다르다.

반과거의 가장 중요한 용법은 과거의 지속적이거나 반복적인 행위를 나타내는 것이다. 과거진행을 뜻하는 우리말의 '-를 하고 있었다'와 과거의 경험을 뜻하는 '-하곤 했다'에 해당하는 게 바로 반과거다. 이런 시제가 필요했던 것은 뒤에 자세히 언급하겠지만 완료상과 밀접한 관련이 있다. 과거의 어떤 행위가 완전히 끝나지 않았음을 드러내기 위해 이런 시제가 필요했다. 영어의 과거진행형은 반과거의 흔적이라고 할 수 있다.

Yesterday morning I / **was moving** the furniture.
어제 아침 나는 그 가구를 옮기고 있었다.
I / perceived that her body **was shaking**.
나는 그녀의 몸이 격하게 떨리는 것을 알았다.

위 예문을 통해 알 수 있듯이 영어에서도 과거의 특정 시점을 기준으로 미완의 동작이나 상태, 각별한 관심을 가지고 관찰의 대상으로 삼은 사건이나 동작 등을 사실적으로 그리고자 할 때 과거진행형이 등장한다. 불어는 영어의 현재완료가 담당하고 있는 과거의 반복적인 행위까지 반과거로 표시한다.

결국 영어는 be동사의 도움을 얻어 과거진행형을 최초로 만들어냄으로써 범어시대부터 지속된 반과거시제의 효능을 그대로 재현한 셈이다. 역사언어학의 관점에서 볼 때 이는 커다란 진보가 아닐 수 없다. 표현능력이 그만큼 섬세해졌다는 징표이기 때문이다. 여기에는 11세기 노르만 정복 이후 불어가 적잖은 영향을 미쳤을 것으로 추정된다.

반과거를 복제한 과거진행형의 등장은 여기서 그치지 않고 기상천외하게도 현재진행형의 등장으로 이어졌다. 스위트의 분석을 확장하면 'was/were + 형용사' 구문에서 과거진행형인 'were + -ing' 구문을 유추한 데 이어 마침내 'is/are + -ing' 구문까지 만들어낸 셈이다. 인도유럽어에서 현재진행형의 구문을 가진 언어는 영어가 유일하다.

이는 현재진행형의 실용성에 주목한 영국인들의 창조적 발상으로 볼 수 있다. 반과거밖에 없던 불어가 영어의 현재진행형에 해당하는 'être en train de-' 어구를 만들어낸 게 그 증거다. 이는 '-하는 열차 안에 있다'는 뜻이다. 독어는 지금까지 고집스럽게 현재시제로 현재진행시제를 대신하는 전통을 고수하고 있다.

그러나 현재진행형의 용도는 간단치 않다. 독어처럼 과거의 전통을 고집할 것만도 아니다. 현재형은 반영구적으로 지속되는 동작과 상태 등을 나타내는 데 반해 현재진행형은 제한된 기간 동안 지속된 동작과 상태 등을 표시한다. 다음 예문에 두 시제의 뉘앙스 차이가 확연히 드러난다.

The sun / **rises** in the east and sets in the west.
해는 동쪽에서 뜨고 서쪽으로 진다.
The sun / **is sinking** beyond the western hills.
해가 서산으로 꼴딱 넘어 가고 있다.

현재진행형은 이밖에도 will과 shall로 표현되는 단순미래시제와 구별되어 말하는 사람의 미묘한 감정과 의지를 담은 표현에도 이용된다.

현재진행형을 사용할 때는 정감의 분위기가 감도는 데 반해 단순미래 시제는 딱딱한 느낌을 준다.

> I / **am leaving** here tomorrow for good.
>
> 내일 나는 이곳을 영원히 떠날 작정이다.
>
> I / **will leave** here tomorrow for good.
>
> 내일 나는 이곳을 영원히 떠나게 된다.
>
> Really he / **is coming** to see use?
>
> 정말 그가 우리를 보러 오는 겁니까?
>
> He / **will come** here tomorrow to see us.
>
> 그는 내일 우리를 보러 여기 올 것이다.

실제로 영어의 현재진행형은 현재 또는 미래시제로는 표현하기 어려운 미묘한 뉘앙스를 전하는 데 대거 동원되고 있다. 영어의 미래진행형이 화자의 주관적인 강점이 개입된 미래시제를 표현할 때 등장하는 것도 이런 맥락에서 이해할 수 있다. 다음 예문을 보자.

> I / **shall be forgetting** my own name next.
>
> 난 다음에 내 이름조차 잊을 듯하다.
>
> He / **will be coming** home.
>
> 그는 아마 집으로 오고 있을 거야.

현대영어는 뜻을 분명히 하기 위해 수동태 진행형을 사용하고 있으나 18세기까지만 해도 부편핱지 않은 까닭에 능동태 진행형이 이를 대신했다. 현재도 능동태 진행형으로 수동태 진행형을 대신한 구문이 매우 많다.

The bread / **is baking** in the oven. 오븐 안에서 빵이 구워지고 있다.
Trumpets / **were blowing**. 나팔소리가 울려 퍼졌다.
Women / are angels, **wooing**. 여인은 구혼을 받을 때 천사와 같다.

위 예문은 모두 수동태 진행형으로 바꿀 수 있는 것들이나 관용적으로 능동태 진행형을 사용하는 용례에 속한다. 영어의 진행형과 관련해 주의할 것은 일부 술어동사의 경우 진행형으로 표시하지 않는 점이다. 이는 애초부터 진행형을 쓰지 않는 결과다.

Ten members / **compose** the committee.
열 명의 위원이 그 위원회를 구성한다.
So many hotels / **resemble** each other.
무척 많은 호텔들이 서로 비슷하다.

I / **recognized** how urgent the situation was.
나는 상황이 얼마나 긴박한지 눈치챘다.
He / **crashed** his car into a lamppost.
그는 가로등에 차를 들이받았다.

앞의 두 예문은 술어동사가 시간과 별로 관련이 없고, 자체로 사물의 성상(性狀)을 표시하는 내용을 담고 있다는 공통점을 지닌다. 뒤의 예문들은 술어동사 자체가 순간적인 동작을 나타내는 까닭에 오히려 진행형으로 사용하는 게 이상한 느낌을 줄 수 있다.

이에 반해 일부 술어동사는 자체적으로 계속성을 나타내는 까닭에 진행형을 쓸 필요가 없으나 진행형으로 쓸 때는 미묘한 뉘앙스 차이를 보인다. **like**, **hate**, **love**, **feel**, **hear** 등의 지각동사를 포함해 **lie**, **rise**, **turn**, **rain**, **stand**, **sit** 등의 일반동사가 이 경우에 속한다. 다음 예문을 보자.

> London / **lies** on the Thames.
> 런던은 템즈 강변에 위치해 있다.
> The earth / **turns** round the sun.
> 지구는 태양 주위를 돈다.

> She / **was loving** another then.
> 당시 그녀는 다른 사람을 사랑하고 있었다.
> It / **had been raining** hard all night.
> 밤새 비가 심하게 내리고 있었다.

뒤의 예문들은 원칙적으로 진행형을 쓸 필요가 없으나 진행형을 이용해 계속성을 강조하거나 화자의 심경을 적극 드러내고자 하는 취지에서 나온 것이다. 최근에는 이처럼 진행형으로 사용하는 빈도가 늘어나는 추세다.

원칙적으로 진행형을 사용할 수 없는 **think**, **see**, **hope**, **have**, **be** 동사 등이 최근 진행형을 이용해 화자의 의중을 보다 섬세하게 표현코자 하는 경향을 보이는 것도 이런 추세와 관련 있을 것이다. 다음 예문을 보면 이들 동사의 진행형이 표출하는 뉘앙스 차이를 대략 짐작할 수 있다.

> He / couldn't believe what he **was seeing**.

그는 눈앞에 펼쳐진 광경을 믿을 수 없었다.

Every retailer / **is hoping** for seasonal cheer.

모든 소매점들이 명절 특수를 기대하고 있다.

You / fancy you **are being** clever.

당신은 스스로 현명하다고 생각하고 있다.

이를 통해 이전에는 진행형이 불가능한 것으로 알려진 술어동사도 거침없이 진행형을 사용하고 있음을 알 수 있다. 이는 말할 것도 없이 화자가 자신의 심경을 담아 서술내용을 보다 정밀하게 표현코자 하는 취지에서 비롯된 것이다. 인도유럽어 중 영어만이 유일하게 진행형을 찾아낸 것이 이런 표현을 가능케 했다고 볼 수 있다.

영어는 진행형을 찾아냄으로써 시제를 풍부하게 할 수 있었지만 여기에는 일정한 한계가 있을 수밖에 없다. 이는 후술하는 바와 같이 완료상이 존재하지 않은 데 따른 것이다. 시제는 완료상과 불가분의 관계를 맺고 있다. 완료상이 발달한 러시아어와 아랍어는 시제가 흐릿하고, 시제가 발달한 영어는 그와 정반대의 모습을 보이고 있다.

6 완료상: 영어에는 왜 완료체가 없을까

완료상과 미완료상

 범어를 시작으로 희랍어와 라틴어 등 인도유럽어는 '시제'와 '상' (相, Aspect)을 공히 갖고 있다. 상은 술어동사가 나타내는 움직임의 양상을 나타내는 것으로 시제가 술어동사 움직임의 시간관계를 나타내는 것과 대비된다. 상은 시간관계보다 움직임의 양상을 중시하는 까닭에 시제에 큰 관심이 없다.

 인도유럽어 중 러시아어 등의 슬라브어와 아랍어·히브리어 등의 셈어가 시제보다 상을 중시하는 대표적인 언어에 속한다. 러시아어와 아랍어에서 가장 중시하는 것이 완료상(完了相, perfect aspect)이다. 현재시제를 동사원형으로 삼고 있는 영어와 불어, 독어 등과 달리 아랍어와 히브리어가 과거시제의 완료상을 동사의 원형으로 삼고 있는 게 그 증거다. 러시아어는 완료체 동사와 미완료체 동사가 나뉘어 있어 두 유형의 동사원형이 존재한다. 영어 write의 뜻을 지닌 독어와 불어 등의 사례를 보자.

	미완료체 원형(현재)	완료체 원형(과거)
불어	écrire	φ
독어	schreiben	φ
러시아어	писать (*pisati*)	написать (*napisati*)
아랍어	φ	**ka-ta-ba**

3인칭 남성 단수로 나타나는 완료체 동사원형만 존재하는 아랍어는 해석상 완료체의 활용을 과거, 미완료체의 활용을 현재 또는 미래로 간주하고 있으나 이는 편의상 그렇지 정확한 것은 아니다.

완료체와 미완료체의 동사원형을 모두 갖고 있는 러시아어 역시 완료체와 미완료체가 동일한 모습으로 활용하고 있으나 그 의미는 완전히 다르다. 다음 예문을 보면 그 차이를 쉽게 알 수 있다.

미완료체 동사원형 писать의 활용

현재   Я / пишу (*pishu*) письмо (*pisimo*).

난 편지를 쓴다(쓰고 있다).

과거   Я / писал (*pisal*) письмо.

난 편지를 썼다(쓰고 있었다).

미래   Я / буду (*budu*) писать (*pisati*) письмо.

난 편지를 쓸 것이다(쓰고 있을 것이다).

완료체 동사원형 написать의 활용

미래   Я / напишу (*napishu*) письмо.

난 편지를 다 쓸 것이다(다 써 버릴 것이다).

과거   Я / написал (*napisal*) письмо.

난 편지를 다 썼다(다 써 버렸다).

러시아어의 위 예문에서 주의할 점은 완료체가 '-해버릴 것이다'의 뜻을 지니고 있는 점이다. 우리말의 '-하다' 또는 '-하고 있다'로 표현되는 미완료체의 현재시제는 어떤 행위가 아직 끝나지 않았음을 암시하고 있는 까닭에 현재완료 자체가 성립될 수 없다. 논리적으로 이것이 맞다. 우리말에서 굳이 '-해왔다'고 표현하지 않는 것도 이런 논리 위에 서 있다. 과거에 일어난 어떤 행위가 현재까지 이어지고 있다는 식의 표현을 굳이 할 필요가 없기 때문이다.

현대의 인도유럽어는 크게 영어와 불어, 독어 등과 같이 시제를 중시하는 언어와 러시아어, 아랍어처럼 완료상 여부를 중시하는 언어로 나눌 수 있다. 이는 범어에서 유래한 것이다.

범어에는 과거에 어떤 행동이 완결된 경우 이를 표시하는 방법이 두 가지 존재했다. 하나는 동사의 어근을 중복시킨 후 완료어미를 붙이는 이른바 '중복완료'(重複完了, Duplicated Perfect)다. 다른 하나는 동사의 현재어간에 -ām을 붙인 후 어간 kṛ-(*make*), as-(*be*), bhū-(*become*) 등의 완료형을 조동사로 삼는 '복합완료'(複合完了, Periphrastic Perfect)다.

희랍어와 라틴어는 복합완료 대신 중복완료 쪽을 택했으나 약간의 차이가 있다. 희랍어는 범어처럼 중복완료형을 만든 후 이를 직설법 현재의 동사원형과 동일하게 취급했다. 러시아어처럼 완료형을 또 다른 동사원형으로 간주함으로써 완료상을 확연히 드러낸 것이다.

이에 반해 라틴어는 중복완료의 방법으로 완료형을 만들어냈으나 현재시제에 be동사에 해당하는 sum동사의 활용어미를 덧붙임으로써 사실상 복합완료와 별반 차이가 없는 완료형을 만들어냈다. 불어가 '중복완료' 형태의 완료상을 만드는 것도 이와 무관치 않다고 보아야 한다. 다음 네문을 보사.

	현재	현재완료
희랍어	γράφομεν(*grafomen*) →	γεγράφαμεν(*gegrafamen*)
	우리가 써왔다.	
러시아어	пишем →	напишем
	우리가 다 써버릴 것이다.	
라틴어	scrībimus →	scrīpsīmus
	우리가 써왔다.	
불어	Nous écrions →	Nous avons écrit
	우리가 써왔다.	

주목할 것은 희랍어와 라틴어, 불어 모두 현재완료에서 '-해왔다'의 뜻을 지니고 있는 반면 러시아어는 '-해버릴 것이다'의 미래완료 뜻으로 풀이되고 있는 점이다. 현재의 시제와 완료상이 충돌한다고 판단한 결과다. 인도유럽어 대부분이 현재완료시제를 즐겨 사용하는 것과 대비된다.

원래 범어는 동사의 활용에서 시제와 상을 결합하면서 완료상에 주목한 나머지 우선 상을 완료상과 미완료상으로 나눈 뒤 과거와 현재, 미래의 시제를 덧붙였다. 이로써 기본적으로 모두 6개의 시제가 완성되었다. 범어는 여기서 한 발 더 나아가 과거시제의 완료상과 미완료상에 또 하나의 '지속상'(持續相, durative aspect)을 덧붙였다. 이는 과거의 어떤 행위가 완료되지 않은 상태에서 일정 기간 지속된 것을 표시코자 한 데서 나왔다. 그것이 바로 영어의 과거진행형에 해당하는 반과거(半過去)다.

그러나 반과거는 과거시제의 미완료상에 해당한다. 미완료상 자체가 어떤 행위가 완료되지 않았음을 내포하고 있는 까닭에 굳이 반과거를 사용할 필요가 없는데도 사족을 붙인 셈이다. 과거시제의 미완료상과 지속상인 반과거를 구별해줄 필요가 생기면서 등장한 것이 바로 '아오리스트'(Aorist)다.

'부정과거'(不定過去)로 불리는 아오리스트는 과거의 일정 시점에 어떤 행위가 빚어진 것은 확실하나 그것이 지속되었는지 아니면 끝났는지 여부에 대해서는 알 길이 없다는 취지에서 나온 것이다. 이러한 관점에서 볼 때 반과거는 선적(線的)이며 다회적(多回的)인 시간개념을 지닌 지속상에 해당한다. 이에 대해 아오리스트는 점적(點的)이며 일회적(一回的)인 시간개념을 지닌 일시상(一時相, temporary aspect)에 해당한다.

범어에서 아오리스트의 가장 중요한 용법은 부정사 'mā'와 함께 금지명령에 해당하는 이른바 지령법(指令法, injunctive)을 만들거나 축복과 희망 등을 나타내는 기원법(precative, benedictive)을 만드는 데 있다. 아오리스트는 'a'와 'oristos'의 합성어인 데서 알 수 있듯이 제한을 받지 않는 부정(不定)시제를 뜻한다.

아오리스트는 희랍어에도 계속 존재했으나 라틴어에서 시제와 완료상이 혼동을 일으키게 되자 마침내 사라지고 말았다. 이는 아오리스트가 명령법과 접속법 등에 흡수된 결과다.

	반과거	아오리스트	완료
	(과거시제 지속상)	(과거시제 일시상)	(과거시제 완료상)
범어	abhavat	abhūt	babhuva
영어	He was becoming.	He became.	He has become.
불어	Il devenait.	Il devint.	Il est devenu.
한국어	그는 되고 있었다.	그는 되(었)도다.	그는 되어 있다.

주목힐 섬은 일시상의 '-이 되었다'와 더불어 '-이 되도다'로 나타

나는 우리말 해석이다. 우리나라 영화관계자들은 지난 1962년 개봉된 영화 'Gone With the Wind'를 두고 앞서 이를 상영한 일본이 '風と 共に 去りぬ'로 번역한 것을 참조해 '바람과 함께 사라지다'로 번역했다. 일본어 번역은 우리말의 '바람과 함께 사라지도다'에 가까운 것이다. 어느 쪽이든 소설 원작과 영화 내용에 비춰 절묘한 번역에 해당한다.

우리말의 '-하도다'와 '-하다' 등은 과거, 현재, 미래의 시제가 없다. 영어의 동사원형에 가까운 이런 어법은 어떤 장면을 장엄하게 묘사코자 할 때 곧잘 등장한다. 이것이 21세기 인도유럽어에서는 찾아볼 수 없는 아오리스트 용법에 가깝다.

원래 부정과거시제에 해당하는 아오리스트는 희랍어에서 우리말의 '-하도다'처럼 어떤 일의 시작과 종지 상태를 나타낼 때 사용했다. 중세 때 로마교황청은 희랍어로 된 신약성서를 라틴어로 번역할 때 아오리스트를 모두 반과거시제로 바꿨다. 라틴어에는 아오리스트가 없기 때문이다. 그러나 이로 인해 장엄한 뉘앙스가 사라진 것은 말할 것도 없다. 아오리스트 용법을 사용한 희랍어 신약성서 「요한계시록」 11장 17절의 한국어와 영어 번역문을 비교해놓은 다음 예문을 보자.

"옛적에도 계셨고, 시방(時方)도 계신 주 하나님 곧 전능하신 이여! 친히 큰 권능을 잡으시고 왕 노릇 하시도다."

"Lord God Almighty, the One who is and who was, because you have taken your great power and have begun to reign."

희랍어 원본에 우리말 번역본의 마지막에 나온 '-하시도다'가 아오리스트 용법으로 쓰여 있다. 우리말 번역본은 아오리스트의 장엄한 느낌이 그대로 드러나고 있다. 이에 반해 영어 번역에서는 이런 느낌이 전혀 나타나지 않는다. 라틴어처럼 아오리스트가 부재한 결과다.

원래 라틴어는 상을 크게 완료상과 미완료상으로 나눈 뒤 이를 모두 시제의 범위에 끌어들여 6개의 시제로 통합해버렸다. 현대의 인도유럽 어에 아오리스트가 존재하지 않게 된 가장 큰 이유가 여기에 있다. 다음 예문을 보면 라틴어가 상과 시제를 얼마나 간략하게 통합했는지 쉽게 확인할 수 있다.

Tē amābam.

나는 그대를 사랑했다(사랑하고 있었다).

(= I loved you. or I was loving you.)

라틴어 과거시제가 영어의 과거와 과거진행의 반과거시제를 모두 갖고 있음을 알 수 있다. 현재와 미래, 완료시제의 경우도 예외가 아니다. 비교언어학의 관점에서 볼 때 라틴어는 상과 시제가 복잡하게 얽힌 범어와 희랍어의 동사활용을 완료상과 미완료상으로 양분한 뒤 3시제로 정리한 셈이다.

영어의 12시제

영어에는 모두 12개의 시제가 존재한다. 영어는 왜 굳이 완료상을 기준으로 6개 시제로 통합한 라틴어의 문법체계를 벗어나 다시 반과거 등을 되살림으로써 모두 12개의 시제를 만들어낸 것일까. 이는 인도유럽 어에서 전례가 없는 일이다.

영어의 원형동사에 해당하는 미완료체 동사원형 이외에도 완료체 동사원형을 갖고 있는 러시아어는 오히려 현재완료시제를 제거함으로 써 모두 5개의 시제를 갖고 있다. 더구나 완료체 동사원형 덕분에 영어처럼 상과 시제를 만들어내기 위해 have동사와 be동사 등을 동원해 복잡한 모습의 동사구를 만들어낼 필요도 없다. 21세기 인도유럽어 중 러시아어와 폴란드어 등의 슬라브어가 아랍어·히브리어 등의 셈어와 함께 가장 간명한 동사체계를 갖게 된 이유가 여기에 있다.

영어는 불어의 영향을 받은 후 과거시제의 지속상에 해당하는 반과거에 주목해 과거진행형으로 만들어냈고, 여세를 몰아 현재진행과 미래진행은 물론 완료진행까지 만들어냈다. 인도유럽어 중 영어처럼 12개의 시제를 갖고 있는 언어는 없다. 당초 독어와 마찬가지로 현재와 과거 등 2개 시제밖에 없던 점을 감안하면 놀랄 만한 창조 작업에 해당한다. 범어와 희랍어에 등장하는 상과 시제를 통합한 라틴어의 6개 시제에서 현재완료시제를 삭제함으로써 5개 시제로 정비된 러시아어와 극명한 대조를 이루는 대목이다.

영어의 12개 시제는 다시 범어·희랍어처럼 사물의 움직임과 상태를 보다 정교하게 표현할 수 있게 된 점에서는 평가할 만하나 시제를 복잡하게 만들었다는 지적을 면하기 어렵다. 이는 완료체 동사원형이 존재하지 않는 데 따른 필연적인 부작용이기도 하다.

현재 라틴어의 후신인 불어 역시 희랍어에 나타나는 반과거와 아오리스트, 현재완료의 유형을 재현해놓은 상태다. 반과거, 단순과거, 복합과거의 존재가 그것이다. 문어체 표현에 자주 등장하는 불어의 단순과거시제는 완료된 사건, 사태의 연속과 반복 등을 표현할 때 자주 등장한다.

비교언어학의 관점에서 볼 때 지속상의 진행형을 미완료상의 3시제는 물론 완료상의 3시제까지 확장한 영어에서는 동사 과거형이 불어의 단순과거와 유사한 기능과 역할을 수행하고 있다. 일견 아오리스트의 부활처럼 보이는 경우도 있다. 앞서 검토한 「요한 계시록」 11장 17절의 아오리스트를 고어의 형태로 번역한 다음 예문을 보자.

"옛적에도 계셨고, 시방도 계신 주 하나님 곧 전능하신 이여! 친히 큰 권능을 잡으시고 왕 노릇 하시도다."

"O LORD God Almighty, which art, and wast, and art to come; because thou hast taken to thee thy great power, and hast reigned."

우리말의 '-하시도다' 수준은 아닐지라도 희랍어 아오리스트 용법의 장엄한 느낌이 일정 부분 되살아나고 있음을 알 수 있다. 일면 영어의 12개의 시제가 위력을 발휘한 결과로 평가할 수 있다. 굳이 고어 투가 아닐지라도 영어의 과거시제는 불어의 단순과거 못지않은 역할을 수행하고 있다. 반과거는 물론 현재완료까지 대체한 다음 예문을 보자.

① Not long ago he / **fixed** the squeaking door.

　　얼마 전에 그가 삐걱거리는 문을 고쳤다.

② Men / **were** deceivers ever.

　　남자는 언제나 못 믿을 존재다.

③ I / **would** rather you paid me now.

　　지금 당장 돈을 지불해주었으면 합니다.

④ I / **used to** call on my uncle every Sunday.

　　나는 일요일마다 삼촌을 방문하곤 했다.

첫 번째 예문은 'Not long ago'처럼 일정 시점의 일회성 행위를 나타낸 것이다. 과거시제의 가장 보편적인 용법에 해당한다. 지난 1993년에 영화까지 만들어진 셰익스피어의 『헛소동』에서 나온 두 번째 예문은 과거시제가 일반적인 진리를 나타내는 것이다. 세 번째 예문은 소망이나 타당성 등을 나타낼 때 사용된 경우다.

마지막 네 번째 예문은 반복되거나 습관적인 동작을 나타낸 것으로 과거진행형과는 미묘한 뉘앙스 차이가 있다. 진행형이 지속상을 나타내고 있는데 반해 네 번째 예문은 일종의 경험상(經驗相, experiential aspect)을 나타내고 있는 것이다. 지속상과 경험상을 모두 반과거시제로 처리하고 있는 불어와 대비되는 대목이다. 이 또한 영어에 12개 시제가 존재하고 있기에 가능한 용법으로 해석할 수 있다. 완료상과 미완료상을 기준으로 12개 시제를 도표로 정리하면 다음과 같다.

	완료상	미완료상
	(완료지속상, 경험상)	(미완료지속상)
현재	I write.	I am writing.
	(I have written.)	(I have been writing.)
과거	I wrote.	I was writing.
	(I had written.)	(I had been writing.)
미래	I will write.	I will be writing.
	(I will have written.)	(I will have been writing.)

여기서 문제가 되는 것은 범어 이래 현대의 영어에 이르기까지 계속 나타나고 있는 3시제와 완료상의 충돌이다. 러시아어에서 현재완료를 삭제한 게 그 좋은 예다. 인도유럽어 중 가장 많은 12개 시제를 갖고 있는 영어와 정반대로 가장 적은 5개의 시제를 갖고 있는 러시아어의 예문을 보자.

	미완료상(+지속상)		완료상
현재	Я пишу.	/	φ
과거	Я писал.	/	Я напишу.
미래	Я буду писать.	/	Я написал.

러시아어의 시제표현이 얼마나 간명하게 이뤄지고 있는지를 한눈에 알 수 있다. 이는 '현재' 자체가 눈앞에서 전개되는 사물의 어떤 행위와 상태를 표현하는 만큼 이는 미완료에 해당하고, 이를 현재진행과 현재완료, 현재완료진행 등으로 세분하는 것은 잘못이라는 판단에 따른 것이다. 러시아어는 현재완료와 현재완료진행, 현재진행의 시제를 모두 현재시제의 미완료상에 녹여버린 셈이다.

원래 범어와 희랍어는 과거시제와 관련해 반과거와 아오리스트, 과거완료 등 3개의 상을 갖고 있었다. 현재시제의 완료상은 이들 과거시제와 밀접한 관련이 있으면서도 약간 차이가 있었다. 과거 일정 시점에 행위가 일단 완료되고, 이어 그 완료된 상태가 현재까지 이어지고 있는 것을 현재완료로 표현했던 것이다. 반과거는 과거 일정 시점에 행위가 빚어져 계속 진행된 점에서는 현재완료와 같으나 그 행위가 현재까지 이어지고 있다는 뜻을 내포하고 있지는 않다. 현재완료시제는 과거와 현재시제를 동시에 표시하고 있는 점에서 매우 특이하다고 할 수 있다. 예스페르센의 다음 언급은 현재완료시제의 특징을 극명하게 드러내고 있다.

"조동사의 현재형으로 구성되는 현재완료형은 현재를 과거에 연결시키는 데 사용되는 것으로 일종의 '회고적 현재'(retrospective present)라고 할 수 있다. 현재의 상태를 과거에 일어난 일의 결과로 봤기 때문이다. 또 이는 '포괄적 현재'(inclusive present)라고 할 수 있는데, 이는 과거에서 현재까지 계속되는 상태를 언급한 것이다."

범어가 현재완료의 동사활용을 매우 중시한 데에는 기본적으로 힌두교와 불가에서 말하는 연기설(緣起說)이 영향을 미쳤을 것이다. 과거와 현재, 미래가 모두 인연에 의해 이어지고 있다는 사고가 이런 특이한 시제를 가능케 한 것이다. 이는 희랍시대에도 그대로 이어졌다. 『국가』 등 플라톤의 저술에 나타나는 소크라테스의 언급에 윤회설이 등장하고 있는 게 그 증거다.

아오리스트에 해당하는 우리말의 '-하(도)다'가 나름대로 써먹을 데가 있듯이 '-하고 있다'의 현재진행은 말할 것도 없고, '-해왔다'의 현재완료와 '-해오고 있다'의 현재완료진행 역시 나름대로 존재가치가 있다. 과거시제와 미래시제에도 똑같은 논리를 적용할 수 있다. 영어는 물론 불어와 독어 등에서도 현재완료시제에 해당하는 시제가 상용되는 것은 이런 맥락에서 이해할 수 있다.

복합완료의 등장배경

영어와 독어, 불어 등이 be동사와 have동사에 해당하는 조동사를 이용해 복합완료시제를 만들게 된 데에는 라틴어의 영향이 컸다. 라틴어 sum(be)과 amāre(love)동사의 6개 시제 활용을 비교해놓은 다음 예문을 보면 이를 쉽게 확인할 수 있다.

sum동사의 6개 시제 활용

	현재	과거	미래	현재완료	과거완료	미래완료
1 sg.	sum	eram	erō	fuī	fueram	fuerō
2 sg.	es	erās	eris	fuistī	fuerās	fueris
3 sg.	est	erat	erit	fuit	fuerat	fuerit
1 pl.	sumus	erāmus	erimus	fuimus	fuerāmus	fuerimus
2 pl.	estis	erātis	eritis	fuistis	fuerātis	fueritis
3 pl.	sunt	erant	erunt	fuērunt	fuerant	fuerint

amāre동사의 6개 시제 활용

	현재	과거	미래	현재완료	과거완료	미래완료
1 sg.	amō	amābam	amābo	amāvi	amāveram	amāverō
2 sg.	amās	amābās	amābis	amāvisti	amāverās	amāveris
3 sg.	amat	amābat	amābit	amāvit	amāverat	amāverit
1 pl.	amāmus	amābāmus	amābimus	amāvimus	amāverāmus	amāverimus
2 pl.	amātis	amābātis	amābitis	amāvistis	amāverātis	amāveritis
3 pl.	amatnt	amābant	amābunt	amāvérunt	amāverant	amāverint

　범어와 희랍어의 복잡한 상과 시제를 6개 시제로 깔끔하게 정립한 라틴어는 시제의 활용에서도 sum동사의 활용어미를 그대로 사용함으로써 간명함을 더했다. 이는 범어와 희랍어 이래의 복잡다기한 동사활용에서 벗어났음을 보여준다.

　과거와 미래, 완료시제에서 어근 'amā-'와 활용어미 사이에 삽입된 '-b-' 및 '-v-'에 대해 여러 해석이 있으나 복합완료시제를 만들 때 일종의 조동사 역할을 수행한 범어의 'bhu-'(become)가 축약된 형태로 보는 게 옳다. 범어 역시 어근 'bhu-'가 완료형으로 변할 때 '-v-'가 삽입되는 게 그 증거다. 라틴어의 모든 동사는 위 예문처럼 예외 없이 sum동사 활용어미를 덧붙여 6개 시제를 만들어낸다.

　원래 범어에서는 어근을 중복시키는 중복완료와 'bhu-' 등의 조동사 어미를 활용한 복합완료가 병존했다. 그러나 희랍어에서는 복합완료가 없고 오직 중복완료만 존재했다. 러시아어에 미완료체 원형동사 이외에 완료체 원형동사가 별개로 등장케 된 것도 이와 무관치 않다고 보아야 한다.

　그러던 것이 다시 라틴어에 와서는 동사의 어간이 be동사의 활용어미와 결합해 완료형을 만드는 복합완료만 존재하게 되었다. 불어와 독

어에서 have동사에 해당하는 avoir나 haben동사 이외에도 be동사에
해당하는 être나 sein동사를 활용해 완료형을 만드는 것은 그 유산으로
볼 수 있다. 그러나 영어와 불어, 독어 모두 똑같은 형태의 복합완료를
사용하면서도 약간의 뉘앙스 차이가 있다. 다음 예문이 그 증거다.

(영어)

　　He / *came* here a few days ago.　　　　(과거)

　　그는 며칠 전에 여기 왔다.　　　　　　　(○)

　↛ He / *has come* here a few days ago.　　(현재완료)

　　그는 며칠 전에 여기 온 적이 있다.　　　(×)

(불어)

　　Il　/ *vint* ici il y a quelques jours.　　　(단순과거)

　　그는 며칠 전에 여기 왔다.　　　　　　　(○)

　→ Il　/ *est venu* ici il y a quelques jours.　(복합과거)

　　그는 며칠 전에 여기 온 적이 있다.　　　(○)

　→ Il　/ *venait* ici il y a quelques jours.　　(반과거)

　　그는 며칠 전에 여기 오곤 했다.　　　　　(○)

(독어)

　　Er / *kam* hier vor einigen Tagen.　　　(과거)

　　그는 며칠 전에 여기 왔다.　　　　　　　(○)

　→ Er / *ist* hier vor einigen Tagen *gekommen*. (현재완료)

　　그는 며칠 전에 여기 온 적이 있다.　　　(○)

　영어의 현재완료는 과거의 특정 시점에 어떤 움직임이 나타나 현재

까지 지속되고 있다는 완료상과 지속상을 모두 지니고 있음에도 불어나 독어와 달리 특정 시점이 드러날 경우 절대로 사용할 수 없다. 이는 영어의 현재완료가 과거 기준의 완료상보다 현재 기준의 지속상을 중시한 결과다.

진행형 시제가 없는 독어는 지속상을 드러낼 길이 없고 오로지 완료상만을 중시하는 까닭에 과거의 특정 시점이 표시되는 것을 더 선호한다. 영어에서 비문으로 간주되는 표현이 오히려 독어에서는 정답이 되는 셈이다. 진행형에 속하는 반과거를 갖고 있는 불어의 경우는 아오리스트와 유사한 단순과거가 별도로 존재하기 때문에 완료상을 강조할 때는 단순과거, 지속상을 강조할 때는 복합과거, 경험상을 강조할 때는 반과거로 나누어 표현하는 게 가능하다.

일견 영어는 상의 표현에 제한이 많은 것처럼 보이나 결코 그렇지는 않다. 영어도 현재완료시제에서 특정 시점을 드러내는 것만 피하면 얼마든지 시간관계를 나타내는 여러 부사어와 함께 사용할 수 있다. today, tonight, this year, until now, not yet, recently, of late 등이 그것이다. 다음 예문을 보자.

I / **have finished** typing these reports today.
보고서 타이핑을 오늘 다 끝냈다.
I / **finished** typing these reports yesterday.
보고서 타이핑을 어제 끝냈다.

I / **have not seen** him this morning.
오늘 아침 그를 보지 못했다.
I / **didn't see** him this morning but saw him now.
오늘 아침에 못 보고 이제야 그를 봤다.

위 예문은 문맥에 따라 동사의 과거형이 등장하기도 하고, 현재완료형이 등장하기도 한다는 것을 잘 보여주고 있다. 영어의 현재완료시제는 완료상보다는 지속상을 중시하는 까닭에 현재완료진행을 사용하는 경우가 매우 많다.

He / **have received** food since then.
그는 그 이후에도 계속 식량을 받아왔다.
We / **have neglected**, and we still neglect it.
우리는 그것을 무시해왔고 지금도 그러하다.

위 예문은 영어의 현재완료시제가 완료상보다는 지속상을 중시하고 있음을 잘 보여준다. 현재완료시제가 현재까지 그 영향을 미치고 있는 과거 행위의 결과를 두드러지게 강조하고자 할 경우 자주 등장하는 것도 같은 맥락에서 이해할 수 있다.

Crisis / **has undermined** his confidence.
위기가 그의 자신감을 약화시켜버렸다.
Civilization / appears to **have gone** astray.
문명이 길을 잘못 들어버린 듯하다.

위 예문은 완료상·경험상과 더불어 매우 중요한 상으로 간주되고 있는 '결과상'(結果相, effective aspect)을 표현한 것이다. 이는 영어의 현재완료가 '-해오고 있다'의 지속상을 간직한 데 따른 자연스런 모습이기도 하다. 그러나 결과상이 반드시 현재완료의 시제를 취하는 것은 아니다. 다음 예문이 그 증거다.

I / **finally learned** that it was superfluous.

나는 마침내 그것이 불필요함을 깨달았다.

We / must **pass through** this stage quickly.

우리는 이 단계를 빨리 지나버려야 한다.

결과상에 대비되는 상은 이른바 '시동상'(始動相)이라고 한다. 이는 어떤 동작의 시초를 나타내는 상이다. 동사 자체가 시초의 뜻을 나타내기도 하고, 문맥에 의해 드러내기도 한다. 다음 예문을 보자.

The audience / **began** to troop away.

청중은 떼 지어 떠나가기 시작했다.

He / **became** insolvent.

그는 파산하게 되었다.

A boy / **grow up** and become a man.

사내애는 성장해 한 남성이 된다.

이를 통해 영어에도 매우 많은 상이 존재하고 있음을 알 수 있다. 비록 '-했다'의 완료상과 '-한 적이 있다'의 경험상, '-하곤 했다'의 반복상, '-하도다'의 아오리스트와 같은 무시상(無時相, non-temporal aspect) 등을 두루 갖춘 우리말에 비할 수는 없으나 영어는 인도유럽어 중 제법 풍부한 상을 지닌 경우에 해당한다.

미래완료와 과거완료의 '상'

영어에서 미래완료와 과거완료는 현재완료와 적잖은 차이가 있다. 미래완료는 미래의 일정 시점을 기준으로 이미 끝나버린 동작과 상태를 가리키는 시제다. 미래의 기준 시점보다 앞선 까닭에 불어에서는 통상 전미래(前未來)라 부른다. 다음의 예문을 보자.

He / **will have read** it by tomorrow.

그는 내일까지 그것을 완독할 것이다.

→Il / *l'aura lu* jusqu'à demain.

→Er / *wird* bis Morgen es *gelesen haben*.

영어와 독어의 미래완료시제와 불어의 전미래는 tomorrow처럼 미래의 특정 시점이 제시될 경우 그보다 앞선 시점에서 예상되는 동작의 완료를 표현할 때 사용된다. 이는 주절이 과거시제일 때도 그대로 적용된다.

영어는 주절이 과거시제일 때, 종속절의 시제가 제시된 미래시제보다 앞선 미래를 나타내는 이른바 '과거미래' 또는 '과거미래완료'의 경우 조동사를 과거형으로 바꾸는 방식으로 이를 해결하고 있다. 이는 불어와 독어가 가정법의 일종인 조건법 등으로 대체하는 것과 대비된다. 다음 예문을 보자.

He / said, "I **will have read** it by tomorrow."

(= *He / said that he would have read it by tomorrow.*)

→Il / a dit qu'il **l'aurait lu** jusqu'à demain.

→Er / sagte daß er bis Morgen es **gelesen haben werde**.

영어에서는 주절이 과거일 때 그보다 더 이전의 시기를 나타내는 이른바 대과거(大過去)시제를 통상 과거완료의 형태로 나타낸다. 독어도 같다. 그러나 불어는 대과거와 전과거(前過去), 중복합과거(重複合過

去)를 구분한다. 미완료상의 과거시제에 단순과거와 반과거, 복합과거
가 고루 존재한 데 따른 것이다. 사실 영어의 과거완료도 3가지로 나눠
볼 수 있다. 불어와 비교한 다음 예문을 보자.

대과거(← 반과거)

They / **had been working** for 16 hours straight.

그들은 내리 16시간째 작업 중이었다.

→ Ils / *avait travaillé* pendent 16 heures continuellement.

전과거(← 단순과거)

As soon as he **had died**, she / began to laugh.

그가 죽자마자 그녀는 웃기 시작했다.

→ Dès qu'il *fut mort*, elle / commença à rire.

중복합과거(← 복합과거)

She / left here a week after he **had gone**.

그녀는 그가 떠난 일주일 후 이곳을 떠났다.

→ Elle / est partie ici une semaine après qu'il *a été allé*.

위 영어 예문은 똑같이 과거완료 형식으로 되어 있으나 그 뜻을 보면
불어의 대과거, 전과거, 중복합과거 등으로 나뉘어 있음을 알 수 있다.
첫 번째 예문의 대과거는 반과거의 기준 시점을 한 단계 더 과거로 옮
겨놓은 것으로 영어의 과거완료진행 시제와 취지를 같이한다. 두 번째
예문의 전과거는 주로 문어체에 사용되는 것으로 어떤 사건이 발생했
음을 드러낸 것이다. 세 번째 예문의 중복합과거는 먼 과거의 어떤 행
동이 과거의 특정 시점까지 영향을 미쳤을 때 사용한 것이다.

이상 살펴본 바와 같이 영어의 12개 시제는 상과 불가분의 관계를 맺고 있다. 현재 시중에 나와 있는 대다수의 영문법서는 거의 상을 다루지 않고 있다. 오랫동안 영어를 배운 사람조차 영어에 상이 존재한다는 사실을 잘 모르고 있다. 이는 영어가 불어의 영향으로 반과거에 해당하는 과거진행의 시제를 만들어낸 후 연이어 완료상과 지속상에 이르기까지 모든 상을 12개의 시제 속에 용해시킨 결과로 볼 수 있다. 중국어가 상만 나타나고 시제가 흐릿한 것과 대비되는 대목이다. 다음 예문을 보자.

경험상

我(wo) / 吃過(chiguo)　日本菜(ribencai)

= I　　　 / have eaten　　Japanese food.

= I　　　 / had eaten　　 Japanese food.

지속상

他(ta) / 拿着(nazhe)　一本書(yibenshu)

= He　　 / holds　　　　a book.

= He　　 / is holding　　a book.

= He　　 / has held　　　a book.

= He　　 / has been holding　a book.

앞의 예문은 경험상, 뒤의 예문은 지속상을 나타내는 중국어와 영어를 비교해놓은 것이다. 12개의 시제를 갖고 있는 영어와 달리 중국어의 경우는 말하는 시점이 구체적으로 제시되지 않을 경우 그것이 과거인지 현재인지 구분할 수 없다. 시제 대신 상을 중시한 결과다.

비교언어학의 관점에서 볼 때 상은 시제와 불가분의 관계를 맺고 있다. 완료상으로 상징되는 상을 모르면 시제를 완벽하게 이해할 수 없는 것은 말할 것도 없다. 시제보다 상을 중시하는 아랍어와 히브리어에서 미완료형 원형동사는 아예 없고 오직 완료형 원형동사만 존재하는 게 그 좋은 실례다.

현존하는 인도유럽어 중 진행형으로 표시되는 지속상이 3시제는 물론 완료상에도 그대로 적용된 예는 오직 영어밖에 없다. 활용 면에서 볼 때 영어가 동사구가 길어지는 단점에도 불구하고 미완료상에서 지속상을 별도로 찾아낸 것은 나름대로 평가할 만하다.

7 수동태: 영어에는 왜 사동태가 없을까

주동태와 능동태

한 문장 안에서 가장 중요한 것은 주어와 동사다. 주어에서 촉발된 동작의 흐름이 목적어에 직접적인 영향을 미치는 것을 통상 타동구문(他動構文, transitive construction), 주어 자신에게만 미치는 것을 자동구문(自動構文, intransitive construction)이라고 한다. 타동구문과 자동구문을 가능케 하는 동사를 각각 타동사(他動詞, transitive verb), 자동사(自動詞, intransitive)라 부른다.

모든 언어에는 자동사와 타동사가 존재하고, 나아가 동일한 동사가 자동사와 타동사를 자유롭게 오간다. 고립어인 중국어는 말할 것도 없고 고립어의 경향을 보이고 있는 영어에도 이런 경향이 뚜렷이 나타나고 있다. 우리말도 '대학교를 들어가다'와 '집에 들어가다'에서처럼 타동사와 자동사 사이를 자유롭게 오가는 동사가 존재한다.

'태'(態, Voice)는 바로 이런 자동사와 타동사가 보여주고 있는 동작의 흐름을 뜻한다. 영어를 비롯해 불어와 독어 등에는 능동태와 수동태만 존재하나 비교언어학적으로 볼 때 태는 모두 4가지가 존재한다.

동사의 기본 형태를 기준으로 태를 나눌 경우 우선 크게 두 가지로 나눌 수 있다. 주동태(主動態, subjective voice)와 능동태(能動態, active voice)가 그것이다. 주동태는 주어의 주체적 움직임이나 작용을 나타내는 주동사(主動詞, subjective verb)의 모습을 뜻하고, 능동태는 주어의 능동적 움직임이나 작용을 나타내는 능동사(能動詞, active verb)의 모습을 뜻한다. 주동태에서 말하는 주체적 움직임은 마치 전쟁 시 군왕이 직접 군사들을 이끌고 전장에 나서는 친정(親征)에 비유할 수 있다. 능동태에서 말하는 능동적 움직임은 마치 조정의 신하들이 솔선수범해 국사를 처리하고, 지방관아의 관장들이 해당 지역에 알맞은 향약을 제정해 다스리는 것에 비유할 수 있다.

주체적 움직임은 군왕에 해당하는 주어의 직접적인 움직임을 표시하는 까닭에 항상 능동적일 수밖에 없다. 그러나 능동적 움직임은 오직 해당 움직임이 자발적으로 이뤄진 것인지 여부만 따지는 까닭에 그러한 움직임이 촉발된 배경에는 무관심하다. 능동적 움직임이 때로는 비주체적일 수 있는 이유가 여기에 있다.

자동사와 타동사는 기본적으로 주동사인 동시에 능동사에 해당한다. 동일한 동사가 주동사와 능동사로 갈리게 되는 것은 전적으로 태의 활용 때문이다. 주동사는 마치 친정에 나선 군왕이 막상 전장에서는 좌우의 장수들을 시켜 전투를 담당케 하는 것처럼 제3자에게 자신이 하고자 하는 바를 명하는 역할을 수행한다. 주동태는 제3자가 개입할 경우 사동태(使動態, causative voice)로 변환한다. 이는 한문과 중국어에서 '使'(shi)가 본래적인 사동사(使動詞, causative verb)로 작용하고 있는 데서 나온 것이다. 사동사는 명령을 하달하는 군왕, 피동사는 명령을 하달 받는 장수의 입장을 나타내고 있는 셈이다. 통상 사동태를 나타내는 동사를 사동사 또는 사역동사(使役動詞)라고 한다.

사동태와 대비되는 것이 피동태(被動態, passive voice)다. 이는 주동사의 태가 정반대로 뒤바뀐 것을 말한다. 주동문의 목적어가 주어로 나오고, 주어가 문미의 동작주(動作主)로 바뀌는 것은 이 때문이다. 이 용어는 한문과 중국어의 '被'(bei)가 본래적인 피동사(被動詞, passive verb)로 작용하고 있는 데서 나온 것이다. 피동태를 나타내는 동사를 피동사 또는 피역동사(被役動詞)라고 한다. 사동사와 피동사가 등장하는 구문은 각각 사동구문 또는 사동문, 피동구문 또는 피동문이라고 부른다.

사동문의 가장 큰 특징은 주어가 직접 실질적인 어떤 동작이나 작용을 하지 않고 제3자로 하여금 그 동작이나 작용을 하도록 만드는 데 있다. 피동문의 가장 큰 특징은 주어로 등장한 주체가 동작주로 변신한 주동문의 주어에 의해 어떤 움직임이나 작용의 대상이 된 데 있다. 피동문의 주어는 피동사로 표현된 원래의 주동사의 움직임에 의한 직접적인 수혜자(受惠者) 또는 피해자(被害者)에 해당한다.

중국어와 한국어 구문에서는 주동문을 기준으로 하여 사동문과 피동문이 매우 많이 등장한다. 이는 수천 년에 걸친 제왕정의 역사와 밀접한 관련이 있다. 과거 헤겔과 마르크스, 막스 베버 등은 동양의 제왕정을 군주 1인의 전제정으로 폄하했으나 이는 동양에 대한 천박한 식견으로 인한 것이다. 사동문과 피동문이 많은 것은 개인보다는 국가공동체 차원에서 사물을 공평하게 처리하는 것을 중시한 역사문화 전통의 소산이다.

능동문은 주동사이기도 한 능동사가 술어동사로 등장한 구문을 말하고, 수동문은 수동사(受動詞, passive verb)가 주어의 수동적인 동작을 드러낸 구문을 뜻한다. 수동사와 피동사를 영어에서는 공히 'passive verb'로 표기하고 있다. 인도유럽어에서는 수동문과 피동문을 구분하지 않는다. 이는 수동문과 피동문 모두 예외 없이 자동사 구문으로 나타나는 등 외형상 아무 차이가 없는 점에 기인한 것이나. 영어에서는 'She is gone'처럼 예외적인 경우에 한해 자동사 능동문의 수동문 변환을 인정하고 있으나 독어에서는 모든 종류의 자동사 능동문을 수동문으로 변환시킬 수 있는 점 등이 약간 다를 뿐이다.

이에 반해 사동문과 능동문은 커다란 차이가 있다. 사동문은 모두 타동사 구문인 데 반해 능동문은 자동사 구문까지 포함한다. 이는 능동문이 주동문과 동일한 형태를 띠고 있는 데 따른 당연한 결과다. 그런 점에서 피동문과 수동문은 논리적으로 구분할 필요가 있다. 대다수 영문법학자들은 passive를 수동으로 번역하고 있으나 이는 원래 피동으로 번역하는 게 옳다. 비교언어학의 관점에서 볼 때 수동(受動)의 수(受)는 acceptive에 가깝기 때문이다.

피동태와 수동태

현대 인도유럽어에서는 사동문과 피동문 대신 능동문과 수동문이 대세를 이루고 있다. 이는 범어의 자아(自我, Atman) 개념을 통해 짐작할 수 있듯이 종교적이면서도 개인적인 성향이 적극 반영된 결과로 볼 수 있다. 여기에는 범어와 희랍어에 보이던 본동사의 사동태 활용이 라틴어에 이르러 facere(*make*)동사를 조동사로 활용하는 형태로 변한 게 커다란 영향을 미쳤다. 희랍어의 전통을 잇고 있는 러시아어에서 조동사의 도움 없이 본동사의 활용만으로 피동문을 만들고 있는 게 그 증거다.

영어에서 가장 기본이 되는 구문은 능동문이다. 여기서는 동사가 표현하는 동작의 흐름이 주어에서 목적어로 흐르는 'S → O' 모습을 띠고 있다. 이에 반해 피동문은 능동구문의 목적어가 주어로 나섬에 따라 동작의 흐름이 'O ← S'로 진행한다. 다음 도표를 보자.

피동태		주동태(능동태)		사동태		사동피동태(수동태)
먹히다	←	먹다	→	먹이다	→	먹게 되다
be eaten	←	eat	→ make eat	→	be made to eat

영어의 'be eaten'은 eat가 자신의 의사와는 상관없는 이른바 반의사(反意思)로 이뤄진 까닭에 수동보다는 피동의 뜻에 가깝다. 우리가 흔히 알고 있는 영어의 수동태는 원래 피동태로 번역하는 게 옳다. 우리말은 범어와 라틴어처럼 동사 어간 '먹-'에 접사를 덧붙이는 방법으로 간단히 사동태와 피동태를 만든다. 이에 반해 영어는 be동사와 make동사 등의 도움을 받아 각각 사동태와 피동태를 만든다. 불어는 아직도 라틴어처럼 faire(*make*)동사를 동사원형과 결합시켜 사동태를 만든다. 다음 예문을 보자.

Il / **fait rire** *les enfants*.　　그는 아이들을 웃게 만든다(웃긴다).
= He / **makes** *the enfants* **laugh**.

Elle / **fait bouillir** *de l'eau*.　그녀는 물을 끓게 만든다(끓인다).
= She / **makes** *the water* **boil**.

영어는 불어와 달리 make 등의 사동사를 이용해 사동문을 만들 때 목적어를 사동사와 본동사 사이에 삽입시키는 복잡한 방법을 동원하고 있다. 사동문이 존재하기는 하되 한국어와 불어처럼 완벽한 사동태를 만들지 못하고 있는 셈이다.

원래 능동문은 동작의 흐름이 'S → O'로 전개되고 있는 점에서 동서에 차이가 없다. 피동문은 능동문의 목적어가 주어로 등장함에 따라 동작의 흐름이 'O ← S'로 전개되는 점에서 능동문과 반대된다. 사동문은 제3의 매개자(mediator)가 등장하고 있는 점에서 능동문·수동문과 근본적인 차이가 있다. 사동문은 매개자가 등장함에 따라 'S → M → O'의 관계로 나타난다. 다음 도표를 보자.

피동태(O ← S)	←	주동태(능동태: S → O)
He / **was hit** by her.		She / **hit** him.
그는 그녀에게 맞았다.		그녀는 그를 때렸다.

↓

사동피동(O ← M ← S)	←	사동태(S → M → O)
I / **was made to hit** him by her.		She / **made** me **to hit** him.
나는 그녀에 의해 그를 때리게 되었다.		그녀는 나를 시켜 그를 때렸다.

위 예문을 통해 능동태(즉 주동태)와 피동태는 'S ⇄ O'관계에 있고, 사동태는 제3자가 개입함에 따라 주동태(즉 능동태)가 'S → M → O'의 관계로 변환되었고, 사동태와 사동피동태는 능동과 피동 관계처럼 'S ⇄ M ⇄ O'의 상호 역전관계에 있음을 알 수 있다. 편의상 혼란을 막기 위해 피동태를 수동태로 표현하고 있는 기존의 관행을 좇아 피동태를 수동태로 표현키로 한다.

영어는 동사 어간이 범어·희랍어처럼 활용하는 우리말과 달리 동사 자체를 활용해 수동태와 사동태 구문을 만들 수 없다. 반드시 조동사 be동사를 포함해 have와 let, force, make 등의 여타 동사를 사용해야만 여러 유형의 '태'를 만들어낼 수 있다. 라틴어는 facere(*make*)와 sum(*be*)동사를 조동사로 활용해 사동태와 수동태 등을 표현했다. 다음 예문을 보자.

능동   Deus / **creābant** virum et fēminam.

하느님이 남녀를 창조하셨다.

(= *God / created man and woman.*)

수동   Vir et fēmina / **creābantur** ā Deō.

남녀는 하느님에 의해 창조되었다.

(= *Man and woman / were created by God.*)

사동   Populus / **facit** Gracchum praetōrem.

인민은 그라쿠스를 법무관으로 만든다.

(= *People / make Gracchus praetor.*)

사동피동   Gracchus / **fit** praetor ā populō.

그라쿠스는 인민에 의해 법무관이 된다.

(= *Gracchus / is made praetor by people.*)

위 예문은 sum동사의 활용어미를 이용한 현재와 반과거시제인 까닭에 수동태 조동사인 sum동사가 표면에 드러나지 않고 있으나 완료시제의 수동태에서는 예외 없이 sum동사가 출현한다. 불어와 영어 모두 라틴어와 동일한 구조를 하고 있다. 다음 예문을 보자.

Nōs / **subiectī sumus** ab inimīcīs.

우리는 원수들에게 예속된 바 있다.

→ We / *have been subjected* to enemies.

Arma / **occupāta erant** ab hostibus.

무기가 적군에게 장악되어버렸다.

→ The arms / *had been occupied* by hostile forces.

위 예문을 통해 영어의 수동구문은 라틴어와 불어의 영향을 크게 받았음을 알 수 있다. 영어의 수동구문은 기본적으로 능동구문을 'be동사 + 과거분사' 형식의 자동구문으로 변환시킨 것을 말한다. 그러나 타동구문으로 나타나는 능동구문을 모두 수동구문으로 변환할 수 있는 것은 아니다.

He / *has* the book.   그는 그 책을 갖고 있다.

↛ The book / *is had* by him.

문형을 분석할 때 언급한 것처럼 영어에서 타동사구문으로 간주되고 있는 '-을 갖고 있다'는 뜻의 have동사구문은 형식만 타동구문일 뿐 사실은 자동사구문이다. 영어에는 have동사처럼 능동구문은 가능해도 수동구문이 불가능한 경우가 제법 많다. 다음 예문이 그 실례다.

The meal / **cost** us about £40.

우리는 그 식사에 약 40파운드를 썼다.

She / **prides** herself on her good looks.

그녀는 자신의 미모를 자부한다.

He / **betook** himself to flight.

그는 줄행랑을 쳤다.

위 예문을 통해 알 수 있듯이 우리말 번역에서는 '-를 하다'의 타동사구문으로 나타나고 있으나 사실은 자동구문으로 간주된 까닭에 수동구문이 불가능하다. 그러나 특이하게도 독어에서는 어떠한 자동구문도 수동태로 만들 수 있다.

Ich / **wartete** auf meinen Freund.

(= *I / waited for my friend.*)

→ **Es** / **wurde** von mir auf meinen Freund **gewartet**.

원래 영어는 동사와 전치사가 강력히 결합할 경우 타동사와 동일한 동사구로 간주한다. 그러나 wait for의 경우는 모습만 타동사구일 뿐 사실은 자동사와 부사가 결합한 유사 동사구에 불과하다고 보는 것이다. 다음 예문은 동사와 전치사가 강력히 결합한 타동사구문을 수동구문으로 전환한 경우다.

She / **had been proposed to** by every single man.

그녀는 모든 총각의 구혼을 받았다.

He / was allowed himself **to be made prey of**.

그는 스스로 희생양을 자처하게 되었다.

위 예문처럼 수동구문에서 전치사가 포함된 동사구가 그대로 살아 있는 것은 이들 동사구를 하나의 타동사 덩어리로 간주했기 때문이다.

영어의 수동태에는 크게 두 종류가 있다. '동작수동'(動作受動)과 '상태수동'(狀態受動)이다. 독어와 비교한 다음 예문을 보자.

The house / **is built**.   그 집은 건축되어 있다.

→ Das Haus / *ist gebaut*.

The house / **is being built**.   그 집은 건축되고 있다.

→ Das Haus / *wird gebaut*.

첫 번째 예문은 상태수동을 나타낸 것으로 영어와 독어 모두 be동사와 sein동사를 조동사로 활용한 자동구문으로 표현한다. 그러나 두 번째 예문처럼 동작수동을 나타낼 경우 독어는 sein 대신 werden (*become*)동사를 쓰고, 영어는 수동태 현재진행형을 쓴다. 진행형이 존재하지 않는 독어는 수동태로 나타난 동작의 움직임을 살리기 위해 werden동사를 사용한 것이다.

사실 고대영어에서도 동작을 강조할 때는 become에 해당하는 weorpan, 상태를 나타낼 때는 be동사에 해당하는 wesan이나 beon을 썼다. 고대영어에서는 충실하게도 게르만어의 전통을 잇고 있었다. 훗날 영어가 수동태의 조동사를 be동사로 통일시킬 수 있었던 것은 말할 것도 없이 진행형을 만들어냈기에 가능했다.

그러나 영어에서 상태수동과 동작수동이 형태상 엄격히 구분되는 것은 아니다. 문맥에 따라 상태수동이 되기도 하고, 동작수동이 되기도 한다. 다음 예문이 그 증거다.

The door / **was shut** when I went there.
내가 갔을 때 그 문은 닫혀 있었다.
His bills / **are paid** regularly every month.
매월 제때 청구서대로 지불한다.

I / don't know when the door **was shut**.
나는 그 문이 언제 닫혔는지 모른다.
His bills / **are paid**, so he owes nothing now.
청구서대로 지불돼 그는 지금 외상이 없다.

앞의 예문은 상태수동, 뒤의 예문은 동작수동이다. 동일한 형태를 하고 있음에도 전체의 문맥에 따라 뉘앙스가 달라진다.

최근 영어의 수동태는 'be동사＋과거분사'에서 벗어나 be동사 대신 **get**, **become**, **grow**, **stand** 등을 쓰는 경향이 있다. 게르만어의 전통으로 회귀하는 느낌을 주고 있으나 이는 미묘한 뉘앙스의 차이를 드러내고자 한 것으로 보는 게 옳다.

The galleries / **became filled** with nobles.

복도는 귀족들로 가득 차게 되었다.

He / **grew** more **frustrated**.

그는 더욱 좌절감을 느끼게 되었다.

통상 영어에서는 능동구문인 'I heard that-'보다 수동구문인 'I was told that-'을 상용한다. 누가 자신에게 어떤 말을 했는데 그게 누구인지 기억나지 않는다는 식이다. 그러나 여기에는 설령 누구인지 안다고 해도 밝히고 싶지 않으니 정보의 출처에 대해 추궁하지 말라는 뜻이 담겨 있다.

영어에 외형은 능동구문인데도 내용은 수동구문인 이른바 '능수동형'(能受動形, active-passive form) 구문이 많은 것도 이와 무관치 않다. 다음 예문을 보자.

The book / **is selling** well these days.

이 책은 요즘 잘 팔린다.

The cake at tea / **eats** drily.

차 시간에 먹는 케이크는 바삭바삭하다

The fish / **cooks** better if you cook slow.

생선은 천천히 요리해야 요리가 더 잘 된다.

My hat / **blew** into the river.

내 모자가 바람에 날려 개울에 떨어졌다.

외양상의 능동구문이 수동구문의 뜻을 지니고 있다는 것은 개인주의 성향이 강한 인도유럽 문화의 특징이 그대로 반영된 결과다. 영어를 포함한 대다수 인도유럽어에 수동구문이 유난히 많은 이유가 여기에 있다. 위 예문들은 수동형으로도 표현할 수 있으나 그 뜻에 약간의 차이가 난다.

The fruit / **is washed** and bagged.

과일은 세척해서 포장한다.

This dish / does not **wash** well.

이 그릇은 잘 씻기지 않는다.

Oil / **is sold** at the rate of £50 a barrel.

원유는 배럴당 50파운드에 판매한다.

The pens / **sell** for just 50p each.

펜은 개당 겨우 50펜스에 팔린다.

영문법에서 말하는 이른바 능수동형은 희랍어와 라틴어 등에 존재했던 '데포넌트'(deponent)와 대비된다. 이태동사(異態動詞, verbum dēpōnēns)로 번역되는 데포넌트는 외양상 수동태의 형태를 띠면서 능동태의 의미를 갖는 동사를 말한다. 희랍어와 라틴어의 다음 예문을 보자.

πορεύομαι(*poryuomai*). 나는 간다(형식은 '가게 되다'임).

verba sequentur.　　　언어는 절로 따라온다(형식은 '따르게 되다'임).

이들 동사는 수동형만 존재하고 능동형이 아예 존재하지 않은 까닭에 현재분사와 과거분사 등에서 능동의 뜻을 지니게 된 것이다. 우리말의 '오다'와 '가다', '따르다', '바라다', '태어나다', '두렵다' 등에 해당하는 동사가 희랍어와 라틴어에서는 모두 데포넌트로 사용되었다.

라틴어에는 미완료상에서는 능동형, 완료상에서는 수동형의 어미활용을 하는 이른바 '반(半)데포넌트'가 존재했다. 영어의 능수동형 동사와 사뭇 닮아 있다. 왜 인도유럽어에는 이런 동사가 등장케 된 것일까. 이는 신을 숭배하는 인도유럽어족의 역사와 밀접한 관련이 있다.

위자태와 위타태

원래 범어와 희랍어에는 '위자태'(爲自態, Atmanepada)가 존재했다. 이는 능동태와 수동태처럼 남을 위해 행하거나 행해지는 '위타태'(爲他態, Parasmaipada)가 아니라 자신을 위해 행하거나 행해지는 동작을 말한다. 남을 위한 동작의 흐름은 능동태와 수동태로 구분되나 자신을 위한 행위는 능동과 수동의 구별 없이 모두 위자태 하나로 통합되었다. 위자태는 행위의 결과가 행위자 자신에게 미친다는 관점에서 재귀동사를 사용하는 이른바 재귀태(再歸態)와 닮아 있다.

범어에서 동사의 태가 위자태와 위타태로 양분된 것은 고전 범어보다 더 오랜 베다어 시절에 신에 대한 경배와 찬미에 세심한 주의를 기울인 결과다. 신에게 제사를 올리는 행위를 신관(神官) 또는 제관(祭官)의 입장에서 표현하면 위타태가 되고, 당사자인 제주(祭主)의 입장에서 표현하면 위자태가 되기 때문에 이를 엄하게 구별한 것이다. 이는 동양에서 춘추전국시대 당시 고관들이 반드시 집에 사당을 짓고 신관을 둔 후 결혼 등의 경사나 전장 출전 등의 중대사가 있을 때 신관을 통해 제사를 올린 것에 비유할 만하다.

범어에서 희랍어에 이르기까지 대다수 동사는 일단 위자태와 위타태로 나뉘고, 위타태는 다시 능동태와 수동태로 구분되는 모습을 보였다. 범어와 희랍어의 다음 예문을 보자.

yajati   그(제관)는 (타인을 위해) 제사를 올린다.

yajate   그(제주)는 (자신을 위해) 제사를 올린다.

βουλευω(*Būlyuō*)   나는 (타인을 위해) 조언한다.

βουλευμαι(*Būlyuomai*)   나는 (자신을 위해) 의논한다.

이는 자아(自我)를 뜻하는 범어의 Atman에서 위자태가 나온 데서 알 수 있듯이 개인주의 성향의 언어문화와 무관치 않다고 보아야 한다. 위자태는 행위의 주체를 강조하거나, 재귀동사처럼 행위의 결과가 행위 당사자에게 반영되거나, 이른바 '상호목적어'를 갖는 동사처럼 복수의 행위 주체가 상호 영향을 주거나 하는 것을 표현할 때 사용되었다. 그런 점에서 현재 인도유럽어에서 동사의 동작이 주어 자신에게 미치는 재귀동사의 존재는 위자태의 변용으로 볼 수 있다.

일각에서는 위자태를 능동태와 대립시켜 반사태(反射態) 또는 반조태(返照態)라 부르고 있으나 위자태가 위타태에 속하는 능동태·수동태 전체와 대립하고 있다는 점에서 이는 정확한 표현이 아니다. 대다수 문법학자들이 위자태를 능동태와 수동태의 중간에 위치하고 있다는 취지에서 중간태(中間態, middle voice) 또는 중동태(中動態)로 규정하고 있으나 이 또한 정확한 표현이 아니다.

위자태는 범어에서 현재시제 이외의 경우에는 수동태의 의미를 겸했다. 희랍어에 이르러 미래시제에서만 다르게 변하고 현재와 반과거 시제에서는 수동태와 똑같이 변했다. 위자태가 수동태와 거의 동일한 모습으로 활용하게 되자 라틴어에서는 아예 위자태를 수동태에 흡수시켜 모든 태를 능동태와 수동태로 정리해버렸다.

영어의 수동구문에서 전치사 'by' 이외에도 다양한 전치사가 능동구문의 주어를 받는 것도 이런 역사언어학적 배경과 무관하지 않을 것이다. 대표적인 것으로 사람의 심경과 상태 등을 표현할 때 등장하는 전치사 of와 with의 경우를 들 수 있다.

Civilization / is characterized **by** the family.

문명은 가족으로 특색을 드러낸다.

She / was favoured **of** the gods.

그녀는 신의 은총을 크게 받았다.

His heart / was filled **with** despair.

그의 가슴은 절망으로 가득 찼다.

This / is not achieved **through** words.

이는 말로 되는 게 아니다.

영어는 능동구문의 주어가 분명하지 않거나 수동태 주어를 강조하고자 할 때 수동구문을 사용한다. 수동구문에서는 능동태의 주어가 전치사 by 등에 이끌려 문미에 오게 된다. 문두에 나오는 수동태 주어보다 비중이 약할 수밖에 없다. 어느 경우든 수동구문에서는 능동구문의 빈어에서 화려하게 변신한 수동태 주어가 주인공이다. 다음 예문을 보자.

The seed that **is sown**, it / will spring.

뿌려진 씨는 반드시 싹이 틀 것이다.

I / **was denied** any important victory.

나는 승리다운 승리를 거둔 적이 없다.

Loyalties / **are reinforced** by religion.

충성심은 종교에 의해 강화된다.

문형 5형식에서 teach와 ask처럼 '2중대격'을 취하는 것은 물론 give처럼 직접빈어와 간접빈어를 보유한 경우는 두 개의 빈어 모두 수동태 구문의 주어가 될 수 있다. 이때 수동구문에 그대로 남아 있는 빈어를 이른바 '잔류빈어'(殘留賓語, retained object)라고 한다.

We / will do **you** justice.

우린 너에게 공정을 기하도록 하겠다.

→Justice / shall be done **you**.

They / left her **no resources but love**.

사랑을 빼곤 그녀에게 남겨진 유산은 없다.

→She / was left **no resources but love**.

빈어가 O＝np의 구조로 되어 있는 5형식의 경우는 수동구문에서 n이 주어로 나올 수밖에 없는 까닭에 p는 그대로 문중에 남아 있을 수밖에 없다. 이를 '잔류술어'(殘留述語, retained predicative)라고 한다.

People / called me **the Piper**.

사람들은 나를 피리 부는 사람이라고 했다.

→I / was called **the Piper**.

He / proclaimed the island **his territory**.

그는 그 섬을 자신의 영토로 선언했다.

→ The island / was proclaimed **his territory**.

인도유럽어는 라틴어가 널리 통용되는 시기에 이르러 위자태가 사라지고 모든 동사의 움직임을 오직 능동태와 수동태로만 표현하게 되었다. 능동태에서 가장 많은 12개의 시제를 갖고 있는 영어는 특이하게도 수동태에서는 8개의 시제만 갖고 있다.

	미완료상	미완료 지속상	/	완료상	완료 지속상
현재	It is written.	It is being written.	/ It has been written.		φ
과거	It was written.	It was being written.	/ It had been written.		φ
미래	It will be written.	φ	/ It will have been written.		φ

우리말은 '그것이 다 써지고 있을 것이다'라는 식으로 수동태 미래완료진행형까지 표현할 수 있으나 영어는 능동태와 달리 수동태에서 완료상의 지속상을 표현하지 않는다. 미완료상에서도 우리말의 '그것이 써지고 있을 것이다'라는 식의 미래시제 지속상이 존재하지 않는다. 영어를 사용하는 사람들은 영어에 진행형이 존재하는 까닭에 이를 얼마든지 만들어 사용할 수 있으나 굳이 이런 상을 만들어 사용할 필요가 없다고 생각하는 것이다.

불어 역시 독어와 달리 자동사 구문을 억지로 수동태로 변환시키지는 않는다. 단순과거와 반과거, 복합과거, 대과거, 전과거 등이 존재하고 수동태에서도 이에 상응하는 다양한 시제를 만들 수 있기 때문이다. 수동태에서는 오히려 불어가 영어보다 더 많은 시제를 갖고 있는 셈이다.

8 가정법: 영어에는 왜 겸양법이 없을까

가정법은 완곡어법의 일종이다

인도유럽어에서는 시제와 상, 태에 못지않게 중요한 것이 있다. 바로 '서법'(敍法, mood)이다. 통상 '법'으로 약칭해 부르고 있는 서법은 진술방법이나 자세를 뜻한다. 언술하는 사람의 심리적 태도가 가장 잘 드러나는 것이 서법이라고 할 수 있다.

인도유럽어에는 범어 이래 현대에 이르기까지 서법과 관련해 직설법 이외에 지령법, 명령법, 기원법, 원망법, 가정법, 접속법, 조건법 등 다양한 종류의 문법용어가 등장했다. 그러나 현재의 인도유럽어를 기준으로 보면 서법은 크게 직설법과 명령법, 조건법, 접속법 등 4가지로 정리할 수 있다. 영어는 조건법과 접속법을 가정법으로 묶은 게 특징이다.

서법은 기본적으로 언술하는 사람의 주관적인 기분 또는 심경에 의해 결정된다. 언술하는 사람이 시간에 관계없이 어떤 사실을 사실 자체로 언급하는가 아니면 당시에 느낀 희망 또는 의혹 등의 주관을 섞어 표현하는가에 따라 서법이 결정된다. 명령법과 가정법 등을 직설법과 구별하여 사용하는 것은 언술하는 사람의 주관성 유무에 달려 있다.

원래 명령법(命令法, imperative mood)은 라틴어의 imperator가 암시하듯이 장군이 부하장병에게 명령을 내릴 때 쓰는 서법이다. 매우 절친한 사이거나 부자관계, 상명하복의 상하관계가 아니고는 좀처럼 사용하기 어려운 이유가 여기에 있다. 영어에서 명령법의 서법이 가장 간명한 형태인 동사원형으로 나타나는 것도 이와 무관치 않다.

직설법(直說法, indicative mood)은 사실을 있는 그대로 객관적으로 서술하는 서법을 말한다. 액면 그대로 서술하는 까닭에 사실서법(事實敍法, fact mood)이라고 한다. 사실 자체의 보도를 중시하는 대다수 언론과 역사서 등에 널리 사용되는 이유다. 실제로 언론과 역사서에 직설법을 사용치 않을 경우 진실을 의심받을 소지가 크다. 신문기사 등에서 기자의 주관적인 감정을 철저히 배제할 것을 요구하는 것은 이 때문이다.

그러나 일상의 언설에서 직설법을 관철할 경우 자칫 듣는 사람으로 하여금 불쾌감을 갖게 할 우려가 있다. 인도유럽어를 포함한 세계의 모든 나라 언어에서 완곡어법(婉曲語法, euphemism)을 발달시킨 이유다. 영어의 가정법은 범어와 희랍어, 라틴어가 그러했듯이 완곡어법의 일환으로 나온 것이다.

완곡어법의 대상에는 제한이 없다. 눈앞의 사건을 제외한 모든 것이 대상이 될 수 있다. 자신이 목도하지 않은 과거의 사실은 말할 것도 없고 곧바로 닥칠 확실한 사건일지라도 상대방에 대한 존경·겸양을 드러내기 위해 이 서법을 구사할 수 있다. 독어에서 설령 객관적인 사실을 전달할지라도 간접화법으로 표현할 경우 반드시 영어의 가정법에 해당하는 접속법을 사용하는 이유가 여기에 있다.

셰익스피어 작품에 잘 나타나 있듯이 심지어는 아첨의 비난이 쏟아질 것을 예상하면서도 눈앞의 사건을 직설법 대신 완곡어법으로 표현하는 경우가 있다. 이런 어법을 접하는 상대방은 언술하는 사람이 매우 겸손하고, 자신을 특히 존중하고 있다는 느낌을 강하게 받을 수밖에 없다. 영어의 가정법 역시 불어 · 독어 등과 마찬가지로 이런 완곡어법에서 나온 것이다.

이는 특별히 어렵게 생각할 필요가 없다. 우리말의 존경법과 겸양법의 기본취지와 하등 다를 게 없기 때문이다. 존경법은 듣는 사람을 직접 높이고, 겸양법은 말하는 사람을 낮춤으로써 듣는 사람을 간접적으로 높이는 서법을 말한다. 존경과 겸양이 겹칠 경우 최고의 존경법이 되는 것은 말할 것도 없다.

비교언어학의 관점에서 볼 때 존경법과 겸양법에는 크게 2가지 방법이 동원되고 있음을 알 수 있다. 하나는 존경의 대상인 상대방에 대한 인칭을 복수형으로 만들어 사용하는 점이다. 불어에서는 2인칭 복수형을 사용하고, 독어에서는 3인칭 복수형을 사용한다. 라틴어에서도 3인칭 복수형을 사용한다.

21세기 현재까지도 궁중용어가 따로 존재하는 태국에서는 국왕을 포함해 정부고관들은 자신을 표현할 때 1인칭 단수가 아닌 1인칭 복수형을 사용한다. 우리말의 '우리 고장'과 '우리나라' 등도 일종의 존경법으로 해석할 수 있다.

존경법과 겸양법이 지니고 있는 또 하나의 특징은 시제가 불분명한 데 있다. 범어와 희랍어에 나타난 부정과거(不定過去) 시제인 아오리스트는 원래 기원과 축복, 희망 등을 나타내는 원망법(願望法)의 일환으로 사용된 것이다. 영어의 가정법에 등장하는 동사가 시제와 상관이 없는 과거시제를 사용하는 것도 이와 무관치 않다. 조건법과 접속법이 존재하는 불어와 독어에서는 원망법의 이런 특징이 보다 선명히 드러난다. 다음 예문을 보자.

Long **live** the king!　　　국왕전하 만세(만수무강하시기를)!

→**Vive** le roi!

→Lang **lebe** der König!

May she **be** happy!　　　　　그녀가 부디 행복하기를!

→Qu'elle **soit** heureuse!

→**Sei** sie glücklich!

위 예문에서 영어는 모두 원형동사를 사용해 원망법을 표시했다. 영어에서는 **wish, want, desire, aspire, expect, request, pray, crave, plead, hope, long for, ask for, yearn for, look forward to** 등 이른바 '원망동사'(願望動詞, benedictive verb)가 이런 원망법을 표시할 때 대거 사용된다.

I / **wish** him to go away at once.　　나는 그가 곧 가버렸으면 한다.

I / **expect** (for) him to be on time. 나는 그가 정시에 와주길 기대한다.

I / **hope** that he comes back safe.　나는 그가 무사히 귀환하길 바란다.

독어에서는 이들 원망동사에 준하는 동사들이 술어동사로 나올 경우 이른바 접속법 1식을 사용해 영어의 가정법과 똑같이 취급한다. 이를 '준간접화법'(準間接話法)이라고 한다. 마치 남의 말을 하듯 한다는 뜻에서 나온 용어다.

원래 영어도 고대영어에서는 독어처럼 동사의 가정법 굴절어미가 그대로 살아 있어 가정법과 직설법 간의 차이가 완연했다. 그러나 이후 가정법은 물론 직설법 굴절어미가 사실상 모두 사라지는 바람에 will, shall 등 이른바 서법조동사(敍法助動詞, modal auxiliaries)의 도움을 받지 않고는 가정법을 표현하기가 어려워졌다. 이를 두고 일각에서는 영어에서 가정법은 사실상 없는 것이나 다름없다는 비판을 제기하고 있다. 그러나 이에 대한 반론도 만만치 않다. 언어학자 존넨샤인은 『새 영문법』에서 이같이 반박했다.

"흔히 현대영어에서 가정법이 자취를 감춰버렸다고 말하나 이는 옳지 못한 말이며 지금도 널리 쓰이고 있다. 보다 정확히 표현하면 오히려 가정법과 동등한 표현이 더 많이 쓰이고 있는 실정이다."

현대영어에서도 가정법은 엄연히 살아 있다는 존넨샤인의 주장은 사실을 정확히 파악한 것이다. 영어는 비록 be와 were를 제외하고는 뚜렷한 가정법 형태가 존재하지 않는 게 사실이나 서법조동사를 이용한 활용을 보면 오히려 가정법의 사용이 훨씬 많아졌다는 느낌을 준다.

사실 가정법은 직설법과 대비되는 완곡어법의 일환으로 등장한 만큼 가정법이 없는 서법은 상상할 수조차 없다. 이는 우리말에서 존경법과 겸양법이 모두 사라진 반말투의 평어법만 존재하는 경우를 상상하면 쉽게 이해할 수 있을 것이다.

비교언어학의 관점에서 볼 때 언술하는 사람이 곡진사정(曲盡私情, 자신의 심정을 간곡하게 다 말함)하기 위해서는 비록 장황해지는 단점이 있기는 하나 가정법을 대거 사용치 않을 수 없다. 영어에서 가정법의 굴절어미가 사라진 것은 전적으로 언어의 편의성에서 비롯된 것이지 영어의 서법을 모두 직설법으로 통일하자는 취지에서 나온 것은 아니다. 그런 점에서 영어의 가정법을 제대로 이해하는 것이야말로 언술하는 사람의 '곡진사정'을 파악하는 열쇠라고 할 수 있다.

희랍어와 라틴어 가정법

일명 '가상법'(假想法)으로도 불리는 가정법의 공식 문법용어는 'subjunctive'다. 이는 라틴어 문법용어를 그대로 차용한 것으로 불문법학자들은 접속사와 유사한 역할을 한다는 취지에서 '가정법' 대신 '접속법'이라는 용어를 사용하고 있다. 독어는 이를 'conjunctive'로 표현한다. 우리나라 독문법학자들은 이를 '접속법'으로 번역하고 있다.

라틴어 coniungo는 통합, subiungo는 하속(下屬)의 뜻이다. subjunctive는 종속설이 주절에 얽매여 있는 점에 주목한 용어이고, conjuctive는 주절과 종속절의 일치에 주목한 용어로 결국은 같은 말이다. 현재 영문법에서는 독어와 마찬가지로 언술하는 사람의 심적 태도에 따라 가정법을 크게 이른바 원망법(願望法, optative)과 가능법(可能法, potential)으로 나누고 있다. 이는 범어와 희랍어 이래의 전통을 이은 것이다.

원래 범어는 서법에서 크게 직설법과 원망법, 명령법 등 3가지 체제를 갖추고 있었다. 현재시제에서만 원망법과 명령법을 사용하고 나머지 시제에서는 모두 직설법을 썼다. 비록 부정과거(不定過去) 시제인 아오리스트를 이용한 기원법이 존재하기는 했으나 자주 쓰이지는 않은 까닭에 이내 원망법에 통합되었다.

희랍어는 특이하게도 직설법과 원망법, 명령법 이외에도 가정법과 조건법(條件法, conditional)을 만들어냈다. 희랍어의 가정법은 이른바 권고법(勸告法, hortative)과 의구법(疑懼法, deliberate) 등을 따로 묶어 만든 것이다. 희랍어의 조건법은 불어의 조건법과 유사하나 불어처럼 동사가 어미활용을 하지 않고 주절과 종속절의 서법을 달리하는 게 달랐다. 희랍어에서는 조건법에 모든 서법이 동원되었다. 다음 도표를 보자.

특성	조건문(종속절)	결과문(주절)
a. 실재의 확인	εἰ(if) + 직설법	모든 서법
b. 사실의 반대	εἰ+직설법	ὄν(then)+직설법

c. 미래 가능성   ἐάν + 가정법   모든 서법

d. 미래 가망성   εἰ + 기원법   ὄν + 기원법

실재의 확인은 조건의 실현이 확실한 경우다. 전제조건문인 종속절에 직설법이 사용되는 이유가 여기에 있다. 사실의 반대는 현재나 과거에 성취되지 않은 사실을 말할 경우에 사용된다. 미래 가능성은 비록 현재는 그렇지 않으나 조만간 그리 할 가능성이 있는 것을 전제로 할 때 사용되었다. 미래 가망성은 미래 가능성과 달리 실현될 가능성이 희박한 까닭에 간절히 기원하는 내용을 담고자 할 때 사용되었다.

이들 여러 조건법 중 가장 널리 사용된 것은 세 번째 가정법이었다. 그러나 라틴어는 희랍어의 원망법과 가정법, 조건법을 하나로 묶어 가정법으로 통합해버렸다. 별 차이가 없다고 간주한 결과다. 이로써 인도유럽어의 서법은 라틴어 시대에 들어와 다시 직설법과 명령법, 가정법으로 정리되었다.

그러나 라틴어의 가정법은 희랍어의 원망법과 가정법, 조건법이 한데 뒤섞여 있는 까닭에 그 내용을 분석할 때 세심한 주의를 요한다. 통상 라틴어의 가정법은 언술하는 사람의 심리적 태도에 따라 크게 3가지로 나뉜다. 첫째 권고법이다. 이는 주로 3인칭에 사용되는 것으로 1인칭에서는 권고, 2인칭에서는 가벼운 명령을 나타냈다. 다음 예문이 그 증거다.

Ne nōs **laudēmus**.   우리는 자화자찬하지 맙시다.

(*Let us not praise ourselves.*)

Hoc **facās**.   너는 이것을 해야 할 것이다.

(*You should do this.*)

라틴어에서 두 번째로 사용된 가정법은 의구법이다. 희랍어에서 주로 수사법의 일환으로 많이 사용된 의구법은 언술하는 사람의 심적 의혹과 두려움, 의무 등을 표현할 때 주로 사용되었다.

Quid **faciam**?　　　　　　　나는 무엇을 해야 하나?
(*I wonder what I should do?*)
Vereo nē hoc **faciās**.　　　　나는 네가 이 일을 할까 두렵다.
(*I fear that you will do this.*)

라틴어에서 세 번째로 사용된 가정법은 원망법이다. 이는 범어와 희랍어에 나타나는 아오리스트를 이용한 기원법의 후신에 해당한다. 미래의 가능한 사실에 대한 기원을 포함해 현재 또는 과거의 불가능한 사실에 대한 영탄을 표현할 때 주로 사용되었다.

Utinam nē hoc **faciās**.　　　　당신이 이것을 안 했으면!
(*I wish you would not do this!*)
Utinam **adessēs**.　　　　　당신이 여기 있으면 좋으련만!
(*I wish you were here!*)

이를 통해 영어에서 자주 접할 수 있는 'let's-'의 권고법, 'I wonder-'의 의구법, 'I wish-'의 원망법 등이 멀리 라틴어와 희랍어, 범어에까지 연결되고 있음을 알 수 있다. 다른 인도유럽어의 경우도 동일하다.
　현재 불어에서는 라틴어의 원망법과 권고법, 의구법에 겸양법까지 더해져 접속법으로 통합돼 있다. 희랍어에서 널리 쓰인 조건법에 대해서는 동사의 활용어미를 이용해 접속법과 엄연히 구분되는 새로운 서법으로 독립시켜놓았다. 불어의 조건법 현재는 현재 또는 미래에 실현될 가능성이 있거나 현재 실현되지 않은 사실을 전제로 하고, 조건법 과거는 과거에 실현되지 못한 사실이나 현재 또는 미래에 실현될 가능성이 희박할 경우에 사용한다.

불어는 조건법과 접속법의 활용어미가 다른 까닭에 원망법과 권고법, 의구법, 겸양법을 통합한 접속법과 가능법으로 상징되는 조건법이 확연히 구별된다. 같은 로망스어인 스페인어는 조건법 대신 가능법(potencial)이라는 표현을 쓰고 있다. 불어와 이탈리아어, 스페인어 등의 로망스어는 원망법과 가능법을 엄격히 분리한 희랍어의 장점을 되살린 셈이다. 그러나 실생활에서는 접속법과 조건법을 제대로 구분해 사용하는 일이 쉽지 않다.

인도유럽어 중 러시아어는 특이하게도 동사 뒤에 우리말의 '-이라면'에 해당하는 소사(小詞) бы(bui)와 '-하련만', '-터인데'에 해당하는 접미어 ся(sia)를 덧붙이는 방법으로 원망법과 가능법을 하나로 묶은 조건법을 사용하고 있다. 러시아어가 인도유럽어 중 동사활용에서 가장 간명한 모습을 보이는 이유다.

독어는 영어와 마찬가지로 원망법과 가능법을 접속법으로 통합한 뒤 현재와 과거, 미래시제를 막론하고 실현가능성이 높은 사실에 대해서는 '접속법 현재'(접속법 1식), 실현가능성이 없거나 희박할 때는 '접속법 과거'(접속법 2식)로 구분해놓고 있다. 이는 서법을 직설법과 명령법, 가정법으로 정리한 라틴어의 전통을 이은 것으로 평가할 수 있다.

그러나 영어는 굴절어미가 사실상 사라진 만큼 가정법을 러시아어처럼 더 간략하게 만들 수 있는데도 may 등의 서법조동사를 활용해 이미 간략화된 가정법을 더욱 복잡하게 만드는 모습을 보이고 있다. 이에 대한 지적이 없는 것은 아니나 이는 일상의 언술에서 우리말의 존경법과 겸양법처럼 완곡하게 표현해야 할 일이 더욱 많아지고 있음을 빈증한다. 우리말에서도 정보전달의 신속성 등을 이유로 존경법과 겸양법이 사라지고 있는 점을 감안할 때 영어의 가정법이 다시 복잡한 양상을 보이는 것을 탓할 수도 없다.

가정법 현재군과 과정법 과거군

현재 영어의 가정법시제에 대한 학계 의견은 통일돼 있지 않다. 독어처럼 언술하는 사람의 심적 태도에 따라 크게 '가정법 현재군'과 '가정법 과거군'으로 대별하는 견해가 가장 그럴 듯하다. 사실 이것이 라틴어 시제의 전통과 맥에 닿는 것이기도 하다. 영어와 독어에서 가정법 현재군은 언술하는 사람이 현실성과 가능성을 내다보며 매우 긍정적인 태도를 지닐 때 사용된다. 이에 반해 과거군은 비현실성과 불가능성을 염두에 둔 극히 부정적인 입장에서 희구와 영탄을 표현할 때 주로 사용된다.

가정법시제는 기본적으로 직설법시제와 차원이 다르다. 직설법의 시제는 시간관계나 이에 부수되는 사항을 나타내는 데 반해 가정법 내의 시제는 기본적으로 언술하는 사람의 심적 태도를 나타내는 데 초점을 맞추고 있다. 가정법이 완곡어법의 일종인 점을 감안할 때 이는 당연한 일이다. 가정법의 시제는 말 그대로 가상적인 시제에 해당하기 때문이다. 각 시제별로 가정법이 사용된 다음 예문을 비교해보자.

If it **rain** today, he / will not go.

오늘 비가 오면 그는 못 가리라.

If it **have rained**, he / would not go.

비가 계속 오면 그는 못 가리라.

If it **rained**, he / would be happy.

비가 오면 그가 좋아할 텐데.

If it **had rained**, he / would have been happy.

비가 왔으면 그가 좋아했을 텐데.

위 예문은 가정법에 나오는 현재, 과거, 현재완료, 미래완료의 4개 시제를 차례로 비교해놓은 것이다. 이는 라틴어 가정법이 4개의 가상적인 시제를 갖고 있는 것과 일치한다.

첫 번째와 두 번째의 가정법현재와 현재완료시제는 비록 현재 비가 오거나 계속 올 가능성이 높다고 할지라도 과연 앞으로도 그럴지는 장담할 수 없는 상황을 전제로 한다. 세 번째와 네 번째 예문은 현재나 과거의 사실과 정반대되거나 극히 가능성이 희박한 상황을 전제로 한다. 이뤄지지 못한 사실에 대한 탄식과 안타까움, 기원 등이 표출된 서법이다. 비록 가능성이 희박하다고 할지라도 조그마한 가능성에 기대를 거는 심경이 그대로 드러나는 만큼 이 또한 듣는 사람을 높이고 말하는 사람을 낮춘 존경법과 겸양법의 반영으로 해석할 수 있다.

만일 장차 닥칠 일의 가능성이 매우 높아 단언적인 전망을 내놓고자 할 경우에는 직설법으로 표현하는 게 옳다. 다음 예문을 보자.

He / will be there if she **calls** him.

그는 그녀가 부르면 거기로 갈 것이다.

He / will be there if she **call** him.

그는 그녀가 (혹여) 불러줄 경우 거기로 가리라.

가정법을 사용한 두 번째 예문은 확신할 수 없는 미래의 상황에 대해 여러모로 심사숙고한 끝에 내놓은 조심스런 전망에 해당한다. 가정법이 마치 아랫사람이 윗사람에게 진언을 하거나 조심스럽게 보고하는 분위기를 띠고 있는 것은 이 때문이다. 우리말에서 존경법과 겸양법이 동시에 작용한 서법을 상기하면 될 것이다.

주의할 것은 가정법과거시제다. 영어는 굴절어미가 사실상 사라져 직설법과 가정법의 동사 형태가 같다. 가정법과거시제는 가정법과거완료와 마찬가지로 기원하는 내용이 현실과 동떨어져 있어 원망법의 표현에 자주 사용된다.

현대영어의 가정법 형태는 현재군과 과거군을 막론하고 동사의 활용 형태를 기준으로 볼 때 크게 두 가지로 나뉜다. '굴절형'(inflectional forms)과 서법조동사를 동원해 만드는 '우언형'(periphrastic forms)이다. 이를 시제와 결합할 경우 종속절에서는 다음과 같은 8가지 유형이 등장한다.

현재군	현재	현재완료
굴절형	If he **go**.	If he **have gone**.
우언형	If he **may go**.	If he **may have gone**.

과거군	과거	과거완료
굴절형	If he **went**.	If he **had gone**.
우언형	If he **might go**.	If he **might have gone**.

위 예문을 통해 알 수 있듯이 영어의 가정법 현재군에서는 be동사를 포함한 원형동사 이외에도 will, shall, may 등의 서법조동사가 대거 등장한다. 그러나 굴절형과 우언형은 기본적으로 뜻이 같다. 다음 예문이 그 증거다.

Korea / **rule** the world!   한국이 전 세계를 지배하기를!

= **May** Korea / **rule** the world!

영어의 가정법을 크게 현재군과 과거군으로 나눈 것은 기본적으로 시제 대신 언술하는 사람의 심적 태도를 기준으로 한다. 당사자가 언술 코자 하는 내용의 실현가능성에 얼마나 무게를 두고 있는가 하는 점이 현재군과 과거군의 분류기준이 되는 셈이다. 영어의 가정법을 크게 원 망법과 가능법으로 나누는 이유다.

이에 대해 언어학자 존넨샤인은 원망법을 욕구법(desire)과 완곡법 (excuse), 가능법을 전망법(prospective)과 추정법(supposition), 전 제법(condition) 등으로 세분했다. 욕구법은 말하는 사람의 욕망이나 소망을 드러낸 것이고, 완곡법은 직설법의 표현을 완화한 것이다. 전망 법은 장차 일어날 일을 관망하는 취지에서 나온 것이고, 추정법은 장래 의 일에 대한 판단과 추정을 드러낸 것이며, 전제법은 일정한 조건 하 에서 일어날 가능성을 언급한 것이다. 존넨샤인이 5가지 유형으로 제시 한 가정법의 예문을 보자.

O King, **live** for ever!

군왕이여, 만수무강하시길!

I don't know whether it **be** true.

이것이 정말 사실인지 잘 모르겠습니다.

Let us wait until the clock **strike** 12.

12시를 칠 때까지 기다리도록 하자.

If it **please** God, we shall succeed.

하느님이 허락하면 우리는 성공하리라.

If he **knew**, he would tell.

그가 안다면 말할 텐데.

존넨샤인의 분류는 영어의 가정법이 표현하고 있는 다양한 서법을 망라하지 못하고 있다는 지적을 면하기 어렵다. 영어에는 우리말의 겸양법과 존경법에 해당하는 서법도 매우 많다. 다음은 셰익스피어와 헤밍웨이의 작품에 나온 가정법 예문이다.

I / **would** to heaven I had your potency!
당신의 힘이 저에게 있다면!
I / **would** like to serve in some way.
어떻게 해서든 돕고 싶습니다.

첫 번째 예문은 비록 영탄의 표현으로 나타나고 있으나 상대방에 대한 존경의 뜻을 담고 있고, 두 번째 예문은 말하는 사람의 바람을 겸양의 어법으로 표현한 것이다. 인도유럽어의 가정법이 범어 이래 희랍어와 라틴어 등을 거치면서 원망법과 가능법으로 수렴한 점을 감안하면 영어의 가정법에 나타나는 원망법과 가능법의 다양한 유형을 좀더 깊이 연구할 필요가 있다.

그러기 위해서는 먼저 원망법과 가능법이 가정법의 현재군·과거군과 어떤 관련을 맺고 있는지를 정확히 파악하는 게 중요하다.

가정법현재에 나타난 원망법과 가능법

영어의 가정법 표현에서 서법조동사를 사용하는 우언형 대신 굴절형을 사용한 가정법은 상대적으로 위엄과 격식을 갖춘 언설에 많이 나타난다. 이는 어감이 부드럽고 친근한 서법조동사 형태가 널리 사용되고 있음을 반증하는 것이다. 다음 예문을 보자.

The Lord / **have** mercy upon us!

하느님이 우리에게 자비를 베풀기를!

Be this purse an earnest of my thanks!

이 돈이 사은(謝恩)의 성의표시가 되길!

May he **sleep** in peace!

그가 고이 잠들기를!

Let it **be** my message to your sister!

이것이 당신 누이에게 보내는 전갈이 되길!

위 예문은 단문에 가정법이 사용된 경우다. 우언형이든 굴절형이든 뜻에서는 차이가 없음을 알 수 있다. 단지 부드러움에 관한 뉘앙스 차이가 약간 있을 뿐이다.

우언형이든 굴절형이든 가정법이 가장 많이 사용되는 곳은 중문(重文)의 종속절이다. 가정법이 사용되는 종속절에는 명사절과 형용사절, 부사절 등 모든 종류가 포함된다.

I / insist that he **be allowed** his freedom.

그에게 자유가 부여되길 강력하게 주장한다.

You / will thank all the gods there **be**.

너는 그곳의 신들에게 감사할 것이다.

The tree / will wither before it **fall**.

나무는 넘어지기 전에 시들기 마련이다.

위 예문은 명사절과 형용사절, 부사절이 차례로 사용된 경우를 보여준다. 현재 영어에서는 부사절에 가정법을 쓰는 일이 전차 줄고 있다. 특히 시간을 나타내는 부사절 안에서는 가정법 대신 직설법이 많이 사용되고 있는 점에 주의할 필요가 있다.

영어의 원망법 표현에서 또 하나 주의할 점이 있다. 오직 원형동사와 동사과거형만이 가정법의 중요한 징표로 나타나는 게 그것이다. 이는 영어의 동사활용에서 굴절어미가 거의 탈락한 데 따른 것이다. 우리말은 아오리스트와 유사한 '-하도다'를 활용해 '-하나니', '-하련만', '-하기를' 등의 원망법을 표시한다. 이는 영어의 가정법이 우리말의 존경법·겸양법과 마찬가지로 원망법과 조건법, 접속법 등을 표현하는 서법임을 방증한다.

가정법과거에 나타난 원망법과 가능법

영어는 굴절어미를 대부분 상실한 까닭에 가정법과거의 경우 were를 제외하고는 직설법과거형과 하등 다를 바가 없다. 결국 문맥을 좇아 판단할 수밖에 없다. 비현실적이거나 불가능한 내용을 언급할 때는 가정법으로 간주해도 크게 틀리지 않다.

우리말의 존경법·겸양법과 마찬가지로 영어에서도 남에게 공손한 어조로 부탁할 때 가정법과거를 쓴다. 불가능한 일이라는 것을 알고 있지만 만에 하나 해줄 수 있을 경우 꼭 부탁을 들어달라는 화자의 심경을 제대로 전달할 수만 있다면 가정법 구사는 절묘한 성공을 거둔 셈이다. 이는 상대방을 높이고 자신을 낮추는 존경법과 겸양법의 전형에 해당한다.

영어의 가정법에서 이런 역할을 하는 것이 가정법과거라고 해도 과언이 아니다. 다음 예문이 그 증거다.

Might he come in time!

그가 제때 와주기만 한다면!

Ah, if I **had** / Solomon's opportunities.

아, 내게 솔로몬과 같은 기회가 왔으면!

〔I / **would** to God all strifes were well compounded.〕

〔신의 가호로 분쟁이 잘 해결되길!〕

마지막 예문은 셰익스피어의 『리처드 3세』에서 인용한 것이다. 이 예문은 분쟁의 해결이 어려울 것이라는 상황을 전제로 한 것이다. 신 앞에 엎드려 신이 적극 나서 도와달라고 간원하는 화자의 심경이 가정법 과거시제 속에서 원망법의 표현으로 절묘하게 드러난 사례다.

가정법과거 역시 가정법현재와 마찬가지로 종속절에 두루 쓰인다. 명사절과 형용사절, 부사절을 가리지 않는다. 가정법과거에서는 화자의 겸손한 태도를 드러내는 겸양법과 청자를 높이는 존경법이 대거 등장하고 있다.

I / wish that it **was** tomorrow!

오늘이 내일이었으면!

It / is time thou **shouldst leave** us.

그대가 우리 곁을 떠날 때가 왔소.

If it **were** so, it / was a grievous fault!

만일 그렇다면 이는 슬픈 과오라오!

〔O, I would thou didst, So (=even if) half my Egypt **were submerged**.〕

〔아, 그대가 그리 해주었으면, 설령 이집트의 절반이 물에 잠길지라도!〕

마지막 예문은 셰익스피어의 『안토니우스와 클레오파트라』에 나오는 대목으로 클레오파트라의 애인이 가정법과거시제를 동원한 원망법의 표현을 통해 절절히 배어나오고 있다. 셰익스피어의 뛰어난 상상력이 바로 이런 천고의 명문을 만들어낸 것이다. 가정법과거와 원망법이 존재하지 않는 셰익스피어의 작품은 상상할 수조차 없다.

가정법과거완료에 나타난 원망법과 가능법

영어의 가정법완료시제는 크게 현재완료와 과거완료가 있으나 그 내용은 사뭇 다르다. 현재완료는 현실적인 가능성을 전제로 한 '현재군'에 속하는 까닭에 직설법과 별반 차이가 없다. 실제로 특수한 경우를 제외하고 가정법현재완료를 쓰는 일은 매우 드물고 대부분 직설법 현재완료를 사용한다.

이에 반해 가정법과거완료는 '과거군'에 속하는 까닭에 가능성이 희박하거나 비현실적인 사건 등에 대한 후회, 아쉬움, 탄식 등 언설자의 심경이 두드러지게 나타난다. 가정법과거의 시점을 현재에서 과거로 옮겨놓은 것만 다를 뿐 모든 면에서 가정법과거와 닮아 있다. 가정법현재완료와 과거완료를 비교해놓은 다음 예문을 보면 이를 쉽게 짐작할 수 있을 것이다.

If it **has been worrying**, it / goes on worrying!

속병을 앓으면 계속 그리되게 마련!

I / feel as if he **has used** me as his plaything.

그에게 완전히 농락당한 느낌이다.

〔I do entreat you, not a man depart, Save I alone, Till Anthony **have spoke**.〕

〔한 사람도 자리를 뜨지 말길! 나를 제외하고는, 안토니우스의 말이 끝날 때까지.〕

O that she **had been married** to me!

아, 그녀가 나에게 시집왔다면!

She / wished it **had been** night instead of morning.

그녀는 아침이 아닌 밤이기를 바랐다.

〔**Would** I / **had never come** from thence!〕

〔내가 그곳에서 오지 않았던들!〕

앞에 나오는 현재완료 예문들 중 마지막 예문은 셰익스피어의 『율리우스 카이사르』에 나오는 대목이다. 여기서는 3인칭 현재완료시제에 has 대신 have가 사용돼 가정법현재완료라는 사실이 확연히 드러나고 있다. 마지막 구절은 내용상 직설법 미래완료시제로 바꿔놓을지라도 큰 차이는 없다. 그러나 가정법 특유의 맛이 떨어지는 것은 말할 것도 없다.

뒤에 나오는 과거완료 예문들 중 마지막 예문은 셰익스피어의 『안토니우스와 클레오파트라』에 나오는 대목이다. 이 예문에서는 화법조동사 Would만 남겨둔 채 주절을 과감히 생략해버렸다. 가정법과거시제에서 살펴본 원망법이 과거완료시제에서도 그대로 재현되고 있음을 알 수 있다.

영어를 비롯해 불어, 독어, 러시아에서 사용되고 있는 가정법은 기본적으로 완곡어법이라는 점에서는 동일하나 그 내용을 보면 미묘한 차이가 있음을 알 수 있다. 인도유럽어인데도 불구하고 러시아어는 원망법과 가능법을 막론하고 бы(bui)로 통합해놓았다. 이는 우리말의 '-이면, -텐데'와 동일한 구조다. 다음 예문을 보자.

Если **бы** у меня было время, я / пошёл **бы** сегодня в театр!

→ If I **had** time, I / **could** go to the theater today!

→ 만일 내게 시간이 있다**면**, 난 / 오늘 극장에 갈 수 있을 **텐데**!

Сегодня не могу, но завтра я / с удовольствием пошёл **бы** в театр!
→ I can't today, but tomorrow I / **could** go to the theater with pleasure!
→ 오늘은 안 되지만, 내일이면 난 / 기꺼이 극장에 갈 수 있을 **텐데**!

러시아어는 be동사의 활용형인 бы가 주절과 종속절을 막론하고 시제와 태 등에 구애받지 않고 자유자재로 움직인다. 이로써 직설법과 명령법을 제외한 가능법과 원망법, 존경법, 청원법 등 모든 법을 만들어 낼 수 있다. 우리말의 '–이면, –텐데'와 하등 다를 바가 없다.

현재 인도유럽어 중 가정법에서 가장 복잡한 모습을 보이고 있는 것은 불어와 독어다. 영어의 경우는 상당 수준 간략화되어 있다고 볼 수 있다. 비교언어학의 관점에서 볼 때 고립어의 모습을 띠고 있는 영어의 가정법이 장차 러시아처럼 бы와 같은 소사(小詞)의 삽입을 통해 간략화할 가능성을 시사하고 있다.

실제로 중국어의 경우는 종속절에 '要是'(yaoshi)를 덧붙이는 것만으로도 능히 가능법과 원망법을 표현할 수 있다. 전후 맥락으로 능히 가능법과 원망법을 구별할 수 있는데도 군이 독어와 불어처럼 복잡한 서법을 구사할 필요가 없는 것이다. 실제로 일부 불문법학자는 조건법을 서법의 일종으로 간주하는 데에 반대하고 있다.

영어와 달리 불어와 독어에서는 간접화법에도 조건법이나 접속법을 사용한다. 주목할 것은 직접화법과 간접화법의 중간에 영어의 '묘출화법'(描出話法)이 존재하고 있는 점이다. 이는 시와 소설 등에서 장면을 생생하게 전달하기 위한 화법으로 널리 사용된다. 다음 예문을 보자.

He / asked me **would I go to the concert**.

그는 내게 '음악회에 갈 것인지'를 물었다.

I / wondered **could she be our new teacher**.

난 '그녀가 우리의 담임이 될지' 궁금했다.

이는 간접화접에서 접속사 if를 생략하고 종속절의 주어와 동사를 도치시킨 것으로 특별히 이상하게 볼 것은 아니다. 다만 통상적인 간접화법 대신 의문문의 모습을 취하고 있어 상대적으로 생생한 느낌을 주고 있다. 영어의 가능법과 원망법 등을 기준으로 이들 각 나라에서 사용되고 있는 접속법과 조건법 등을 비교해 정리하면 다음과 같다.

	영어	독어	불어	러시아어
a. 가능법				
실현가능 사안 청원	가능법	접속법1식	접속법	조건법
실현가능 높은 조건	가능법	접속법1식	조건법	조건법
실현가능 낮은 조건	가능법	접속법1식	조건법	조건법
실현가능 없는 조건	가능법	접속법2식	조건법	조건법
b. 원망법				
실현가능 사안 기원	원망법	접속법1식	접속법	조건법
비현실적 사안 소망	원망법	접속법2식	접속법	조건법
기존사실 후회 경탄	원망법	접속법2식	접속법	조건법
정중표현 존경 겸양	원망법	접속법2식	접속법	조건법
c. 간접화법(준간접화법)				
	직설법	접속법1식	조건법	직설법

이 도표에서 주목할 점은 **tell, ask, beg, command, bid, advise, request, forbid** 등 이른바 전달동사(傳達動詞)가 등장하는 간접화

법과 **wish**, **want**, **desire**, **aspire**, **expect**, **hope** 등의 원망동사(願望動詞)가 사용된 준간접화법에서 나라마다 현격한 차이를 보이고 있는 점이다.

영어와 러시아어의 경우는 이를 직설법으로 표현하고 있어 독어와 불어에 비해 상대적으로 덜 공손하다는 느낌을 주기에 충분하다. 자신이 목도치 않고 남으로부터 들은 사실을 재차 다른 사람에게 전달코자 하거나, 설령 목도한 사실일지라도 이를 다른 사람에게 전할 때에는 단정적인 어법을 피하는 게 정중한 느낌을 준다. 이는 우리말에서도 윗분이나 상관에게 보고하거나 할 때 단정적인 어법을 피해 '–이라고 사료됩니다' 등의 겸양어법을 사용하는 것을 생각하면 쉽게 이해할 수 있다.

9 명동사: 영어에는 왜 명동사가 있을까

한정동사와 비한정동사

영어를 포함한 인도유럽어는 한 문장 안에 본동사와 조동사 이외에도 여러 동사가 등장한다. 이들 동사의 상호관계를 모르면 문장을 제대로 해석할 수 없다. 본동사와 조동사가 결합된 술어동사를 '한정동사'(限定動詞, finite verb), 나머지 동사는 '비한정동사'(非限定動詞, infinite verb)로 규정하는 것은 이들 동사 간의 상호관계를 규명하기 위해 나온 것이다.

한정동사는 이른바 '문법상의 주어'와 직결된 동사를 뜻한다. 한 문장 안에서 본동사와 조동사로 이뤄진 술어동사는 문법상의 주어의 명을 받들어 문장 안의 모든 낱말을 규제한다. 이에 대해 비한정동사는 문법상의 주어 대신 의미상의 주어를 갖는다. 동명사(動名詞, gerund), 부정사(不定詞, infinitive), 분사(分詞, participle) 등이 이에 해당한다.

이들 비한정동사는 문장 안 역할과 기능에 초점을 맞출 경우 크게 명사의 역할을 하는 동사인 명동사(名動詞, noun verb), 형용사의 역할을 하는 형동사(形動詞, adjective verb), 부사의 역할을 하는 부동사

(副動詞, adverb verb)로 나눌 수 있다. 의미상의 주어가 등장하는 부정사와 동명사, 분사구문을 통상 '절대주격구문'(絕對主格構文: absolute nominative construction)이라고 한다. 여기의 '절대'는 '편의상' 또는 '특별한'의 의미를 지닌 말이다.

명동사는 우리말의 '-하는 것'에 해당하는 것으로 영어에서는 동명사와 부정사가 그 역할을 수행한다. 형동사는 명사를 수식하는 우리말의 '-하는'에 해당하는 것으로 영어에서는 부정사와 분사가 그 역할을 맡고 있다. 부동사는 우리말의 '-한 까닭에', '-하여', '-하기 위해' 등에 해당하며, 술어동사의 원인과 결과, 목적 등을 설명하는 역할을 한다.

명동사로서의 동명사

동명사와 부정사, 분사 등의 비한정동사에 의해 이끌리는 구문은 어디까지나 문법상의 주어·술어동사의 통제를 받는 종속구문에 불과하다. 이들 구문이 한 문장 안에서 명사와 형용사, 부사 등의 역할을 수행하는 것은 문법상의 주어와 술어동사의 통제로 인한 것이다. 의미상의 주어를 갖고 독립적인 구문을 이룬 듯한 모습을 보일지라도 이는 편의적인 것에 지나지 않는다.

통상 영문법에서 말하는 동명사와 부정사, 분사 등의 용어는 품사론에 입각한 것으로 구문론의 입장에서 볼 때는 약간의 문제가 있다. 동명사는 문장에서 명사의 역할에 그치고 있는 데 반해 분사는 형용사와 부사의 역할을 수행하고, 부정사는 명사와 형용사, 부사 등 모든 역할에 통용되고 있기 때문이다.

영어는 '동명사'를 '제런드'(Gerund)로 표현한다. 이는 불어의 '제롱디프'(Gérondif)에서 나온 것이나 그 뜻은 다르다. 불어의 '제롱디프'는 전치사 en(in)이 현재분사와 결합해 우리말의 '-하면서'와 같은 뜻을 지니게 된 문법용어로 영어의 분사구문에 가깝다. 이는 명사를 수식하는 현재분사와 구별하기 위해 만들어진 것이다. 다음 예문이 그 증거다.

> J'ai aperçu Paul **sortant** du métro.
> 나는 지하철에서 나오는 뽈을 보았다.
> (*I've seen Paul coming out from the metro.*)

> J'ai aperçu Paul **en sortant** du métro.
> 나는 지하철에서 나오다가 뽈을 보았다.
> (*Coming out from the metro, I've seen Paul.*)

원래 라틴어는 영어의 동명사나 현재분사에 해당하는 것으로 이른 바 '제런디움'(gerundium)과 '제런디붐'(gerundivum)이 존재한다. 양자 모두 명사나 형용사적으로 사용되고 있는 까닭에 성, 수, 격 등의 지배를 받는다. 제런디움은 동사의 명사적 용법에 해당하는 것으로 능동의 뜻을 지닌 영어의 동명사에 가깝다. 주격은 없고 복수는 쓰이지 않는다. 주격이 필요할 경우 부정법을 써야 한다. 이에 반해 제런디붐은 동사의 형용사적 용법에 해당하는 것으로 수동의 뜻을 지닌 영어의 과거분사에 가깝다. 제런디움과 제런디붐을 구분해놓은 다음 예문을 보자.

> **Pārēndo** discimus *imperāre*.
> 복종하는 것으로부터 명령하는 걸 배운다.
> (*From obeying we learn to command.*)
> Imperātōrī **pārendum est**.

사람은 명령자에게 복종해야만 한다.

(*To the commander, one must be obeyed.*)

영어의 동명사는 13세기까지만 해도 '-ung'의 형태를 지닌 까닭에 '-ende' 형의 현재분사와 명확히 구분되었다. 그러나 14세기를 전후해 다같이 '-ing' 형으로 통합되면서 외견상 이를 식별하는 게 쉽지 않게 되었다. 현대영어에서 현재분사와 동명사는 문맥을 좇아 구별하는 수밖에 없다.

동명사의 가장 큰 특징은 동사의 성질을 그대로 보유한 채 명사와 똑같은 역할을 하는 데 있다. 기본적으로 동명사는 명사인 까닭에 복수와 속격을 취하는 것은 물론 관사를 동반할 수도 있고 형용사의 수식을 받을 수도 있다. 전치사 of를 동반하는 목적어를 취할 수도 있으나 of의 도움을 받지 않은 채 직접 목적어를 취하는 경우도 있다. 다음 예문이 그 증거다.

We / discussed **the reading of Plato**.
우린 플라톤 작품의 강독 문제를 논의했다.
It / accelerate **the enslaving their country**.
그것은 그들 국가의 예속화를 가속시킨다.

동명사는 명사가 문장 안에서 주어와 자동사의 보어, 타동사의 빈어 등으로 사용되는 것과 마찬가지로 문장 안에서 이와 똑같은 기능을 수행한다. 먼저 동명사가 주어와 보어로 사용된 용례를 보자.

Narrowing the gap / is not easy.
격차를 좁히기가 쉽지 않다.

There is / no use **his telling me that**.

그가 나에게 그것을 말해봐야 소용없다.

It / is really **asking too much**.

그것은 너무 지나친 주문이다.

대격으로 쓰일 경우는 약간 주의할 대목이 있다. 명동사의 두 형태인 to부정사와 동명사가 상호 긴밀한 관계를 맺고 있기 때문이다. 동사에 따라 동명사와 to부정사가 서로 아무런 제한 없이 쓰이는가 하면, 똑같이 쓰일 경우에도 약간 차이가 나기도 하고, 오직 부정사 또는 동명사만을 요하기도 한다.

먼저 동명사를 대격으로 취하는 동사로 **love**, **like**, **hate**, **dislike**, **resent**, **stand**, **enjoy**, **mind**, **evade**, **help**, **omit**, **finish**, **stop**, **mention**, **delay**, **dread** 등을 들 수 있다.

The poet / must **avoid** being ridiculous.

시인은 웃음거리가 되지 않아야 한다.

Street waifs / **resumed** hawking cigarette.

방랑자들이 다시 담배를 팔았다.

Neither of us / could **help** laughing.

두 사람 모두 웃지 않을 수 없었다.

Men / would not **cease** thinking and probing.

인류는 사색과 탐색을 중단하지 않을 것이다.

다음으로 동명사를 취할 수도 있고 to부정사를 취할 수도 있는 것으로는 **stand**, **endure**, **fail**, **begin**, **commence**, **start**, **prefer**, **attempt**, **continue**, **cease**, **regret**, **love**, **like**, **dislike** 등을 들 수 있다.

We / **prefer** *to go* there alone.　　우리는 그곳에 혼자 가는 게 더 좋다.

We / **prefer** *walking* to cycling.　　우리는 사이클링보다 걷기를 좋아한다.

You / never **cease** *to amaze me*!　너는 나를 끊임없이 놀라게 하는구나!

You / should **cease** *visiting* there.　너는 그곳에 들르지 않도록 해라.

　　cease, **like**, **hate**, **continue**, **intend** 등은 동명사와 to부정사를 쓸 때 그 뜻에 약간의 차이가 있다. 동명사는 일반적인 사실, to부정사는 특수한 상황을 나타내는 데 쓰인다.

He / **failed** *to remember* his luggage.

그는 짐을 두고 왔다.

He / **failed** *making* a good impression.

그는 좋은 인상을 주는 데 실패했다.

She / **forgot** *to write* back to me.

그녀는 나에게 답장하는 것을 잊었다.

She / will never **forget** *going* there.

그녀는 그곳에 간 것을 잊지 않으리라.

　　일정한 목적이나 개별적인 행동 따위를 나타낼 때는 동명사보다 to부정사가 적합하다. 이는 to 자체가 목적과 방향의 뜻을 내포하고 있기 때문이다. 이밖에도 **wish**, **desire** 등은 대체로 부정사를 많이 쓰는 데 반해 **stop**, **avoid**, **finish** 등은 대체로 동명사를 쓰는 점에 주의할 필요가 있다.

　　동명사의 명사적 성격을 나타내는 징표는 매우 많다. 형용사 worth

와 전치사의 목적어로 쓰인 경우 등이 그렇다. 복수형을 만들거나, 관사를 붙이거나, 형용사적 수식어를 동반하는 경우 등도 이에 해당한다.

Youth / is the one thing **worth having**.
청춘은 소유할 만한 것이다.
He / liked managing for **managing's sake**.
그는 일처리 자체를 위해 일하기를 좋아했다.

그러나 동명사는 동사의 활용에 해당하는 까닭에 명사적 성격뿐만 아니라 동사적 성격도 강하게 작용한다. 현재형 동명사는 본문의 술어동사인 주동사가 나타내는 시간관계와 동일한 시간관계를 나타내는데 반해 완료형 동명사는 주동사가 나타내는 시간관계보다 언제나 그 이전의 시간관계를 나타낸다.

His horses / **looked like going**.
그의 말은 잘 달릴 것 같았다.
After **having made** love, I / felt comfortable.
사랑을 나눈 후, 나는 안도감을 느꼈다.

최근의 영어는 명사보다는 동사의 성격이 더욱 두드러지는 양상을 보이고 있다. 수시로 부사의 수식을 받는 것은 물론 의미상의 주어와 목적어를 갖는다.
동명사의 의미상 주어가 문장의 주어와 동일한 경우에는 문맥상 뜻이 통하는 까닭에 구태여 의미상 주어를 존치시킬 필요가 없다. 다음 예문을 보자.

He / began **fighting** for time.

그는 시간을 벌기 위해 투쟁을 시작했다.

I / am all for **having** a time with the girls.

나는 여자들과 시간을 보내는 데 대찬성이다.

위 예문에 나타난 동명사의 의미상 주어는 모두 문장의 주어와 일치한다. 물론 문장의 주어와 동명사의 의미상 주어가 다를 경우에는 뜻을 명확히 하기 위해서라도 반드시 의미상 주어를 명시해주어야 한다.

의미상 주어를 나타낼 때는 2가지 방법이 있다. 속격(屬格) 즉 소유격으로 나타내는 것과 대격(對格) 즉 목적격으로 나타내는 것이다. 영어에서는 속격을 사용하는 게 원칙이다. 보통명사의 경우 특수한 경우를 제외하고는 속격형인 -'s를 잘 붙이지 않는다. 그러나 일반 구어에서는 몰라도 격식을 갖춘 문어에서는 속격을 사용한 용례를 얼마든지 찾아볼 수 있다. 다음 예문을 보자.

I / chafed at **his marrying** her. 나는 그가 그녀와 결혼하는 게 짜증났다.

He / is of **God's making**.   그는 신이 창조한 자이다.

현대 구어에서는 속격 대신 대격을 쓰는 경우가 늘고 있다. 이는 -s로 끝난 고유명사의 경우 속격에 -'만 붙이고 -s를 붙이지 않는데다 귀로는 kings, king's, kings' 등을 구별하기가 어렵게 된 사실과 무관치 않다. 그러나 가장 결정적인 것은 동사나 전치사 다음에 동명사의 의미상 주어가 올 경우 동사와 전치사의 작용으로 인해 사람들이 속격보다 대격을 사용코자 하는 충동을 느낀다는 점이다. 다음 예문이 그 증거다.

He / denied the idea of ***women*** *being equal to men.*

그는 남녀가 동등하다는 생각을 거부했다.

I / remember *you* *throwing me into the sea*.

당신이 나를 바다에 내던진 게 기억난다.

I / excused *her* *keeping close*.

나는 그녀가 문을 닫고 있는 걸 양해했다.

마지막 예문의 her의 경우는 속격으로 볼 수도 있고, 대격으로 간주할 수도 있다. 대격이 속격을 대신한 데는 긴 어구가 동명사의 의미상의 주어가 될 경우 여기에 속격 -'s를 붙일 수 없는 점이 크게 작용한다. this, himself, both, all 등이 의미상 주어가 될 경우 이를 속격으로 만들 수 없는 것도 부담으로 작용했다.

On **the permission to go** *being repeated*, I / went out.

반복된 출발허락에 나는 외출했다.

I / hate the thought of **any son of mine** *marrying her*.

나는 그녀가 며느리 되는 게 질색이다.

구어에서는 의미상 주어로 나오는 대격에 역점(力點, stress)을 두어 강조하는 용법으로 사용하기도 한다. 이밖에도 동일한 부분을 생략하는 생략법(省略法, ellipsis)을 구사할 때 대격을 사용하기도 한다. 다음 예문을 보자.

There could be / no harm in **thém** walking together.

그들이 동행할지라도 나쁠 게 없다.

I / am not afraid of **yóu** misunderstanding me.

나는 당신의 오해가 두렵지 않소.

영어는 동명사와 현재분사 모두 '-ing' 형을 하고 있는 까닭에 동명사의 의미상 주어에 대격을 사용할 경우 현재분사구문과 혼동될 소지가 크다. 동명사로 간주할 경우 대격은 의미상 주어가 되어 '-가 -하다'가 된다. 현재분사로 간주할 경우는 현재분사가 '-하는'의 뜻을 지닌 수식어가 되어 앞의 대격을 꾸미게 된다. 내용은 대략 같으나 적잖은 뉘앙스 차이가 난다.

동명사　　I / recollect **my mother** *caning me*.
　　　　　나는 어머니가 회초리를 든 일이 생각난다.
현재분사　I / recollect **my mother caning me**.
　　　　　나는 회초리를 들었던 어머니가 생각난다.

대격을 사용할 경우는 문맥을 좇아 동명사로 사용됐는지 또는 현재분사로 사용됐는지를 판별해 해석할 수밖에 없다. 그럼에도 판별이 매우 까다로운 경우가 있을 수 있다. 대략 행동이나 동작 자체를 말할 때는 동명사, 어떤 상태가 지속 또는 반복되는 상황을 묘사할 때는 현재분사로 보는 게 옳다.

명동사로서의 부정사

영어에서 명사, 형용사, 부사로 두루 쓰일 수 있는 것은 오직 부정사밖에 없다. 인도유럽어에서 부정사의 기원은 범어까지 거슬러 올라간다. 범어는 목적, 능력, 의욕을 나타내는 동사의 어근에 부정사 어미 '-tum'을 붙여 명사형의 '-하는 것', 형용사형의 '-할 수 있는', 부사형의 '-하기 위해' 등의 뜻을 나타냈다.

희랍어의 부정사는 주로 현재, 아오리스트, 완료상의 형태를 취했다.

현재시제의 부정사는 계속적인 행위, 아오리스트 부정사는 점적인 행위, 완료상의 부정사는 완료된 행위를 나타냈다. 희랍어의 부정사 역시 범어와 마찬가지로 명사적 용법, 형용사적 용법, 부사적 용법으로 사용되었다. 주목할 것은 '-할 수 있다'와 '-처럼 보이다', '-책임이 있다', '-바라다', '-필요하다', '-원하다' 등의 동사가 올 경우 to부정사가 그 뒤에 온 점이다. 이는 영어에서 possible, necessary 등의 형용사 뒤에 to부정사가 오는 것과 닮아 있다. 다음 예문을 보자.

> It / is *easy* (for us) to master English.
> 영어를 정복하는 건 쉬운 일이다.
> = English is *easy* (for us) to master.
> ↛We / are easy to master English.

원래 **convenient, necessary, difficult, important, impossible, possible, pleasant, easy, dangerous** 등의 형용사와 **pity**와 같은 명사가 나올 경우는 사람을 주어로 할 수 없는 게 원칙이다. 그러나 사람이 부정사의 타동사나 전치사의 빈어로 나올 경우는 이것이 가능하다. 이와 정반대로 **unable, incapable, sorry** 등은 It을 주어로 할 수 없다.

> I / am **sorry to** hear of your father's death.
> 춘부장 사망 소식을 들으니 면목 없습니다.
> ↛ It / is sorry for me to hear of your father's death.

라틴어에서는 부정사를 가정법 등과 마찬가지로 시법의 한 종류로 다뤘다. 그래서 인칭에 따른 어미활용만 없을 뿐 태와 시제를 모두 간직하고 있었다. 현재부정사는 술어동사와 같은 시제, 완료부정사는 그보다 앞선 시제, 미래부정사는 그보다 늦은 시제를 가리켰다. 미래부정사를 빼고는 현대영어와 거의 동일하다.

영어의 부정사는 크게 동사원형을 그대로 사용하는 것과 전치사 to를 이용하는 것 등 2가지로 나눌 수 있다. 후자를 to부정사라고 한다. to부정사는 다시 현재형과 완료형 등 2가지로 나눌 수 있다.

	능동형	수동형
현재형	to write	to be written
완료형	to have written	to have been written

현재형과 완료형은 술어동사의 기본시제와 밀접한 관련이 있다. 현재형은 주동사의 시제와 같은 시제를 가리키고, 완료형은 그보다 앞선 시제를 가리킨다. 다음 예문을 보면 주동사와 to부정사 간의 시제관계가 어떻게 형성돼 있는지를 쉽게 알 수 있다.

He / *seems to **be*** ill.   그는 아픈 듯이 보인다.
= It / *seems that he **is*** ill.

He / *seemed to **have been*** ill.   그는 아팠던 듯이 보였다.
= It / *seemed that he **had been*** ill.

hope, **wish**, **want**, **intend**, **expect** 등처럼 미래의 어떤 것을 바라는 원망동사의 경우는 to부정사가 미래의 뜻을 지니게 된다. 이것이 희랍어와 라틴어 등에 존재했던 미래부정사의 역할을 대신한다. **be likely to** 등의 경우도 미래의 뜻을 지닌다.

I / hope *to **see** him*.   나는 그가 보고 싶다.

= I / hope *that I **shall see** him*.

She / intended *to **see** him*.   나는 그를 보고자 했다.

= She / intended *that she **would see** him*.

주의할 것은 원망동사가 과거형이면서 완료부정사를 취할 경우다. 이때는 과거에 하지 못한 일에 대한 회한을 나타낸다. 다음 예문을 보자.

I / **hoped** *to have seen* you so much!

당신을 얼마나 보고 싶어 했는데!

= I / **hoped** *to see* you so much, but I could not!

= I / **had hoped** *to see* you so much!

= I / **had hoped** *that I would see* you so much, but I could not!

통상 영어의 부정사는 크게 원형부정사와 to부정사로 나눌 수 있으나 이 중에서도 to부정사가 차지하는 비중이 훨씬 크다. to부정사는 전치사 to의 뜻이 그대로 반영되어 '목적' 또는 '방향'의 뜻을 명백히 드러내고 있는 게 특징이다. to부정사 역시 명사로 사용되는 까닭에 주어와 보어, 빈어 등으로 등장할 수 있다. 먼저 주어로 사용되는 경우를 보자.

It / must be better **to be tipped** than to tip.

팁을 주느니 받는 게 나을 것이다.

To err / is human, **to forgive**, divine.

잘못은 인간, 용서는 신의 몫이다.

to부정사는 대개 be동사와 연결돼 보어로 등장한다. 그러나 이때 to 부정사뿐만 아니라 동명사가 등장하는 경우도 적지 않기 때문에 주의를 요한다.

Honesty / is **to be** *one man picked out of 2,000.*
정직은 2천 명에서 한 명 뽑히는 격이다.
To slander / is **to expose** *the faults of another.*
비방은 남의 결점을 늘어놓는 것이다.

to부정사가 보어로 등장한 위 예문은 to부정사를 동명사로 대체할지라도 별반 차이가 없다. be동사와 연결되는 to부정사에서 특히 신경쓸 것은 수동의 뜻을 지닌 경우다. 때에 따라서는 be동사 뒤의 to부정사가 형용사적인 색채를 띠는 경우도 있다.

He / is not in the least **to blame**.
그는 절대로 비난받을 만한 게 없다.
The roses / are indeed still **to plant**.
지금이라도 장미는 심어져야 한다.

위 예문은 수동태로 바꿀지라도 그 뜻에는 변함이 없다. to부정사 중에는 위 예문처럼 수동의 뜻을 지닌 것 외에도 명령, 예정, 필연성, 가능성 등의 뜻을 지닌 경우가 있다. be동사와 함께 쓰이는 to부정사 대부분이 여기에 속한다. 다음 예문을 보자.

I / have the creed of 'what is **to be** will be.'
나는 '필연지사'의 믿음을 갖고 있다.

He / was nowhere **to be found**.

그는 아무 곳에서도 찾을 수 없었다.

〔I / rather tell thee what is **to be fear'd** Than what I fear; for always I am Caesar.〕

〔말하리라, 그대가 두려워해야 할 바를, 나의 두려움을 말하느니. 나는 카이사르이기에.〕

마지막 예문은 셰익스피어의 『율리우스 카이사르』에 나오는 한 대목이다. 이 예문의 what is to be fear'd 안에는 must의 뜻이 내포되어 있다. 이처럼 to부정사가 be동사와 함께 쓰일 경우는 수동, 명령, 예정, 필연 등 문맥을 좇아 다양한 의미로 해석해야 한다.

그러나 사실 to부정사는 보어보다 빈어로 사용될 때 더욱 복잡한 모습을 나타낸다. 구문에 따라 내포하는 의미가 매우 다양하기 때문이다. to부정사가 빈어로 등장할 때는 술어동사의 '방향'과 '목적'의 뜻을 강하게 드러내는 경우가 많다. 이때는 거의 동명사를 쓰지 않고 to부정사를 사용한다. 다음 예문이 이를 뒷받침한다.

I / begged **to forbear** expressing an opinion.

나는 소견발표를 삼가달라고 애원했다.

He / failed **to pester** us with message.

그는 편지로 우리를 괴롭히는 데 실패했다.

We / intend **to proceed** in areas of action.

우리는 실천 쪽으로 나아갈 것이다.

위 예문은 모두 술어동사가 to부정사를 거의 완벽하게 지배한 경우에 속한다. to부정사가 동사의 성격을 거의 상실한 채 명사의 역할에 충실한 결과로 볼 수 있다.

그러나 이와 정반대로 to부정사의 비중이 높고 술어동사의 비중이 매우 약한 경우도 있다. **begin**, **commence**, **start**, **continue**, **cease** 동사가 술어동사로 사용된 경우다. 이는 이들 술어동사가 시동상(始動相)·지속상(持續相) 등의 '상'을 나타내는 데 주력한 결과다. 술어동사가 겉으로만 to부정사를 지배하고 있을 뿐 사실은 to부정사가 술어동사의 역할을 하고 있는 것이다. 다음 예문을 보면 이를 쉽게 확인할 수 있다.

> She / **commenced** *to say* her prayers.
> 그녀는 기도하기 시작했다.
> He / **ceased** *to examine* it objectively.
> 그는 객관적으로 시험하지 않았다.
> I / **started** *to sharpen* my knife.
> 나는 칼을 갈기 시작했다.

to부정사를 빈어로 갖는 구문에서 위 예문처럼 술어동사가 시동상과 지속상을 나타내는 것과 관련해 주목할 것은 have동사와 더불어 의무나 필요성을 나타내는 경우다. to부정사가 조동사 ought와 단단히 결속해 의무를 나타내는 것도 같은 경우로 볼 수 있다.

> She / **had to** *be got* up to the top of coach.
> 그녀를 마차 위로 올려놓아야 했다.
> It / **ought to** *be done* at once.
> 그것은 당장 해야 한다.

관용구를 포함한 일부 구문에서는 to부정사가 전치사의 빈어로 나타나고 있다. 대표적인 예로 for, about, but, except, instead of 등을 들 수 있다.

He / was **about** *to speak*, when the cock crew.

닭이 울 때 그가 막 말하려 했다.

Nothing / remains **but** *to go* home.

이제는 집에 가는 도리밖에 없다.

There is / nothing else **except** *to go* forward.

오직 전진만 있을 뿐이다.

The best / is to tell the truth **instead of** *to lie*.

최선은 거짓 대신 진실의 토설이다.

명동사에서 부정사와 동명사는 각기 역할이 다르다. 술어 동사에 따라 부정사 또는 동명사를 취하는 게 그 증거다. 주로 부정사만을 빈어로 취하는 동사로 **want**, **wish**, **hope**, **expect**, **choose**, **decide**, **determine**, **refuse**, **pretend**, **manage**, **offer**, **agree**, **promise** 등을 들 수 있다. 반대로 **admit**, **consider**, **give up**, **deny**, **finish**, **mind**, **stop**, **quit**, **escape**, **postpone**, **practice**, **enjoy**, **avoid**, **put off** 등은 주로 동명사만을 빈어로 취한다.

He / **decided** *to leave* school.

그는 학교를 떠나기로 결정했다.

↛ He / decided leaving school.

He / **gave up** *drinking* for a certain reason.

그는 느끼는 바 있어 술을 끊었다.

↛ He / gave up to drink for a certain reason.

일부 동사는 부정사와 동명사를 모두 취할지라도 뉘앙스의 차이가 있는 점에 주의해야 한다. 부정사와 동명사는 각각 '미래 대 과거', '구체 대 일반'의 성질을 갖는다.

I / *like* (**for**) **you to sing** a song.　　난 네가 노래 한 곡 했으면 한다.

I / *like your singing*.　　난 네가 노래하는 걸 좋아한다.

She / *tries* **to write** a book.　　그녀는 책을 쓰기 위해 노력한다.

She / *tries* **writing** a book.　　그녀는 시험 삼아 책을 쓴다.

remember와 **forget**, **regret**, **report**, **recall**, **anticipate**, **acknowledge**, **emphasize**, **announce**, **suspect**, **admit** 등의 동사는 부정사와 동명사가 미래 대 과거로 갈린다. 부정사가 오면 미래에 할 일을 뜻하고, 동명사가 오면 과거의 기억을 의미한다고 생각하면 될 것이다.

부정사의 의미상의 주어

부정사가 명사적 용법으로 사용될 때는 동명사처럼 의미상의 주어가 존재한다. 물론 문장의 주어와 동일할 때는 이를 생략한다. 부정사의 의미상 주어는 동명사가 통상 속격을 취하는 것과 달리 대격을 취한다.

　주의할 것은 부정사가 의미상의 주어를 가질 경우 O＝np구조를 이루고 있는 제5형식이 되는 점이다.

He / **allowed** *me to go.*　　　　　　그는 내가 가도록 허락했다.

(= *He allowed so that I might go.*)

He / **hated** *me to go.*　　　　　　　그는 내가 가는 걸 싫어했다.

(= *He hated that I went.*)

첫 번째 예문에서 me와 to go는 각각 술어동사 allow의 빈어로 기능하고 있다. O=np가 아닌 O=oi+o2의 구조를 이루고 있는 셈이다. allow동사는 이른바 '2중대격'을 보유한 4형식에 해당한다. 두 번째 예문에서는 의미상의 주어 me가 to go와 단단히 결합해 하나의 절을 형성한 뒤 술어동사 hate의 빈어가 되어 있다. 이는 O=np 구조를 이루고 있는 전형적인 5형식에 해당한다. to부정사가 O=np 구조에서 p의 기능을 수행한 결과다. **permit**, **believe**, **want**, **prefer**, **expect**, **think**, **proclaim**, **see**, **show** 등이 술어동사로 등장할 때 이런 구문이 나타난다.

We / believe **money** *to be* the root of ills.

우리는 돈이 사악함의 뿌리라고 믿는다.

They / prefer **the nature** *to be* wild.

그들은 자연이 원래대로 있기를 원한다.

We / see **them** *to be* right in themselves.

우리는 그 자체가 옳다고 생각한다.

The survey / shows **him** *to be* wrong.

조사결과 그가 틀렸다는 게 드러났다.

위 예문은 부정사의 의미상 주어가 전치사 for의 빈어로 나타나는 구문과 별반 차이가 없다. 그러나 자세히 분석하면 약간 차이가 난다. 다음 예문을 보면 이를 대략 확인할 수 있다.

It / is bad **for** our health to smoke.

흡연은 우리의 건강에 나쁘다.

I / waited **for** him to say something.

나는 그가 뭔가 말할 때까지 기다렸다.

첫 번째 예문의 'for-'는 모습만 의미상의 주어처럼 나타나 있을 뿐 to부정사와 결합돼 있는 게 아닌 까닭에 분리가 가능하다. 그러나 두 번째 예문은 'for-'가 to부정사의 의미상 주어가 되어 있을 뿐만 아니라 술어동사와 단단히 결속돼 있는 까닭에 분리가 불가능하다. 여기서 'for-'와 to부정사를 분리할 수 있는 경우와 그럴 수 없는 경우를 살펴보자.

(분리가능)

It / is fatal **for him** *to underestimate* her.

그녀를 과소평가한 것은 그에게 치명적이다.

It / was a great honor **for me** *to go* there.

그곳에 가는 것은 우리에게 큰 영예이다.

(분리불가능)

The stars / are too hot **for us to exist** *on them*.

별들은 우리가 살기에 너무 뜨겁다.

The first of May / is too early **for me to work**.

5월 1일은 내가 일을 하기에 너무 이르다.

전치사 for에 이끌리는 의미상의 주어를 지닌 to부정사는 for가 없는 to부정사 용법과 하등 다를 바가 없다. 일반 명사와 마찬가지로 문장 안에서 주어와 보어, 빈어로 두루 사용될 수 있는 이유다. 구문이 길 경우는 it를 앞세우기도 한다. 다음 예문을 보자.

(주어)

For you to stop here / is a breach of the contract.
네가 이곳에 머무는 것은 계약 위반이다.
It / is uncommon **for him to come home early**.
그가 집에 일찍 오는 것은 드문 일이다.

(보어)

What is most important / is **for him to marry her**.
중대사는 그가 그녀와 결혼하는 것이다.
The best way / is **for you to resolve to stay**.
최상은 당신이 잔류를 결정하는 것이다.

(빈어)

He / esteemed it a insult **for her to laugh**.
그는 그녀가 웃는 걸 모욕으로 여겼다.
〔And to say truth, Verona brags **of him to be** virtuous and well-govern'd youth.〕
〔그런데 정말 베로나는 그를 자랑했는데, 그가 단정하고 점잖은 청년이라고.〕

마지막 예문은 셰익스피어의 『로미오와 줄리엣』에 나오는 한 대목이다. brag가 of를 취하는 동사이므로 for 대신 of를 취한 것이다.

학자들은 2중대격으로 기능하는 to부정사를 '보어적부가어'(補語的 附加語, complementary adjunct)로 칭하고 있다. 보어적부가어는 2 중대격을 취하는 **teach**를 비롯해 **ask**, **nudge**, **charge**, **bid**, **oblige**, **challenge**, **write**, **order**, **allow** 등의 술어동사가 나올 때 등장한다.

I / will teach **you to insult** an honest girl!

순박한 여인을 모욕하면 혼내주겠다!

He / nudged **me to say** something.

그는 한마디 하라고 내 옆구리를 찔렀다.

A injury / obliged **him to give up** work.

부상으로 그는 부득이 일을 그만두었다.

분열부정사

to부정사 용법 중 반드시 기억해두어야 할 것으로 이른바 '분열부정 사'(分裂不定詞, split infinitive)를 들 수 있다. 이는 to부정사의 to와 뒤따르는 동사의 어간 사이에 부사를 삽입시킨 것을 말한다. 원래 to부 정사를 수식할 경우 not to-와 only to- 등과 같이 부사를 to부정사 바 로 앞에 갖다놓도록 되어 있다. 그러나 경우에 따라서는 부사를 to부정 사 바로 앞에 갖다놓을 경우 뜻이 애매해지는 경우가 생기게 된다.

He / failed **entirely** to comprehend it.

그는 그것을 이해하는 데 완전히 실패했다.   (○)

He / failed to **entirely** comprehend it.

그는 그것을 완전히 이해하는 데 실패했다.   (○)

He / failed to comprehend it **entirely**.

그는 그것을 이해하는 데 실패했다, 완전히.　(?)

위 예문을 통해 분열부정사는 뜻을 명료히 하기 위한 고육책의 일환으로 나온 것임을 알 수 있다. 영어에서 분열부정사 구문은 심심치 않게 볼 수 있다.

I / wish the reader to **clearly** *understand* it.

독자가 그걸 명확히 이해하기 바란다.

You / don't mean to **seriously** *suggest* that.

진심으로 그걸 제의하는 건 아니겠지.

문장을 간명하게 만들기 위해 to부정사의 일부를 생략하는 경우도 있다. and와 or 등에 의해 to부정사가 겹쳐 나올 경우 뒤에 나오는 to부정사의 to를 생략하는 경우가 그렇다. 같은 동사가 앞뒤로 두 번 나올 때 뜻에 혼동이 일어나지 않는 한 to만 붙이는 경우도 있다.

You / had better do it at once; you will have **to**.

빨리 하는 게 좋겠소, 어차피 해야 하니까.

I / meant to destroy it, but I was afraid **to**.

그걸 없애고자 했으나 그러기가 두려웠다.

〔**To be**, or **not to be**; that is the question.〕

〔사느냐 죽느냐, 그게 문제로다.〕

마지막 예문은 인구에 회자하는 셰익스피어 『햄릿』 3막 1장에 나오는 햄릿의 독백이다. 결단을 내리지 못하는 햄릿의 심경이 to be와 not to be의 대비를 통해 선명히 드러나고 있다. 여기서 생략법을 써 to be or not으로 할 경우 절묘한 대비의 맛이 사라지는 것은 말할 것도 없다.

　to부정사 용법 중에서 매우 광범위하게 사용되는 것으로 의문대명사 또는 의문부사와 결합해 절의 구실을 하는 경우가 있다. 다음 예문을 보자.

> We / couldn't tell **what to make of**.
> 어찌 해석해야 좋을지 알 수 없었다.
> He / is at his wit's end **what to do**.
> 그는 어찌할 바를 몰랐다.
> 〔The King Knows at **what time to promise**, **when to pay**.〕
> 〔왕이란 언제 약속하고 지불할지 알기 마련.〕

　마지막 예문은 셰익스피어의 『헨리 4세』에 나오는 한 대목으로 여기의 what은 의문형용사로 사용된 것이다. 이들 예문에 나오는 to부정사의 의미상 주어는 문장 안에 숨어 있는 까닭에 문맥을 살펴 찾아내는 수밖에 없다.

　to부정사는 언술하는 사람의 감정을 투사해 놀라움, 분노, 불쾌감, 슬픔, 소망, 동경 등을 나타내기도 한다. 이는 일종의 감탄문에 해당한다. 다음 예문이 그 증거다.

> Oh, **to be** in England, Now that April's there!
> 아, 영국에 있다면, 지금 4월인데!
> 〔My own flesh and blood **to rebel**!〕
> 〔나의 혈육이 날 배반하다니!〕

마지막 예문은 셰익스피어의 『베니스의 상인』에 나오는 한 대목이다. to부정사 용법에 의해 딸 제시카에게 배신을 당한 샤일록의 어처구니 없는 심경이 절묘하게 표현돼 있다.

이를 통해 알 수 있듯이 명동사의 일원으로 동원되는 영어의 to부정 사는 동명사와 더불어 중요한 문법적 구실을 수행하고 있다. 영어에서 술어동사의 종류에 따라 동명사와 부정사를 구분해 사용하는 것은 to부정사만이 지니고 있는 독특한 뉘앙스를 보존코자 하는 노력의 일환 으로 볼 수 있다. 우리말에서는 to부정사와 동명사 모두 일괄적으로 '-하는 것'으로 해석되는 까닭에 그런 뉘앙스의 차이를 알아내기가 무척 어렵다.

10 형동사: 영어에는 왜 형동사가 있을까

형동사로서의 분사

'형동사'(形動詞)는 말 그대로 형용사의 역할을 수행하는 동사를 말한다. 영어에서 형동사의 기능을 하는 것은 크게 분사와 부정사 두 가지다. 그중에서도 영어에 나타나는 형동사의 진면목은 분사에서 찾을 수 있다. 분사는 동명사가 동사와 명사의 기능을 동시에 수행하는 것과 마찬가지로 형용사와 동사의 역할을 동시에 수행하고 있다. 분사는 우리말의 '-하는' '-할' '-했던' 등과 마찬가지로 시제와 태가 존재한다.

인도유럽어의 조어인 범어의 분사는 크게 현재분사와 과거수동분사, 과거능동분사, 미래능동분사, 미래수동분사, 완료분사 등으로 나눌 수 있다. 현재분사는 술어동사와 동시에 행해지는 것을 나타냈다. 과거분사는 타동사에서 만들어진 수동형과 자동사에서 만들어진 능동형으로 나뉘었다.

미래분사 역시 능동형과 수동형으로 나뉘었다. 우리말의 '-해야 할'은 능동, '-되어져야 할'은 수동형에 속한다. 다동사에서 만들어지는 수동형은 내용상 '당위'와 '의무'를 나타내는 끼닭에 딩위분사(當爲分

詞) 또는 의무분사(義務分詞)로 불린다. 완료분사는 어떤 사실이 종료
되었음을 뜻했다.

이밖에도 범어에는 절대분사(絕對分詞)가 존재했다. 이는 같은 행위
자가 행한 두 개 이상의 행위 중 선행하는 행위를 지칭한 것으로 우리
말의 '-한 후' 또는 '-하고 나서'에 해당한다. 영어의 분사구문은 절대
분사의 유산으로 볼 수 있다. 희랍어와 라틴어의 분사도 미래분사에 능
동과 수동이 존재하는 등 그 성격과 기능 면에서 범어와 같다. 현재 영
어에는 크게 현재분사, 과거분사, 완료분사 등 3가지 종류의 분사만 남
아 있다.

	능동형	수동형
현재형	writing	being written
과거형	φ	written
완료형	having written	having been written

영어의 분사에는 미래형이 존재하지 않는다. 그러나 뿌리를 같이 하
는 독어에는 미래분사가 존재한다. 독어는 영어의 전치사 to에 해당하
는 전치사 zu 뒤에 타동사의 현재분사 어미에 '-d'를 덧붙이는 방식으
로 미래분사를 만들어 활용하고 있다. 우리말의 '-될 수 있는' '-될 만
한'의 의미를 지니고 있다. 다음 예문을 보자.

Das / ist eine leicht **zu lösende** Frage.

그건 쉽게 풀 수 있는 문제다.

(*This / is a question **to be solved** easily*.)

Ich / habe einige **zu schreibenden** Briefe.

난 써야 할 서신이 좀 있다.

(*I / have few letters **to write***.)

위 예문을 통해 영어에서는 부정사가 미래분사의 역할을 대신하고 있음을 알 수 있다. 사실 굴절어미를 거의 상실한 영어의 입장에서는 굳이 미래분사를 두어야 할 이유가 없다.

현재 영어에서 가장 널리 쓰이는 분사형태는 현재분사와 과거분사다. 현재분사와 과거분사에서 말하는 '현재'와 '과거'는 단독으로 일정한 시간관계를 나타낸 게 아니라 술어동사가 제시하는 시간관계 속의 상대적인 시간개념이라는 점을 잊어서는 안 된다. 이로 인한 혼란을 막기 위해 예스페르센은 현재분사와 과거분사를 '제1분사'와 '제2분사'로 부를 것을 주장했으나 별다른 호응을 얻지 못하고 있다.

영어에서 분사와 동명사가 외형상 뚜렷이 구별되는 것은 과거수동형밖에 없다. 과거수동형은 예외 없이 과거분사로 표시된다. 동명사를 살펴볼 때 이미 검토한 바와 같이 현재분사는 외형상 동명사와 구분이 되지 않는 까닭에 문맥 전후관계를 살펴 분사인지 동명사인지 여부를 식별할 수밖에 없다.

I / have no objection to **a rogue being hung**.

악한을 사형하는 것에 반대하지 않는다.

I / caught a glimpse of **you looking** on again.

나는 몇 번이고 들여다보는 당신을 봤다.

I / saw **a man walking** like a vampire.

나는 흡혈귀처럼 걷는 한 남자를 봤다.

문장구조상 첫 번째 예문은 동명사, 두 번째 예문은 현재분사다. 세 번째 예문 역시 현재분사이나 그 해석은 두 가지다. walking 이하의 어구를 a man을 꾸며주는 수식어로 간주할 수도 있고, 5형식의 O=np 구조로 파악해 '나는 한 남자가 흡혈귀처럼 걷고 있는 걸 봤다'로 풀이할 수도 있다. 문맥을 좇아 해석하는 수밖에 없다.

형동사의 대표 격에 해당하는 분사는 형용사가 그런 것처럼 be동사와 결합해 술어로 기능한다. 분사에서 형용사 색채가 가장 두드러지게 나타나는 대목이다.

He / was positively **insulting** to her.
그는 그녀에게 매우 모욕적이었다.
He / may be more gentle **spoken** than you.
그는 당신보다 말을 부드럽게 할지 모른다.

분사는 형용사의 기능을 대신하는 까닭에 수식하는 명사 앞에 오는 것이 원칙이나 동사의 성격이 강하게 드러날 경우 명사 뒤에 위치하는 경우가 종종 있다. 이를 현재분사의 '후치'(後置, post-position)라고 한다. 일부 형용사가 수식하는 명사 뒤에 오는 것과 같은 이치다. 해당 예문이다.

Anyone *bearing it* / gets a feeling of power.
그걸 듣는 사람은 누구나 강한 힘을 느낀다.
Someone *whistling in the street* / disturbed me.
거리의 휘파람 소리가 내 귀에 거슬렸다.

분사의 형용사 역할이 가장 두드러지게 나타나는 경우는 분사가 명사를 수식할 때다. 여기서 주의할 것은 현재분사는 -ing형을 취하는 까닭에 언제나 능동의 뜻을 지니고 있으나 과거분사의 경우는 상황에 따라 능동 또는 수동의 뜻을 나타내고 있는 점이다. 대개 자동사의 과거 분사는 능동, 타동사의 과거분사는 수동의 뜻을 나타낸다. 먼저 능동의 뜻을 지니는 경우부터 살펴보자.

현재분사형

East / has a ***centralizing*** *tendency* than West.

동양이 서양보다 중앙화 경향이 강하다.

He / was deluded by an ***ear-catching*** *word*.

그는 귀가 솔깃한 말에 혹했다.

과거분사형

The ***abdicated*** *monarch* / is often miserable.

물러난 군주는 통상 측은하다.

The ***risen*** *sun* / is bound to sink down.

떠오른 태양은 이내 지게 마련이다.

위 예문을 통해 알 수 있듯이 자동사의 경우는 현재분사는 말할 것도 없고 과거분사 형태를 취할지라도 능동의 뜻을 지니고 있음을 쉽게 알 수 있다. 이에 반해 타동사의 과거분사는 거의 예외 없이 수동의 뜻을 지니고 있다.

The ***despised*** *scoundrel* / has no place to go.

멸시받는 악당은 갈 곳이 없다.

The ***hoped-for*** *improvement* / never came.

기대되던 진보는 결코 오지 않았다

그러나 타동사의 과거분사일지라도 드물게 능동의 뜻을 지닌 경우가 있다. 이는 문맥에 따른 것이다.

The ***well-guarded*** *information* / is withheld.

보안이 철저한 정보는 공표되지 않는다.

We / stopped for a ***well-earned*** *rest*.

우리는 당연히 누릴 휴식을 위해 일을 멈췄다.

첫 번째 예문은 분사가 수동의 뜻을 지니고 있으나 두 번째 예문은 '충분히 받을 만한 자격이 있다'는 능동의 뜻을 지니고 있다. '자업자득'의 뜻인 'a well-earned punishment'의 경우는 우리말에서 피동의 뜻이나 영어에서는 능동의 뜻이다.

현재분사는 동명사와 그 형태가 같은 까닭에 5형식에서 동명사의 의미상의 주어가 대격을 취할 경우 이를 구별하기가 쉽지 않다. 다음 예문을 보자.

I / spent the whole day ***drinking***.

나는 술을 마시며 하루를 소비했다.

I / heard the whole people ***singing***.

나는 전원이 노래하는 걸 들었다.

첫 번째 예문은 분사가 술어 전체를 모두 수식하는 이른바 '술어부가어'로 사용된 경우다. 이에 반해 둘째 예문은 분사가 O=np의 p 역할을 하는 경우다. 문형 5형식에서 말하는 제5형식의 전형에 해당한다.

이처럼 분사가 O=np의 p역할을 떠맡는 대표적인 술어동사로 **see, feel, perceive, find, look at, watch, hear, remember,**

imagine, understand 등의 지각동사(知覺動詞)를 들 수 있다.

> I / **remember** *him saying* that it was ticklish.
> 난 그가 낯간지러운 일이라고 말한 걸 기억한다.
> He / **looked at** *her lurching* on her high heels.
> 그는 그녀가 하이힐 신고 비틀거리는 걸 봤다.

have 등의 사역동사는 통상 원형부정사를 취하나 분사를 취하는 경우도 매우 많다. 과거분사를 취할 경우 피동의 뜻이 된다.

> I / won't have *you **saying*** things like that.
> 당신이 그리 말하도록 놓아두지 않겠다.
> I / have had *my bag **lifted*** by a thief.
> 나는 도둑에게 가방을 들치기 당했다.

wish, hope, expect, long for 등의 원망동사 중에서 want 동사는 특이하게도 분사를 취할 수 있다. 다음 예문이 그 증거다.

> I / don't **want** *him* **making** any more enquires.
> 난 그가 더 이상 수소문하지 않길 바란다.
> = I / **wish** (that) *he* wouldn't **make** any more enquires.
> = I / **expect** (that) *he* will not **make** any more enquires.
> = I / **hope** (that) *he* does not **make** any more enquires.
> = I / **long for** *him* not to **make** any more enquires.

형동사로서의 부정사

to부정사는 앞서 살펴본 바와 같이 동명사와 함께 명사의 역할을 수행하는가 하면 분사와 더불어 형동사의 역할까지 수행한다. 이는 to부정사가 분사와 더불어 형동사의 한 축을 맡고 있는 데 따른 당연한 결과다. 통상 이를 to부정사의 '형용사적 용법'이라고 한다.

Now / is the time **to rise** *from the darkness*.
이젠 어둠을 떨치고 일어날 때이다.
I / saw anything **to beat** *it*.
그걸 당해낼 만한 걸 본 적이 없다.

to부정사가 명사를 수식할 때 수동의 뜻을 지닌 경우가 있다. 영어에는 이런 구문이 매우 많다. 수식을 받는 명사가 사람이 아닌 사물일 때 이런 현상이 생긴다. 해당 예문이다.

Much / has been given men **to enjoy**.
인간은 즐기라고 받은 게 많다.
War / isn't anything **to admire** in itself.
전쟁은 그 자체로 칭송받을 게 아니다.
〔But, with an angry waftuer of your hand, Gave sign *for me* **to leave** you.〕
〔그러나 거칠게 손짓을 하여, 내가 당신 곁을 떠나라는 신호를 보내네.〕

마지막 예문은 셰익스피어의 『율리우스 카이사르』에 나오는 대목이다. 위 예문은 모두 to부정사가 의미상의 주어를 가진 경우와 그렇지 않은 경우를 막론하고 명사를 꾸며주는 형용사의 역할을 한 경우다. 형동사에서 부정사가 분사 못지않게 중요한 역할을 수행하고 있음을 보여주는 사례다. 그러나 부정사의 형동사 기능은 앞에 나오는 명사를 수식하는 한정적인 용법에 그치고 있어 명동사 역할에 비해 상대적으로 매우 제한적이라고 할 수 있다.

11 부동사: 영어에는 왜 부동사가 있을까

동사와 부사

원래 부사는 동사를 꾸미는 게 기본 역할이다. 부사가 많을수록 동사
의 뜻이 명확해진다. 중국어처럼 동사가 전혀 활용을 하지 않는 경우는
부사에 의존하는 경향이 더욱 커질 수밖에 없다. 이는 고립어 양상을
보이고 있는 영어에 그대로 적용된다.

그러나 부사는 동사 이외에 형용사와 부사를 수식할 때도 사용된다.
이는 부사가 스스로 독립적인 품사의 역할을 하지 못하고 일종의 기능
어로 작용한 결과다. 학자들은 이처럼 동사와 형용사, 부사 등을 수식
하는 종속어(從屬語, subjunct)로 기능하는 부사를 이른바 '단순부사'
(單純副詞)라고 한다. 단순부사는 형용사를 수식할 때 형용사 앞에 오
는 게 원칙이다. 그러나 enough 또는 within, without 등이 부사로 쓰
일 때는 형용사 뒤에 온다. 해당 예문이다.

His artwork / is not *good* **enough** to sell.
ㄱ의 미술작품은 판 수준은 못 된다.
Each cell / was quite *bare* **within**.

감방은 안에 아무것도 없는 상태였다.

The temple / was quite *desolate* **without**.

그 절은 밖에 인적이 끊긴 적막 상태였다.

부사는 경우에 따라 문장 전체를 수식하기도 한다. 이를 '문장수식부사'(文章修飾副詞, sentence modifying adverb)라고 한다. 다음 문장들이 그 예다.

Ultimately, a poor diet / will lead to illness.

결국 부실한 식사는 질병을 낳는다.

True enough, he / don't rebel.

정말이지 그는 반란과 무관하다.

현대영어는 품사의 기능전환이 빈번한 까닭에 수식기능 이외에도 다양한 기능을 수행한다. He is away 또는 She is well 등과 같이 보어기능을 수행키도 한다. 때로 부사는 명사, 형용사, 동사, 접속사 등으로 쓰이기도 한다.

I / have had **ups** and **downs** in my life.

난 인생에서 부침을 경험했다.

We / **neared** the top of the hill.

우린 정상 가까이 다가갔다.

She smiled, **so** I / knew she was kidding.

난 그녀의 미소로 농담임을 알아챘다.

부사가 문장수식부사로 쓰일 경우 통상 문두에 위치한다. 문장수식부사가 아닐지라도 특별히 부사를 강조코자 할 경우 문두에 올 수도 있다. 이 경우 통상 도치(倒置)가 이뤄진다.

Then *is doomsday* near.   그래서 파멸의 날이 가까워온다.

Well *might* we be glad.   우린 응당 기뻐해야 할 것이다.

정반대로 부사가 문미에 올 때는 '부가적인 생각'을 드러낸다. 문중에 올 때 부사의 위치는 주어와 동사, 본동사와 조동사, 본동사와 목적어 사이 등 크게 3가지가 있다. 부사가 주어와 동사 사이에 오는 경우의 예문이다.

He / **rather** *shrieked* than said.

그는 말 한다기보다 고함을 질렀다.

He / **never** *breathed* a word to me.

그는 내게 일언반구도 하지 않았다.

본동사가 조동사와 결합해 동사구를 이룰 때 부사는 통상 본동사와 조동사 사이에 온다. 이는 문장의 핵심에 해당하는 본동사 곁에 부사를 두고자 하는 심리에서 비롯된 것이다. 그러나 본동사와 조동사를 하나의 덩어리로 보거나 조동사를 강조하는 경우는 부사를 동사구 앞에 두기도 한다. 부사는 통상 동사와 빈어 사이에 오나 동사 앞에 오는 수도 있다.

Plan / *must* ***first*** *be made* in the mind.

계획은 먼저 머릿속에서 시두돼야 한다.

I / am not a favorite child. I **never** *have been*.

난 귀염 받을 애도 아니고 그런 적도 없다.

부사가 문미 또는 문중에 삽입구의 형식으로 들어갈 때는 문득 생각이 나 덧붙인 이른바 '가상'(加想, afterthought)을 드러낸다. 해당 예문이다.

What, **then**, can be expected from the future?
그럼 대체 미래에 무엇을 기대할 수 있는가?
Love of man / is a rare phenomenon **too**.
인간애조차 보기 드문 현상이 되고 있다.

가상은 언설하는 사람의 추가적인 생각을 나타내는 까닭에 이를 사용하지 않을 경우와 비교할 때 적잖은 뉘앙스의 차이를 보인다. 영어에서 통상 동사를 수식하는 부사가 잇달아 나올 때 장소, 양태, 시간의 순서로 나열하는 것이 보통이다.

He / came **here *very tired*** *yesterday*.
그는 어제 지친 모습으로 이곳에 왔다.
My husband / came **home *blotto*** *again*.
남편은 또 고주망태가 되어 귀가했다.

전치사 중 in, on, up, after 등은 부사로도 쓰인다. 문장 안 위치에 따라 전치사 또는 부사인지를 확인할 수 있다. 해당 예문이다.

The pain / abated **after** 2 days.
이틀 후 통증이 가셨다.

She / arrived 2 days **after**.

그녀는 이틀이 지난 후 도착했다.

Notwithstanding the problem, I won.

그 문제에도 불구하고 난 이겼다.

Notwithstanding, the problem is acute.

그렇더라도 그 문제는 급박하다.

부동사로서의 부정사

부동사(副動詞)는 말 그대로 부사의 역할을 하는 동사를 말한다. 영어에서는 부정사와 분사가 부동사의 역할을 수행한다. 부정사 중 부동사의 역할을 수행하는 것은 to부정사뿐이다. 일부 형용사와 결합해 부사적으로 쓰이는 게 대표적인 경우다. 이때는 사람의 감정, 일정한 이유, 상황 등을 나타낸다. 그 뜻은 전후 문맥에 따라 파악해야만 한다.

They / were **desirous** to erect a republic.

그들은 공화국 수립을 열망했다.

Loneliness / is **hard** to bear.

외로움은 버티기 힘든 법이다.

〔Alack, what heinous sin it is in me, To be **asham'd** to be my father's child!〕

〔아, 얼마나 흉측한 일인가, 아버지 자식임을 부끄러워하다니!〕

마지막 예문은 셰익스피어의 『베니스의 상인』에 나오는 한 대목이다. 이 예문에서는 to부정사가 과거분사 ashamed와 결합해 화자의 심경을 가감 없이 전하는 역할을 하고 있다. to부정사의 부동사 역할이 선명히 드러나는 대목이다. 여기서 주의할 점은 이들 to부정사와 단단히 결합해 있는 형용사를 명사형으로 변환시킬지라도 그 뜻에는 별반 차이가 없다는 점이다.

> One / should be very ***brutal* not to feel** for the disaster.
> 재난을 동정치 않는 건 잔인하다.
> (= *One / should be a brute not to feel for the disaster.*)

to부정사가 술어동사와 직접 연결돼 부사적 용법으로 사용될 경우 그 내용은 크게 목적, 결과, 원인 등 3가지로 나눌 수 있다. 이는 to부정사의 부사적 용법이 화자의 심리상태를 반영한 결과다. 목적, 결과, 원인의 경우를 차례로 예시하면 다음과 같다.

(목적)

I / come **to bury** Caesar, not **to praise** him.
난 카이사르를 묻으러 왔지 기리려고 온 게 아니다.
Women / are made **to be loved**.
여인은 사랑 받기 위해 태어나는 법이다.

(결과)

I / opened my eyes **to find** that she left.
눈을 떠보니 그녀는 떠난 뒤였다.
He / had lost money and stood **to lose** more.
그는 돈을 잃고도 더 많이 잃을 참이었다.

You / have been cruel to me **to go** away.

내 곁을 떠나다니 넌 내게 잔인했다.

She / would be a fool **to accept** it.

그걸 수용하면 그녀는 바보일 것이다.

to부정사의 부사적 용법으로 문두와 문중, 문미에 끼어들어가 문장의 일부 또는 전부를 수식하는 경우를 들 수 있다. 이를 '분리부가어'(分離附加語, free adjunct)라고 한다. 언술하는 사람이 문득 생각이 나 끼워 넣은 모습을 하고 있는 까닭에 일부에서는 '화자삽입구'(話者挿入句, speaker's parenthesis)라 부르기도 한다.

To give him his due, he / is clever fellow.

공평히 말해 그는 현명한 친구다.

There was, **to speak strictly**, no English history.

엄밀히 말해 영국 역사는 없었다.

to부정사가 의미상의 주어를 동반해 부사적 기능을 수행하는 경우도 있다. 이는 분리부가어로 사용된 위의 to부정사 구문이 확장된 경우로 볼 수 있다. 영문법 학자들은 이를 통상 '절대주격구문'(絶對主格構文, absolute nominative construction)으로 부르고 있다.

여기의 '절대'는 구문의 통상적인 기본구조를 갖추지 못했다는 뜻을 담고 있다. 그러나 사실 이는 과장된 표현이다. 서구의 학자들이 민주정과 반대되는 통치체제를 절대왕정으로 표현하며 적개심을 드러내는 것과 유사하다. 이분법적 사고의 유물이 아닐 수 없다.

절대주격구문에서는 주절 안에 있는 주어와 to부정사의 의미상 주어가 다를 수밖에 없다. 동일한 취지에서 to부정사 앞의 주어를 이른바 '절대주격'이라고 부른다. 주절의 주어와 to부정사의 의미상 주어가 동일할 때는 이를 생략한다. 이 경우 분리부가어로 사용된 to부정사 구문과 같게 된다.

〔As I had directed in my will, **one half** of the produce being to himself, and **the other to be ship'd** to England.

We divided it; **he to speak** to the Spaniards, and I to the English.〕

(내가 유서에서 지시한 대로 생산품의 절반은 그가 갖고, 나머지는 영국으로 수송하게 되어 있었다.

우리는 일을 분담해, 그는 스페인인에게, 나는 영국인에게 말하기로 했다.)

위 예문은 다니엘 디포의 『로빈슨 크루소』에 나오는 대목이다. 'one half-' 구절은 분사구문에 의한 절대주격구문이다. 'the other-' 구절은 to부정사에 유도된 절대주격구문에 해당한다. 'he to speak-'와 'I to-' 구절도 마찬가지다. 'I to-' 구절은 말할 것도 없이 절대주격구문인 'I to speak to the English'를 더욱 짧게 줄인 것이다. 어느 나라 어문이나 문장은 간략할수록 좋은 법이다.

부동사로서의 분사

분사는 부정사와 마찬가지로 형동사로 사용될 뿐만 아니라 부동사로도 사용된다. 이를 분사의 '부사적 기능'이라고 한다. 부사적 술어부가어(predict adjunct)가 되어 부사적인 힘을 발휘함으로써 술어동사를 직접 수식하거나 술어동사와 목적어를 한꺼번에 수식키도 한다.

He / set her **drinking**.

그가 그녀에게 술을 마시게 했다.

(= *He / set her **to** drinking*.)

He / spent the whole day **drinking**.

그는 술을 마시며 하루를 보냈다.

(= *He / spent the whole day **in** drinking*.)

위 예문은 분사가 술어동사와 목적어를 동시에 수식하고 있는 경우다. 여기서 분사는 전치사를 개입시켜 동명사로 전환시킬 수 있다. 이는 분사가 동명사의 성격을 동시에 지니고 있음을 보여준다. 일부 학자는 위 예문처럼 분사가 술어동사와 목적어를 동시에 수식하고 있는 것을 두고 아예 전치사가 생략된 것으로 간주한다. 일리 있는 분석이다.

분사는 부사적인 힘을 가지는 술어부가어로 사용되는 경우와 그렇지 않고 술어동사와 목적어를 다 함께 수식하는 경우가 있다.

The cold / had not sent love **flying**.

추위도 사랑을 무산시킬 수는 없었다.

I / am wasting my breath **talking**.

나는 말을 하느라 숨이 찰 지경이다.

He / broke his neck out **hunting**.

그는 사냥을 하다 목을 다쳤다.

분사구문(分詞構文, participial construction)은 분사의 부동사 역할이 가장 뚜렷하게 드러나는 경우다. 의미상 주어를 동반한 to부정사역시 분사구문과 유사한 절대주격구문을 형성한다. 분사구문이 가장 큰 특징은 분사절(分詞節, particle clause)을 형성해 주절의 일부 또는 전체를 수식하는 데 있다. 그 유형은 크게 3가지다.

첫째 분사절 안에 등장하는 분사의 의미상의 주어와 주절의 주어가 동일한 경우다. 통상 분사의 의미상 주어가 무엇인지 알 수 있으므로 분사의 의미상 주어를 생략한다.

둘째 분사의 의미상 주어와 주절의 주어가 다른 경우다. 이때는 오해를 막기 위해 분사의 의미상 주어를 반드시 드러내야만 한다. 이를 절대주격구문이라고 한다. 여기의 '절대'는 문법상 주어를 가질 수 없는 분사가 의미상 주어를 갖게 되었음을 표시한 것으로 '편의상' '특별한'의 의미를 지니고 있다.

셋째 분사절 안에 등장하는 분사의 의미상의 주어를 구체적으로 파악하기 어려운 경우다. 특정한 인물을 지칭하지 않고 광범위한 언급을 할 때 등장한다. 분사구문을 분석할 때 이상 3가지 중 어디에 속하는지를 먼저 파악할 필요가 있다.

분사구문 중 가장 많이 등장하는 첫 번째 경우 분사절 안에 분사가 등장하는 경우가 있는가 하면, 분사 또는 분사절의 일부가 생략되는 경우가 있다. 첫 번째 경우의 분사구문이 생략구문(省略構文, elliptical construction)으로 자주 등장하는 이유다. 다음 예문을 보자.

Concealing myself, I / began to watch the hut.
난 은신한 채 오두막집을 살피기 시작했다.
I / went there, **looking** and **feeling** a fool.
난 바보 같은 모습과 느낌으로 그곳에 갔다.
〔Now **alone**, and **out of** sight of land, he / was fast to the biggest fish.〕
〔홀로 육지가 보이지 않는 해상에서, 그는 가장 큰 물고기를 붙잡고 있었다.〕

마지막 예문은 헤밍웨이의 『노인과 바다』에 나오는 대목이다. 이 대목의 alone과 out of는 앞에 'having been'이 생략된 것이다. 헤밍웨이는 이 작품에서 분사구문의 과감한 생략법을 통해 노인이 먼 해상에 홀로 있는 정경을 간명하면서도 핍진하게 그려내고 있다.

위 예문을 통해 알 수 있듯이 분사절은 주로 시간, 이유, 조건, 결과, 주변상황 등을 묘사할 때 자주 등장한다. 의미상의 주어를 동반하는 절 대주격구문도 하등 다를 바가 없다.

Men *being what they are*, Good and Evil / exist.

본성은 어쩔 수 없기에 선악이 존재한다.

"Jesus Christ" he whispered, **his body** *writhing*.

그는 몸을 비꼬며 "아이고"하고 속삭였다.

〔**We** *being strangers here*, how dar'st thou trust So great a charge from thine own custody?〕

〔이곳에서 우린 나그네인데, 네가 감히 그런 거금을 누구에게 맡겼단 말 인가?〕

마지막 예문은 셰익스피어의 『실수연발』(*the comedy of errors*)에 나오는 한 대목이다. 절대주격구문 역시 일반 분사구문과 마찬가지로 시간, 이유, 조건, 결과, 주변상황 등을 묘사할 때 자주 사용된다. 분사구문은 그 내용이 광범위한 까닭에 전후문맥을 살펴 정확한 뜻을 파악해야만 한다.

주의할 것은 분사의 의미상의 주어를 구체적으로 파악하기 어려운 이른바 '비관련분사구문'(非關聯分詞構文, unrelated participal construction)의 경우다. 문법적으로 볼 때 이는 원칙적으로 써서는 안 되는 것이다. 일부 학자들이 비관련분사구문을 두고 '비저격분사구문' (非適格分詞構文, wrongly attached participial)으로 부르는 이유다.

그럼에도 상당한 명성을 지닌 작가들도 이런 구문을 사용하고 있다. 구문을 약간 보완하면 그 내용을 알 수 있을 경우 이런 구문도 허용할 수 있다는 게 저간의 흐름이다. 이미 관용적으로 사용되는 비관련분사 구문이 제법 많다는 사실을 감안한 결과로 보인다.

> While **occupied** with reflections, a knock came.
> 내가 생각에 잠겨 있을 때 노크 소리가 들렸다.
> For, once **married**, what could her parents do?
> 왜냐하면, 일단 결혼하면, 부모인들 어쩌겠소?

분사에는 전치사로 간주되는 것도 있다. 이는 원래 분사구문으로 존재하던 것이 점차 동사의 기능을 상실해 전치사로 굳어진 경우다.

> **Barring** accidents, we / should arrive on time.
> 사고만 없다면 시간에 맞춰 도착할 것이다.
> **Considering** his age, your conduct / is scandalous.
> 그의 나이에 비춰 네 행동이 잘못되었다.

분사구문에는 이밖에도 여러 유형의 '생략분사구문'(省略分詞構文, elliptical participial construction)이 있다. being과 having been 등이 생략된 게 가장 많다.

> **Hurt** by his ingratitude, she gave him the gate.
> 그녀는 배신으로 상처 입자 그와 절교했다.
> The kiss **at end**, they each / drew a deep breath.
> 그들은 키스 후 각자 길게 숨을 들이켰다.

〔I / waited, every nerve **upon the stretch**.〕

〔난 모든 신경을 곤두세운 채 기다렸다.〕

　마지막 구문은 스티븐슨의 『보물섬』에 나오는 대목으로 여기의 분사
구문은 '바싹 긴장하다'라는 뜻의 'stretch every nerve'를 뒤집어 표
현한 것이다. 이를 통상적인 분사구문으로 만들 경우 문장의 간결미와
긴장미가 떨어지는 것은 말할 것도 없다.

　최근 영어에서는 뜻을 이해하는 데 지장이 없을 경우 불필요한 구절
을 과감히 생략하는 사례가 늘고 있다. 사실 이는 영어의 모든 구문에
서 빚어지고 있는 현상으로 비단 분사구문에 그치는 것만도 아니다. 속
도를 중시하는 경향이 문장에도 그대로 반영되고 있는 셈이다.

제3부

명사는 곡용이다

원래 '곡용'은 '하향'(下向)을 뜻한다. 이는 한 문장 안에 여러 체언이 등장할 경우 문장의 뜻을 명확히 하기 위해 체언의 위계를 질서정연하게 정리한 것이다. 하늘 아래 두 개의 태양이 있을 수 없듯이 한 문장 안에서도 주어가 될 수 있는 자격인 주격은 오직 하나의 체언에게만 부과된다.

12 격변화: 영어는 왜 격변화가 중요할까

격변화의 의미

인도유럽어의 조어에 해당하는 범어는 동태동사를 극도로 중시하며 형용사를 명사의 수식어 또는 술어 대용으로 사용했다. 인도유럽어에서 형용사가 모두 명사처럼 복잡한 곡용(曲用, declension)을 하는 이유가 여기에 있다. 격변화를 뜻하는 곡용의 요체는 다양한 굴절어미를 갖는 이른바 사격(斜格)에 있다. 사격은 모든 명사와 형용사가 주격이 될 수 있는 자질을 갖고 있음에도 문장 안에서 술어동사의 명에 의해 주격을 버리고 소유격, 여격, 목적격 등 다양한 격으로 그 품격을 낮추는 것을 뜻한다.

원래 곡용은 하향(下向)을 뜻한다. 이는 한 문장 안에서 여러 체언이 등장할 경우 문장의 뜻을 명확히 하기 위해 체언의 위계를 질서정연하게 정리한 결과다. 하늘 아래 두 개의 태양이 있을 수 없듯이 한 문장 안에서도 주어가 될 수 있는 자격인 주격은 오직 하나의 체언에만 부여되는 것이다.

주격의 자격을 부여받은 체언은 나머지 체언이 사격을 취하는 섯과 달리 아무런 격변화도 하지 않은 채 술어동사의 도움을 받아 문장 안에서 최고의 위치에 서게 된다. 군신들의 도움을 받아 아무런 거리낌없이 당당한 모습으로 보좌에 앉아 있는 군왕에 비유할 만하다. 이를 '직용' (直用)이라고 한다. 원래의 모습 그대로 주어의 자리를 차지하는 것을 말한다. 힌디어에서 주격을 통상 직격(直格)으로 표현하는 이유다. 힌디어에서 주격 이외의 모든 격을 사격으로 통칭하는 것은 격변화가 극도로 간소화한 결과다.

그러나 힌디어의 조상에 해당하는 범어만 해도 곡용이 복잡하기 짝이 없었다. 인도유럽어는 원래 범어는 말할 것도 없고 희랍어가 통용되던 시절까지만 해도 명사와 형용사에 주격을 포함해 모두 8개의 격이 존재했다. 라틴어도 6개의 격이 존재했다.

현재 영어는 주격과 소유격, 여격, 목적격 등 4개의 격만 남아 있으나 비교언어학의 관점에서 보면 사라진 나머지 4개의 격도 소유격과 여격, 목적격에 흡수된 형태로 잔존하고 있다. 인도유럽어의 가장 큰 특징 중 하나인 격변화를 모르면 영어문장을 제대로 해석할 수 없는 이유가 여기에 있다. 범어에서 시작해 21세기 현대 힌디어에 이르기까지 면면히 이어지고 있는 8개의 격을 일별하면 다음과 같다.

(1) 주격(主格, Nominative): 우리말의 '-은/는, -이/가'에 해당하는 '주인격'(主人格)을 말한다. 초기의 범어에서는 주격 곡용이 이뤄졌으나 이내 사라진 까닭에 현재 힌디어를 제외하고 대부분의 인도유럽어에서 주격의 곡용은 일어나지 않는다. 인도유럽어에서 유일하게 8개의 격을 모두 갖고 있는 힌디어에서는 주격을 '직격', 나머지 7개의 격을 '사격'으로 통칭하고 있다. 격변화를 극소화하고자 한 노력의 결과다. 영어의 주격은 주로 대명사로 나타난다.

It / is **I** who am guilty.　　　　　잘못한 것은 나다.

He / will look like a fool.　　　그는 바보같이 보일 거야.

(2) 속격(屬格, Genitive): 우리말의 '-의'에 해당하는 것으로 영어에서는 -'s와 of - 등으로 표현된다. 학교문법에서는 주로 소유격(所有格)이라 부르고 있다. 특이하게도 불교의 업보(業報) 개념을 중시하는 티베트어에서는 이를 업격(業格)으로 표현키도 한다. 현재 독어에서는 '-의' 뜻 이외에도 '-에도 불구하고', '-때문에', '-대신에' 등의 뜻을 지닌 전치사에 모두 속격을 사용하고 있다. 탈격을 흡수한 러시아어는 더욱 광범위한 범위에서 속격을 사용한다. 전치사 뒤에 나오는 명사의 격을 모두 목적격으로 통일한 영어에서는 속격 전치사를 따로 암기해야 하는 수고를 덜 수 있다.

　　That girl / is **my** pretty offspring.
　　저 소녀는 나의 사랑스런 자식이다.
　　The lion / is the king **of beasts**.
　　사자는 백수의 왕이다.

(3) 대격(對格, accusative): 우리말의 '-을/를'에 해당하는 것으로 통상 학교문법에서는 목적격(目的格)이라 부른다. 영어에서는 전치사 뒤에 오는 명사의 격을 모두 대격으로 통합해놓았다. 이는 대다수의 인도유럽어에서 대격과 주격이 동일한 형태를 취하고 있는 사실과 무관치 않다. 러시아어에서는 특이하게도 살아 움직이는 생물체의 경우는 속격을 취한다. 러시아어에서 속격을 생격(生格)이라 부르는 이유다. 인도유럽어는 움직임을 나타내는 술어동사가 등장할 경우 술어동사에 뒤따르는 전치사 보누 처석이 아닌 내격을 춰한다. 이는 우리말의 방향격(方向格) 소사인 '-(으)로'가 뜻하듯 동사의 움직이는 방향을 명화

히 드러내기 위한 것이다.

The bus / hit **the bridge**.	그 버스가 다리를 들이받았다.
He / went to **his house**.	그는 집으로 갔다.

　(4) 여격(與格, dative): 우리말의 '-에게'와 '-를 위해'에 해당하는 격으로 학교문법에서는 대격인 직접목적격과 구분해 통상 '간접목적격'이라 부른다. 일각에서는 수여동사의 수혜 대상이 통상 여격으로 나타나고 있는 점에 주목해 이른바 '위격'(爲格)이라 칭하기도 한다. 그러나 앞서 2중대격을 취하는 teach동사를 검토할 때 살펴보았듯이 러시아처럼 '가르치다' 술어동사의 수혜대상을 목적격, 그 내용을 여격으로 취하는 경우도 있으므로 위격 용어는 보편성이 떨어진다.

She / teachs **us** English.	그녀는 우리에게 영어를 가르쳐 준다.
He / gave the book **to me**.	그는 나에게 그 책을 주었다.

　(5) 탈격(奪格, ablative): 우리말의 '-로부터/에서'를 뜻하는 전치사 from, of 등의 '종격'(從格)과 '- 때문에, -로 인해'처럼 술어동사의 동작이 나타나게 된 배경을 설명하는 전치사 because of와 from 등의 '원인격'(原因格), '-보다'처럼 견주는 대상과의 비교를 나타내는 전치사 than 등의 '비교격'(比較格)에 사용되는 격을 통칭한 격이다. 희랍어에서는 탈격이 거의 속격과 동일한 격변화를 한다. 희랍어의 영향을 크게 받은 러시아어에 탈격이 없는 대신 속격이 탈격의 역할까지 대행하고 있는 이유다.

He / saved his country **from danger**.

그는 나라를 위기로부터 구해냈다.

She / was glassy-eyed **from shock**.

그녀는 충격 때문에 멍해졌다.

(6) 조격(造格, instrumental): 어떤 행위의 수단이나 도구를 뜻하는 우리말의 '-(으)로, -에 의해'에 해당하는 전치사 of, from, by, with 등의 '도구격'(道具格)이 대표적이다. '-와/과'와 '-끼리'에 해당하는 전치사 with, between, among 등의 '공동격'(共同格)도 여기에 속한다. 일각에서는 도구격과 공동격은 동사의 움직임에 사용된 수단이 사물 또는 사람의 차이밖에 없는 까닭에 모두 하나의 도구에 해당한다고 판단해 이른바 '구격'(具格)으로 통칭키도 한다.

Tires / were made **from natural rubber**.

타이어는 천연고무로 만들어졌다.

She / rinses the peas **with cold water**.

그녀는 찬물로 콩을 헹군다.

(7) 처격(處格, locative): 우리말의 '-에, - 사이에'에 해당하는 전치사 in, at 등의 '위치격'(位置格)과 '-에 있어, -로서는, -로 말하면' 등의 뜻을 지닌 전치사 for, as for 등의 '주소격'(住所格)이 이에 해당한다. 일각에서는 한문에서 '나에게 있어'를 '어아'(於我)로 표시하고 있는 점에 주목해 이른바 '어격'(於格)이라 부르기도 한다. 독어와 러시아어 등에서는 술어동사 움직임이 일정한 방향으로 진행할 경우에는 대격, 움직임이 특정한 위치에 머물 때는 처격을 사용해 술어동사의 뜻을 보다 명확히 하고 있다. of로 표시되는 속격을 제외한 모든 전치사의 격을 내격으로 통일한 영어에서는 이를 **구별할** 필요가 전혀 없음은

말할 것도 없다.

It / is a political suicide **for him**.
그건 그에게 정치적 자살행위다.
As for me, I / am not satisfied.
나로서는 불만이다.

(8) 호격(呼格, vocative): 우리말의 '-야, -여'처럼 인간을 포함한 사물을 특별히 지칭할 때 사용하는 이른바 '칭격'(稱格)으로 현재 대다수의 인도유럽어에서는 주격에 통합되어 존재하지 않는다. 영어에서 Hi 또는 Oh 등의 감탄사 뒤에 나오는 명사는 호격으로 볼 수 있다.

Oh God, help me.   신이여, 저를 구해주소서.
Oh Mom! I really missed you.   엄마야! 너무 보고 싶었어.

인도유럽어는 모두 8개의 격이 있었으나 시간이 지나면서 호격이 주격, 탈격이 속격에 흡수되면서 힌디어를 제외하고는 현재 4~6개의 격만 남아 있다. 그러나 힌디어의 경우도 주격을 제외한 나머지 사격이 사실상 하나로 통합된 것이나 다름없는 까닭에 현재 인도유럽어에서 가장 많은 격을 지니고 있는 언어는 6개의 격을 갖고 있는 러시아어다. 속격이 탈격의 역할까지 겸하고 있는 점을 감안하면 사실상 7개의 격이 살아 있는 것이나 다름없다. 영어와 독어, 불어 등에서 사용되는 4개의 격만 배운 사람들이 러시아어를 처음 접할 때 당혹해하는 것은 바로 이 때문이다.
그런 의미에서 영어는 인도유럽어 중 가장 간략한 격어미를 갖고 있다고 해도 과언이 아니다. 속격은 -'s 또는 of-의 형태로 요약하고, 여격을 전치사의 대격으로 통일하고, 대격은 주격과 같은 형태를 취함으로써 사실상 격변화를 하지 않는 것이나 다름없기 때문이다. 영어에서 격변화를 하는 것은 오직 속격밖에 없는 셈이다. 영어가 고립어의 모습을 띠게 된 가장 큰 이유가 바로 여기에 있다.

영어가 격변화를 최소화한 가운데 전치사로 격변화를 대신한 것은 곧 우리말처럼 격조사로 명사의 모든 격을 표시하는 교착어로 진화하고 있음을 암시한다. 후치사(後置詞)에 해당하는 우리말의 격조사는 기능면에서 속격을 제외한 모든 격을 목적격으로 통일시킨 영어의 전치사와 하등 다를 바가 없다.

한국어와 일본어 등 교착어에 두루 나타나고 있는 격조사의 가장 큰 특징은 명사가 복잡한 곡용을 하지 않고도 다양한 격을 나타낼 수 있는 데 있다. 이는 마치 모든 스마트폰에 두루 사용할 수 있는 애플리케이션에 비유할 수 있다. 영어의 전치사가 이처럼 진화하고 있다.

그러나 영어는 아직 격변화에서 완전히 자유롭지는 못하다. 우리말은 '너 학교 가니?'처럼 주격조사와 처격조사를 생략해도 아무 문제가 없으나 영어의 경우는 이게 불가능하다. 만일 이런 수준에 이르게 되면 영어는 중국어처럼 고립어가 되고 말 것이다. 즉 영어는 전치사가 아직 우리말의 후치사처럼 높은 수준의 호환성을 확보하지 못한 까닭에 명사가 격변화에서 완전히 자유롭지 못한 실정이다. 영어에서 전치사를 생략하면 비문이 되는 이유다.

고립어인 중국어의 경우도 문장 안 위치만으로는 해당 낱말이 지니고 있는 격을 모두 표시할 수 없는 까닭에 부득불 영어의 전치사와 우리말의 후치사에 해당하는 이른바 개사(介詞)의 도움을 받아야 한다. 개사는 영어의 전치사처럼 명사와 대명사 등과 결합해 '개사구'를 구성함으로써 술어농사를 수식하거나 술어동사 움직임의 시간과 장소, 방향, 대상, 원인, 수단, 방식, 피동, 비교 등을 나타낸다. 중국어 개사는

'使'(*shi*)와 '被'(*bei*)가 사동태와 피동태를 만드는 데서 알 수 있듯이 영어의 전치사보다 그 활용도가 훨씬 높다.

그러나 영어와 중국어 모두 해당 낱말의 격을 나타낼 때 문장 안 위치와 전치사나 개사의 도움을 받아야 한다는 점에서 하등 차이가 없다. 이는 영어가 굴절어에 속해 있음에도 사실상 격변화를 포기한 데서 비롯된다. 21세기의 인도유럽어 모두 범어·희랍어·라틴어처럼 격어미를 이용해 명사와 형용사의 격을 표시하는 전통을 고수하고 있는 점에 비춰볼 때 이는 파격에 가깝다.

대다수 인도유럽어가 격변화의 전통을 잇고 있는 데에는 나름대로 적잖은 강점이 존재하기 때문이다. 격이 뚜렷한 까닭에 해당 낱말의 문장 안 위치가 자유로워 강조하고픈 내용을 문두로 끌어내는 등 다양한 표현이 가능하고, 문장 전체의 뜻이 보다 명료한 것 등이 그것이다. 격이 많이 존재할수록 전치사의 도움이 필요 없게 되는 까닭에 문장이 간명해지는 이점도 무시할 수 없다. 만일 영어에 처격이 존재했을 경우 문장 안 위치를 자유롭게 이동시켜 우리말처럼 '그는 간다, 집으로'라고 표현해도 비문이 되지 않을 것이다. 처격이 없는 21세기 영어와 그렇지 않은 라틴어를 비교한 다음 예문을 보자.

It domum. or **Domum it.**

→ He goes to house.　　(○)

→ Goes he to house.　　(×)

→ To house he goes.　　(×)

→ To house goes he.　　(×)

위 예문을 통해 격변화를 포기한 영어가 문장 안 위치와 전치사의 구속을 얼마나 심하게 받고 있는지 확연히 알 수 있다. go에 해당하는 라틴어 ire는 직설법 현재에서 주어의 인칭과 수에 따라 변하는 까닭에 통상 주어를 사용하지 않는다. 문장이 간명해 보이는 이유다. to house에 해당하는 domum 역시 격에 따라 변화하는 까닭에 일반 부사어처럼 문장의 위치에 전혀 구애받지 않는다. 강조하고픈 내용을 문두로 내세우는 방식으로 다양한 의사표현이 가능한 이유다.

원래 house에 해당하는 domus는 ire동사가 일정한 방향으로 움직이는 의미를 지니고 있는 까닭에 우리말의 방향격에 해당하는 대격으로 변해야만 ire동사의 허락을 받아 문장의 한 요소로 참여할 수 있다. 6격으로 변하는 라틴어 명사의 격변화를 보면 21세기 영어가 획일적으로 '전치사의 빈어'로 취급하고 있는 명사가 원래 문장 안에서 어떤 격을 취해야 하는지를 확연히 알 수 있다.

영어의 전치사를 정복하기 위해서는 희랍어와 라틴어에서 명사의 격변화가 어떻게 진행되었는지를 정확히 알아야 하는 이유가 여기에 있다. 영어를 포함한 인도유럽어 문장의 해독은 명사의 격변화에 대한 이해에서 출발한다고 해도 과언이 아니다. 여기서 호격을 제외한 라틴어 명사 domus의 격변화를 간략히 살펴보자.

domus (house) 여성명사

	단수		복수
주격	domus	집(들)은	domūs
속격	domūs	집(들)의	domorum
여격	domui	집(들)에, 집(들)을 위해	domibus
대격	domum	집(들)을, 집(들)으로	domūs
탈격	domo	집(들)에 의해, 집(들)으로부터	domibus

영어는 성(性)이나 수(數)에 따른 격변화를 거의 하지 않는 까닭에

불어와 독어, 러시아어를 배울 때처럼 모든 명사의 성과 수, 격 등을 일일이 외우지 않아도 된다. 그러나 해당 명사가 문장 안에서 과연 무슨 역할을 하고 있는지를 파악하기가 어렵게 됐다. 영어가 우리말처럼 격조사도 갖지 못한 채 격변화를 포기한 결과다. 영어가 중국어처럼 문장 안 위치를 극도로 중시하게 된 배경이 여기에 있다.

영어에서 똑같이 우리말의 '집'을 뜻하는 house와 home이 go동사와 함께 쓰일 때 house는 반드시 전치사 to가 나와야 하는데 home은 그렇지 않은 것도 바로 '집으로'를 뜻하는 라틴어 대격 domum의 흔적이라고 할 수 있다. home이 등장할 때 전치사를 사용하는지 여부에 따라 그 의미가 달라지는 것 역시 같은 맥락에서 이해할 수 있다. 이를 뒷받침하는 예문이다.

He / is **home**.   그는 집으로 돌아온다.
He / is at **home**.   그는 집에 있다.

희랍어는 격변화가 6개밖에 없는 라틴어와 달리 범어처럼 모두 8개의 격이 존재한다. 희랍어 문장에 원인과 비교를 나타내는 탈격을 비롯해 도구격과 공동격을 나타내는 조격의 특성이 뚜렷하게 나타나는 이유다. 격조사 대신 격어미의 변화로 명사와 형용사의 격을 표시하는 인도유럽어에서는 격변화가 많을수록 문장의 의미가 더욱 선명히 드러날 수밖에 없다.

희랍어에는 라틴어 domus에 해당하는 명사가 두 개 존재한다. 남성명사 οἶκος(*oikos*)는 '주거'의 뜻이 강한 home, 여성명사 οἰκία(*oikia*)는 '건물'의 뜻이 강한 house 개념에 가깝다. 단수와 복수의 중간에 있는 쌍수의 격변화를 제외한 두 명사의 격변화는 다음과 같다.

	οἶκος(home) 남성		οἰκία(house) 여성	
	단수	복수	단수	복수
주격	οἶκος(*oīkos*)	οἶκοι(*oīkoi*)	οἰκία(*oikia*)	οἰκίαι(*oikiai*)
속격	οἴκου(*oīkū*)	οἴκων(*oīkōn*)	οἰκίας(*oikias*)	οἰκιῶν(*oikiōn*)
여격	οἴκῳ(*oīkō*)	οἴκοις(*oīkois*)	οἰκίᾳ(*oikia*)	οἰκίαις(*oikiais*)
대격	οἶκον(*oīkon*)	οἴκους(*oīkūs*)	οἰκίαν(*oikian*)	οἰκίας(*oikias*)
탈격	οἴκου(*oīkū*)	οἴκων(*oīkōn*)	οἰκίς(*oikis*)	οἰκιῶν(*oikiōn*)
처격	οἴκῳ(*oīkō*)	οἴκοις(*oīkois*)	οἰκίᾳ(*oikia*)	οἰκίαις(*oikiais*)
조격	οἴκῳ(*oīkō*)	οἴκοις(*oīkois*)	οἰκίᾳ(*oikia*)	οἰκίαις(*oikiais*)
호격	οἶκε(*oīke*)	οἶκοι(*oīkoi*)	οἰκία(*oikia*)	οἰκίαι(*oikiai*)

희랍어는 집과 관련한 합성어를 만들 때 oikia 대신 oikos를 사용했다. 영어에서 '가정학'(家政學)을 'House Economics' 대신 'Home Economics'로 표현하는 것도 이와 무관치 않다. 실제로 '경제'를 뜻하는 영어의 'Economy'는 원래 희랍어로 '집안관리'를 뜻하는 말이다. 그 생성원리는 다음과 같다.

$$\text{οἶκος}(o\bar{\imath}kos) + \text{νόμος}(nomos) \rightarrow \text{οἰκονομία}(oikonomia) \rightarrow \text{Economy}$$

가정	규범	집안관리	경제

규범을 뜻하는 희랍어 명사 nomos는 원래 '분배하다'는 뜻을 지닌 νέμω(*nemō*)에서 나온 것으로 규칙과 원리, 율법 등을 뜻한다. 영어에 '-nomy'의 접사가 붙는 명사는 후대에 Economy와 동일한 방식으로 만들어진 신조어들이다. '-cracy'와 '-logy' 등 수많은 학술용어가 만들어신 것도 같은 맥락이다. 다음 예문을 보자.

astronomy(천문학)　←　astron(성좌) + nomos(원리)

autonomy(자율자치)　←　autos(그 자신) + nomos(다스림)

democracy(민주주의)　←　demos(민중) + kratos(권력)

anthropology(인류학)　←　anthropos(인류) + logos(말, 학문)

　위 예문을 통해 알 수 있듯이 희랍어 어휘는 라틴어 어휘와 더불어 과학기술 용어의 기초를 형성한다. 희랍어는 처격과 조격이 존재하는 까닭에 합성어를 만들 때 라틴어보다 훨씬 편리하다. 지금도 서양에서 신조어를 만들 때 라틴어보다 희랍어를 더 선호하는 것 역시 이와 무관치 않다. 희랍어와 라틴어 격변화에서 가장 큰 차이를 나타내는 것은 우리말의 '-에 의해'처럼 원인을 나타내는 경우다. 라틴어는 탈격으로 표현하고 있는 데 반해 희랍어는 조격으로 하고 있다. 조격은 말 그대로 도구를 나타낸다.

　명사의 격변화가 가장 복잡하게 나타나는 언어는 범어다. 범어는 특이하게도 단수와 복수 사이에 쌍수(雙數)가 존재한다. 현재 인도유럽어에서 쌍수가 존재하는 언어는 아랍어와 히브리어밖에 없다. 그러나 아랍어와 히브리어는 독어와 러시아어에 있는 중성이 없고 격변화 또한 주격과 속격, 대격 등 단 3가지밖에 없는 까닭에 범어의 격변화에 비교할 바가 못 된다.

　독어는 성에서 남성 · 여성 · 중성, 수에서 단수 · 복수가 존재하고 격변화에서 4격으로 변화하는 까닭에 산술적으로는 하나의 명사에 모두 24개의 격변화가 있는 셈이다. 러시아어는 더 심하다. 성에서 남성 · 여성 · 중성, 수에서 단수 · 복수가 존재하고 격변화에서 6격으로 변화하는 까닭에 모두 36개의 격변화가 이뤄지는 셈이다. 러시아어는 상대적으로 동사의 활용이 간명하고 대신 명사 · 형용사의 격변화가 심한 까닭에 명사 · 형용사의 격변화를 마스터하면 사실상 끝난 것이라고 해도 과언이 아니다. 영어와 독어, 불어 등에서 동사가 복잡하게 활용하는 까닭에 동사를 마스터하면 사실상 이들 언어를 정복한 것이나 다름없다고 말하는 것과 대비된다.

물론 성과 수, 격에 따라 명사와 형용사, 관사, 대명사, 수사 등이 모두 굴절하는 인도유럽어에서 가장 복잡한 모습을 띠고 있는 것은 말할 것도 없이 범어다. 남성·여성·중성은 물론 단수·쌍수·복수에다가 8가지 격변화가 모두 일어나는 까닭에 산술적으로 모두 72가지의 격변화가 일어나는 셈이다. 언어학자들이 범어를 가장 어려운 언어로 간주하는 이유다. '산스크리트'의 원래 표현인 '상스끄리따'(saṃskṛta)라는 말 자체가 '완성된 언어'라는 뜻이다.

주목할 것은 범어의 직계 후예라고 할 수 있는 21세기의 힌디어가 우리말처럼 교착어의 모습을 띠고 있는 점이다. 힌디어는 영어를 공용어로 사용하는 11억 인도인의 국어다. 현대의 그리스인들은 소크라테스 시대의 희랍어를 해독하는 데 별다른 어려움을 겪지 않으나 인도인들은 석가모니가 생존했던 시절의 범어를 해독하는 데 커다란 어려움을 겪고 있다. 문자의 모양만 같을 뿐 명사와 형용사의 격변화를 비롯해 동사의 활용에서 엄청난 변화가 일어났기 때문이다.

역사언어학의 관점에서 볼 때 힌디어가 격변화를 특징으로 하는 굴절어에서 한국어처럼 격조사를 이용하는 교착어의 모습을 띠게 된 것은 격조사의 우수성을 뒷받침하는 방증으로 삼을 만하다. 실제로 현대 힌디어의 명사 격변화를 살펴보면 이를 쉽게 확인할 수 있다. '집'을 뜻하는 범어 gṛha(griha)와 21세기 힌디어 ghar의 격변화를 대비해놓은 다음 도표를 보자.

	기원전 범어(중성)			21세기 힌디어(남성)	
	단수	쌍수	복수	단수	복수
주격	gṛhas	gṛhau	gṛhās	ghar ne	gharon ne
속격	gṛhasya	gṛhayos	gṛhānām	ghar kā	gharon kā
여격	gṛhāya	gṛhaābhyām	gṛhhebhyas	ghar ko	gharon ko
대격	gṛham	gṛhau	gṛhān	ghar ko	gharon ko
탈격	gṛhāt	gṛhaābhyām	gṛhebhyas	ghar se	gharon se
처격	gṛhe	gṛhhayos	gṛheṣu	ghar men	gharon men
조격	gṛhena	gṛhaābhyām	gṛhais	ghar se	gharon se
호격	gṛha	gṛhau	gṛhās	ghar e	gharon o

범어는 어근인 gṛha의 뒤에서 격어미가 복잡하게 변화하고 있는 데 반해 힌디어는 마치 한국어의 격조사처럼 명사와 뚜렷이 구별된 모습으로 격변화를 하고 있음을 알 수 있다. 8개의 격이 모두 그대로 살아 있는 힌디어가 의외로 간명한 격변화를 하는 이유가 여기에 있다. 중성과 쌍수가 사라졌고, 주격 이외의 나머지 7격인 이른바 사격(斜格)에서도 변하지 않고, 이로 인해 격어미가 사실상 한국의 격조사처럼 작동하고 있는 점에 주목할 필요가 있다. 이는 형태만 굴절어일 뿐 사실상 교착어인 한국어와 별반 차이가 없음을 보여주는 것이다. 다음 예문을 보면 21세기의 힌디어가 한국어와 얼마나 닮아 있는지를 실감할 수 있다.

mēng-**ne** / ṛste **men** bacce **ko** deka.
나 는 / 길 에서 아이 를 보았다.

21세기 힌디어에는 어순은 물론 격변화 역시 우리말의 격조사처럼 변한 것을 알 수 있다. 힌디어는 명사 · 형용사의 격변화와 어순 등이 교착어인 한국어·일본어와 유사하고, 같은 굴절어인 서구의 인도유럽 어와는 큰 차이를 보인다.

영어도 독어·러시아어 등과 달리 격어미를 거의 생략한 점에서 어순만 다를 뿐 힌디어와 닮아 있다. 다만 영어는 힌디어처럼 격조사를 발달시키지 않고 중국어처럼 문장 안 위치와 전치사의 도움으로 격을 대치하는 것이 다를 뿐이다. 다음 예문을 보면 21세기의 영어에 나타난 격변화 생략이 어느 수준에 달해 있는지를 확연히 알 수 있다.

	1	2	3		4	5	6	7	8	9	10	11
영어	A	poor	beggar	/	wrote	a	long	letter	on	the	new	bench.
불어	**Un**	**pauvre**	mendiant	/	a écrit	**une**	**longue**	lettre	sur	**le**	**nouveau**	banc.
독어	**Ein**	**armer**	Bettler	/	schrieb	**einen**	**langen**	**Brief**	auf	**der**	**neuen**	**Bank**.

독어의 경우는 총 11개의 낱말에서 동사와 전치사를 뺀 9개의 낱말 중 주어를 제외한 관사와 형용사, 명사가 일제히 격변화를 하고 있다. 불어도 별반 차이가 없다. 7번과 11번의 명사가 격변화를 면하기는 했으나 이는 앞에 나온 관사·형용사 덕분으로 사실상 격변화를 한 것이나 다름없다.

이에 반해 영어는 주어와 술어에 등장한 모든 명사와 형용사가 아무런 격변화를 하지 않고 있다. 덕분에 깔끔한 느낌을 주기는 하나 해당 낱말의 격을 짐작하기가 쉽지 않다. 술어동사와 전치사의 위치를 기준으로 해당 명사가 주어, 빈어, 전치사의 빈어로 사용되고 있음을 짐작할 뿐이다. 영어가 관사와 형용사, 명사의 격변화를 거의 생략하는 놀라운 변화를 시도했음에도 힌디어처럼 격변화를 대체할 수 있는 격조사를 갖는 쪽으로 발전하지 못한 결과다. 영어가 고립어인 중국어와 흡사한 문장구조를 지니게 된 배경이 여기에 있다.

영어는 아직 대명사 등에서 격변화의 흔적을 갖고 있다. 그러나 가장 복잡한 격변화를 하는 소유대명사(所有代名詞) 또는 물주대명사(物主代名詞)를 my 등으로 간략화해 놓은 것은 혁명에 가깝다고 보아야 한다. 다음 예문을 보면 인도유럽어에서 복잡하기 짝이 없는 소유대명사의 격변화가 영어에서 얼마나 혁명적으로 변화했는지를 한 눈에 알 수있다.

	독어				불어			영어		
	남성	여성	중성	복수	남성	여성	복수	남성	여성	복수
1격	mein	meine	mein	meine						
2격	meines	meiner	meines	meiner	mon	ma	mes		my	
3격	meinem	meiner	meinem	meinen						
4격	meinen	meine	mein	meine						

예문에 포함시키지는 않았으나 러시아어는 6격으로 변하는 까닭에 소유대명사의 격변화가 독어보다 훨씬 복잡하다. 불어는 격변화를 생략하고 성에 따른 구분만 하고 있으나 이 또한 영어와 비교하면 상대적으로 복잡한 느낌을 준다.

영어는 -'s의 형태를 띤 극히 간략한 속격을 제외하고는 모든 사격(斜格)의 격변화를 사실상 폐지한 것이나 다름없다. 굴절어 계통에서 이런 변화가 나타난 것은 오직 영어밖에 없다. 영어가 급속한 속도로 널리 확산된 데는 이처럼 쉽게 접할 수 있는 이점이 크게 작용했다고 보아야 한다.

명사와 전치사

영어는 격변화를 거의 하지 않는 까닭에 전치사의 비중이 매우 크다. 그래서 전치사의 역할과 기능을 제대로 알지 못할 경우 구문을 제대로 이해하기가 어렵다. 전치사의 가장 중요한 역할은 명사와 형용사 등 체언의 격을 정해주는 일이다. 전치사에 의해 이끌리는 이른바 전치사구(前置詞句, prepositional phrase)는 문장 안에서 명사구, 형용사구, 부사구 등의 역할을 수행한다. to부정사도 전치사구의 일종으로 볼 수 있다. 해당 예문이다.

(명사구)

The secret / is **to do** something that you love.

비결은 하고픈 일을 하는 거다.

To speak of it may easily lead to a misunderstanding.

그걸 언급하는 건 오해를 낳기 쉽다.

(형용사구)

The critical power / is **of lower rank** than the creative.

비판력은 창조력보다 하위이다.

Changes **in institutions** / produce change **in technology**.

제도변화는 기술변화를 초래한다.

(부사구)

She / moves her wrist **with difficulty**.

그녀는 손목을 힘들게 움직인다.

On several occasions I / have said publicly the truth.

난 누차 그걸 공언한 바 있다.

영어의 전치사는 그 형태에 따라 크게 3가지로 나뉜다. 하나의 낱말로 구성된 in과 on 등의 단일전치사, 다른 낱말과 합쳐져 형성된 before와 beside 등의 복합전치사, 여러 개의 낱말이 합쳐 이뤄진 as for와 in behalf of 등의 어군전치사(語群前置詞)가 그것이다.

이밖에도 현재분사형태인 '-ing'형으로 된 소수의 전치사가 있다. 이를 분사형 전치사라고 한다.

We / must all obey the law, not **excepting** the king.
준법에는 국왕도 예외일 수 없다.
6 people / were killed in the riot, **including** him.
폭동에서 그를 포함해 6명이 죽었다.
The bad weather **notwithstanding**, it was a success.
악천후에도 그 행사는 성공이었다.

통상 한 개의 전치사가 한 개의 낱말을 지배하는 게 원칙이나 때로는 2개의 전치사가 나란히 나와 한 개의 명사를 지배하는 경우도 있다. 이를 '2중전치사'라고 한다. 이는 한 개의 전치사만으로는 뜻을 충분히 드러내기 어렵다고 판단한 결과다.

He / postponed the ceremony **until after** elections.
그는 선거 종료까지 그 의식을 연기했다.
I / felt him move **from beside** me without a sound.
난 그가 몰래 내 곁에서 물러나는 걸 눈치챘다.

전치사의 위치는 원래 자신이 지배하는 명사 앞에 위치한다. 그러나 전치사가 후치되는 경우도 있다. 일부 학자는 관계대명사와 의문대명사의 등장에서 그 원인을 찾고 있다.

> **For** whom are you speaking?
>
> 당신은 누구를 대표해서 말하는 것인가?
>
> = Whom are you speaking **for**?
>
> = Who are you speaking **for**?

전치사의 후치는 주격 이외의 단어가 문두에 나서는 것을 크게 꺼린 결과다. 현대영어는 격어미를 거의 모두 상실한 까닭에 중국어처럼 전치사의 비중이 매우 크다. 영어가 전치사와 연계되는 명사의 격을 모두 대격으로 일원화해놓은 것은 탁월한 선택이라고 할 수 있다.

명사와 관계대명사

관계절을 문법적으로 선행사에 연결시킴으로써 접속사와 대명사의 역할을 겸하는 관계대명사는 멀리 고대영어까지 소급한다. 고대영어에서는 지시대명사인 se(남성), seo(여성), that(중성) 등이 관계대명사로 사용된 경우가 흔했고, 관계사의 일종인 the가 관계대명사로 사용된 경우도 많았다.

중세영어 시기에는 관계사 the가 사라지고 지시대명사 중성형인 that이 널리 사용되었다. 이와 동시에 의문대명사 who, what, which 등이 새로이 관계대명사 영역으로 들어왔다. 이는 불어에서 qui(*who*) quoi(*what*) 등이 관계대명사의 역할을 하고 있는 것에 사극을 받은 결과였다. 사실 고대영어에서도 'swa hwa swa'(whoever)와 'swa hwaet swaʾ(whatever)가 사용된 용례가 있기는 했다. 그러나 who, whose, whom, what 등이 정식으로 관계대명사의 역할을 하게 된 것은 불어의 사용법에 자극을 받은 결과로 보아야 한다.

관계대명사에 이끌리는 관계절은 우리말의 '-것'과 같이 그 자체로 명사가 되어 주어와 보어, 빈어 등이 될 수 있다. 이는 한국어나 중국어와 별반 차이가 없다. 영어의 관계절은 또 우리말의 '-하는'처럼 피수식어의 뒤에 위치해 앞에 나온 선행사를 수식하는 형용사 역할을 수행키도 한다. 이는 한국어에서 명사를 수식하는 구절이 피수식어의 앞에 위치해 뒤에 나오는 후행사(後行詞)를 꾸미는 것과 대비된다. 중국어는 약간의 뉘앙스 차이가 있기는 하나 대개 선행사와 후행사를 모두 가질 수 있다. 다음 예문을 보자.

He / has / *a sister* **who likes to see the movies**. (선행사)

→ 他 / 有 / 一個妹妹**喜歡看電影**. (선행사)

→ 他 / 有 / 一個**喜歡看電影**的妹妹. (후행사)

그에겐 / 있다 / **영화 보는 걸 좋아하는** *누나가*. (후행사)

She / made / *a dish* **which I wanted to eat**. (선행사)

→ 她 / 炒了 / 一個菜**我想吃**. (선행사)

→ 她 / 炒了 / 一個**我想吃**的菜. (후행사)

그녀는 / 만들었다 / **내가 먹고 싶어 한** *요리를*. (후행사)

영어의 관계절 중에는 관계사가 없는 게 의외로 많다. 이를 '접촉절'(接觸節, contact clause) 또는 '비결속관계절'(非結束關係節, asyndetic relative clause)이라고 한다. 관계절이 빈어로 사용될 경우, 'it is-'에 연결된 서술어가 선행사가 되는 경우, the time과 the place, the way 등처럼 시간과 장소·방법 등을 나타내는 어구가 선행사가 될 경우, 최상급과 all, 그리고 that처럼 한정된 뜻이 부각돼 있는 경우 등이 이에 해당한다. 선행사와 관계절의 관계가 긴밀한 까닭에 문맥상 혼동이 일어날 가능성이 낮기 때문에 가능한 일이다. 관계절이 주어로 나올 경우에도 접촉절이 등장할 수 있다.

> That / is all **is the matter with me**.
> 나와 상관 있는 건 이것뿐이다.
> He / had a daughter **loved a man**.
> 그에겐 한 남자를 사랑한 딸이 있었다.

관계절은 'it is-' 구문형식을 통해 강조하고자 하는 낱말을 수식하는 용법으로도 많이 쓰인다. it 대신에 this나 that을 쓸 수도 있다. 다음 예문을 보자.

> **It** / **is** not God **who** makes wars, but bad people.
> 전쟁을 일으키는 사람은 신이 아닌 악인이다.
> **This** / **is** the faith with **which** I return home.
> 나는 이런 신념을 갖고 귀국할 것이다.

현대영어에서 가장 많이 눈에 띄는 관계사는 who다. 원칙적으로 사람을 선행사로 하나 동물과 사물도 가능하다. which는 사물 또는 문장 전체 등을 받기도 하고, 관계형용사로도 사용된다.

> He / was a good man, **which** my brother was.
> 그는 훌륭했다. 내 오빠도 그런 사람이었다.

Should he go, in **which case** he would join me?

그가 갈지 모르는데, 그 경우 나와 합류할까?

관계대명사 what은 선행사와 which 등의 관계사가 하나로 통합된 것이다. what에 이끌리는 절은 명사적 용법에 그치지 않는다. 문중에 들어가 삽입구의 역할을 하기도 하고, 때로는 which처럼 관계형용사로 쓰이기도 한다.

In space, speed, not distance, is / **what** costs money.

우주서 돈 드는 건 거리가 아닌 속력이다.

I / never saw him, and **what** I saw didn't worry me.

그는 본 적도 없는 데다 봤어도 나와 무관했다.

관계대명사 what에 이끌리는 절은 의문대명사로 사용될 때와 혼동되기 쉽다. 어순까지 똑같기 때문이다. 다음 예문은 의문대명사와 관계대명사로 사용된 경우를 비교해놓은 것이다.

I / don't mind **whát** *they print.*

나는 그들이 무엇을 기사로 쓰든 개의치 않는다.

I / don't mind **what** *they print.*

나는 그들이 쓰는 기사에 개의치 않는다.

위 예문을 통해 알 수 있듯이 what의 의문대명사절과 관계대명사절은 문장구조와 어순이 똑같은 까닭에 강세 역점으로 구별하는 수밖에 없다. 의문대명사는 대개 강세 역점 이외에도 exactly와 just, precisely 등의 부사를 곁들여 차별성을 강화한다. 이를 뒷받침하는 예문이다.

What exactly *Paganism* was, we / didn't know.

이교(異教)가 뭔지 우린 잘 알지 못했다.

Just who *made the first move*, he / didn't explain.

누가 먼저 손을 썼는지 그는 설명하지 못했다.

'-ever'로 끝나는 이른바 '복합관계대명사'(複合關係代名詞)도 단순 관계대명사의 용법과 별반 차이가 없다. 명사적 용법으로 쓰이는가 하면 형용사적 용법도 있다. '-ever' 대신 '-soever'를 덧붙이는 경우도 있다.

The poem, **whosesoever** it was, has much virulence.

그 시는 누구 건지 모르나 악의에 차 있다.

They, of **whichever** sex they may be, will do it.

그들은 남녀불문하고 그 일을 할 것이다.

관계대명사에는 이밖에도 as, but, than 등의 '의사관계대명사'(擬似關係代名詞)가 있다. as의 경우는 such와 same 등을 동반하는 선행사를 받는다. as의 경우는 such와 same을 대신해 as와 like, so가 오는 경우도 있다. 다음 예문을 보자.

As poor a wretch **as** I am, I / am honest.

난 비록 하찮은 인간이긴 하나 정직하다.

It / was as near perfection **as** could be.

그건 거의 완벽에 가까운 것이었다.

but은 부정적인 뜻을 내포하고 있어 'who-not'으로 풀이할 수 있다. 때로는 'but what'나 'but he' 등으로 쓰이는 경우도 있다. than에 이끌리는 관계절은 앞에 나오는 more가 선행사로 작용하고 있다.

There is / *no* one **but** has some faults.
결점 없는 사람은 없다.
He / offered *more* **than** could be expected.
그는 기대 이상으로 제공했다.

시간과 장소, 방법 등과 관련한 when, where, why 등의 의문부사는 the time, the place, the reason 등이 선행사로 나올 때 'the time in which', 'the place at which', 'the reason for which'로 풀이할 수 있다. 이를 통상 '관계부사'(關係副詞)라고 한다.

그러나 관계부사는 문법적 기능에 따라 명사, 형용사, 부사적 용법으로 사용되고 있는 점에 주의할 필요가 있다. 이는 선행사가 생략된 효과다. 다음 예문을 보자.

That / is **why** *he cannot succeed*.
그것이 바로 그가 실패한 이유다.
Where *there's a will*, there is / a way.
뜻이 있는 곳에 길이 있다.

관계절은 관계대명사와 관계형용사, 관계부사를 막론하고 선행사와 성, 수, 격 등이 일치하는 게 원칙이다. 그러나 문맥 전체의 관점에서 일치하는 것을 꺼리는 경우가 있다.

They / are a people **whom** it wasn't safe to attack. (○)

그들은 공격하기가 쉽지 않다.

They / are a people **who** it wasn't safe to attack. (×)

구어에서는 아무 이유 없이 관계사를 생략하는 경우가 많다. 이는 번거로운 느낌을 주지 않기 위한 것으로 나름대로 일리가 있다. 문어의 경우도 드물기는 하나 유사한 사례를 살펴볼 수 있다.

There's / somebody at the door **wants to see you**.

누군가 당신을 만나러 문 쪽에 와 있다.

To help **who want**, to forward **who excel**.

필요한 자는 돕고, 탁월한 자는 밀어준다.

관계사는 영어를 포함한 모든 인도유럽어가 지니고 있는 기본 특징 중 하나이다. 고립어의 경우도 관계대명사가 존재한다. 말레이-인도네시아어는 관계대명사가 존재하는 까닭에 영어처럼 뒤에서 수식한다. 이는 형용사가 명사를 수식할 때 뒤에 위치한 데서 비롯된 것이다.

13 형용사: 영어는 왜 형용사가 명사일까

잉글리시와 콩글리시

일본 제품이 세계를 호령하던 20세기 후반까지만 해도 '저팽글리시'가 널리 유행했다. 대표적인 저팽글리시로 '최초의 첨단제품 제조'를 뜻하는 'newing'을 들 수 있다. 영어에 '-를 새롭게 하다'는 뜻이 매우 많음에도 불구하고 newing이라는 신조어를 만든 것은 세계시장을 석권하고 있다는 자부심 때문이었다.

한국어와 문법 구조가 같은 일본어는 형용사가 동사처럼 활용한다. 영어의 new를 일본어 atarasii(新しい)로 간주해 과감히 newing이라는 신조어를 만든 게 그 증거다. 다음 예문을 보면 영어의 형용사에 해당하는 정태동사가 일본어와 한국어에서 얼마나 변화무쌍하게 활용하고 있는지를 쉽게 알 수 있다.

한국어	넓다	넓어지다	넓히다
일어	廣い	廣がる	廣げる
영어	wide	widen	widen

얼핏 보면 형용사 wide에서 동사로 전용한 영어의 widen도 한국어와 일본어처럼 활용을 하고 있는 듯 보이지만 일정한 한계가 있다. 외양에서 자동사와 타동사의 구분이 안 되는 게 그 증거다. 그 숫자도 그리 많지 않다. **widen**, **blacken**, **whiten**, **redden**, **lengthen**, **shorten**, **deepen**, **weaken**, **strengthen**, **sharpen** 등 소수에 그친다.

영어에는 newing의 어원이 되어야 하는 newen과 같은 단어가 존재하지 않는다. 독어와 불어에 '새롭게 하다'는 뜻의 er-neue(r)n과 re-nouveler가 존재하기는 하나 이는 접두어를 덧붙인 형태이므로 약간 경우가 다르다. 인도유럽어에 정태동사가 존재하지 않는 결과로 해석할 수 있다.

비교언어학의 관점에서 볼 때 동사의 범주에 정태동사가 존재하지 않는 것은 커다란 약점이 아닐 수 없다. 한국어와 일본어의 정태동사가 표현하는 미묘한 뉘앙스의 구별이 불가능하기 때문이다. 정태동사가 없을 경우 아무리 redden처럼 형용사에서 파생한 전용동사를 동원할지라도 정태동사의 무한한 활용을 당할 길이 없다. 이는 인도유럽어가 고전 범어시대부터 동태동사를 극도로 중시하며 형용사를 명사의 수식어 또는 술어 대용으로 한정한 결과다.

그럼에도 영어는 명사와 형용사, 관사, 수사 등에서 격변화를 생략함으로써 인도유럽어 안에서는 커다란 장점을 지니고 있다. 비록 문장의 의미가 약간 모호해지는 단점이 있기는 하나 독어와 불어, 러시아어 등 여타 인도유럽어에 비해 전하고자 하는 메시지를 간명하게 전할 수 있기 때문이다. 신속성을 생명으로 삼는 21세기의 정보화시대의 비즈니스 용어로는 제격이다. 영어가 세계 공용의 비즈니스 언어로 널리 채택된 것도 이와 무관치 않다고 보아야 한다.

프랑스와 독일, 러시아 등이 한때 유일무이한 슈퍼파워의 위세를 떨

쳤던 미국의 위치에 서 있었을지라도 과연 불어와 독어 등이 지금의 영어처럼 급속한 속도로 세계에 널리 확산되었을지는 의문이다. 독어와 러시아어는 명사와 형용사, 수사의 격변화가 너무 복잡하고 불어는 상대적으로 격변화가 적기는 하나 대신 동사의 변화가 너무 복잡하기 때문이다. 영어가 21세기 최고의 비즈니스 언어로 각광받게 된 것은 명사와 대명사, 형용사, 관사, 수사 등의 격변화를 사실상 폐지한 덕분이라고 해도 과언이 아니다.

한정형용사와 서술형용사

영어의 형용사는 명사와 동일한 변화를 하는 까닭에 기능적으로 명사와 같다. 명사가 속격 등을 취해 다른 명사를 꾸미듯이 형용사 역시 명사를 꾸미는 수식기능(修飾機能, modification function)을 갖고 있다. 이것이 형용사의 가장 두드러진 특징이라고 할 수 있다. 이를 통상 특정형용사(特定形容詞, attributive adjective)라고 한다.

이와 대비되는 것이 서술기능(敍述機能, predicative function)을 하는 경우다. 이를 통상 서술형용사(敍述形容詞)라고 한다. 서술형용사는 주로 be동사와 결합해 우리말의 정태동사와 유사한 기능을 수행한다. 언어학자 예스페르센은 특정형용사와 서술형용사의 기능상 차이에 주목해 서술형용사가 등장하는 구문을 특별히 '연계'(連繫, nexus), 특정형용사가 등장하는 구문을 '연접'(連接, junction)으로 구분했다.

예스페르센의 이런 분류는 나름대로 의미가 있다. 영어에는 서술형용사로만 쓰이는 형용사가 존재하기 때문이다. **afloat**, **alive**, **asleep**, **aware**, **glad**, **unable** 등이 그것이다.

1 / was **aware** that she was trembling.

나는 그녀가 떨고 있는 걸 눈치챘다.

We / are **unable** to subsist without water.

사람은 물 없이 살 수 없다.

영어에서 서술형용사로만 사용되는 형용사는 위 예문에 나온 것이 거의 전부다. 이와 정반대로 his **elder** brother, the **former** mayer, the **inner** security, the **outer** doors, the **latter** instance, a **mere** livelihood, a **thorough** investigation, the **very** thing, the **wooden** spoons, the **upper** deck, the **lower** classes 등처럼 오직 명사를 수식하는 특정형용사로만 사용되는 경우도 있다.

특정형용사는 어떤 모습으로 명사를 수식하느냐에 따라 크게 '기술 형용사'(記述形容詞, descriptive adjective)와 '제한형용사'(制限形容 詞, limiting adjective)로 나눌 수 있다. 기술형용사는 명사의 성상(性 狀)을 기술하고, 제한형용사는 지시형용사 등처럼 명사의 적용범위를 개별적으로 국한하는 데 사용된다.

동사의 현재분사와 과거분사에서 유래한 형용사는 a wounded soldier, a walking dictionary 등처럼 대부분 기술형용사에 속한다. 형용사는 기본적으로 사물의 성상을 표현하는 데 중점을 두고 있는 만 큼 제한형용사의 숫자는 다음 예문에 나오는 것처럼 얼마 되지 않는다.

There is / no **such** thing as a free lunch.

공짜 점심 같은 그런 건 없다.

Let's rest under **yonder** tree.

저기 있는 나무 아래서 쉬자.

He / stands **five** feet **six** inches tall.

그는 키가 5피트 6인치다.

형용사의 명사적 용법

형용사가 명사적으로 사용되는 대표적인 경우는 사람을 가리킬 때다.

In this age the devil / is taking **the hindmost**.
요새는 잽싼 자가 이기는 시대다.
Behave respectfully to **the elders**.
윗사람에게 예의 바르게 행동해라.

그러나 형용사는 사람을 가리키는 데만 쓰이는 게 아니라 중성명사를 만드는 데도 쓰인다. 추상적인 개념을 나타내거나 일반적으로 물건, 언어 등을 가리킬 때도 중성명사의 색채가 짙게 나타난다.

Sorrow / have done me one **good**.
슬픔이 나에게 좋은 일 하나를 해주었다.
He / turned up the **whites** of his eyes.
그의 눈 흰자위가 위로 올라갔다.

형용사 상당어구

형용사의 역할을 하는 어구를 통상 '형용사 상당어구'(形容詞相當語句, adjective equivalent)라고 한다. 형용사 상당어구는 전치사와 분사, 동사, 부사 등이 하나의 구를 이뤄 명사를 꾸미는 역할을 한다. 다음 예문을 보자.

He / was the **then** prime minister.

그가 바로 그 당시의 수상이었다.

He / burned with a **hard-to-be-governed** passion.

그는 통제하기 어려운 정열을 불태웠다.

명사가 연이어질 경우 앞에 나오는 명사도 뒤에 나오는 명사를 수식하게 된다. cannon ball(대포알), a stone bridge(돌다리), sea water(바닷물), a fire escape(화재용 비상구), a gold chain(금으로된 체인) 등이 그것이다. 이를 '명사의 형용사적 용법'이라고 한다. 서술어에 사용된 명사도 이와 똑같은 기능을 하는 경우가 있다.

It / was all quite clear and **matter of fact** then.

당시 그건 매우 명쾌하고 실질적이었다.

= It / was all quite clear and *practical* then.

형용사가 연이어질 경우는 앞에 나오는 형용사가 뒤에 나오는 형용사를 수식하게 된다. 이를 '형용사의 부사적 용법'이라고 한다. and로 연결된 경우도 같다.

They / are grown up **amazing** *fine* girls.

그들은 훌륭한 처녀로 성장했다.

Life / is a **precious** *poor* dream at times.

인생은 때론 공허한 꿈인 경우가 있다.

형용사는 명사를 수식할 때 통상 명사보다 앞서는 것이 상례다. 이를 전치(前置)라고 한다. 그러나 여러 이유로 뒤에서 수식하는 후치(後置)의 경우가 나타난다. 수식어구가 길거나 '-thing'으로 끝나는 명사

가 올 경우는 후치하는 게 통례다. 최근 matter, no more, no one 등
을 수식하는 경우도 후치되는 수가 많다. 라틴어와 불어의 영향이 크게
작용한 결과다. 다음은 자주 나오는 후치의 용례다.

a. 불어와 라틴어의 영향을 받은 후치

the sum total(총액), **court martial**(군법회의), **the body politic**(정
치통일체, 국가), **Poet Laureate**(계관시인), **rent overdue**(미납 집세),
an ambassador extraordinary(특명 전권대사), **the art military**(군
사전술), **occasions extraordinary**(비상상황), **the money due**(미납
금), **Chapter one**(제1장), **William the First**(윌리엄 1세), **Frederick
the Great**(프리드리히 대왕), **signs manual**(수신호), **cousin-
german**(친사촌), **heir female**(여자상속인)

b. 호격명사 및 '-thing' 등의 후치

the best style possible(가장 훌륭한 스타일), **the toughest old man
imaginable**(가장 완고한 노인), **apostles twelve**(12사도), **an army a
hundred thousand strong**(10만 강군), **the doctrine respecting
matters political**(정치 사안에 관한 이론), **a thing divine**(신성한 것),
things temporal(일회성 사안들), **matters personal**(개인 사안),
sufferings unspeakable(말로 형언하기 어려운 고통), **all things
American**(미국적인 모든 것), **father dear!**(사랑하는 아버지여!), **My
lady sweet!**(아름다운 부인이여!)

c. 분사의 후치

for the time being(당분간), **for 10 days running**(연속 10일간),
the prisoner escaped(탈옥수), **those concerned**(관련인사), **the

final conclusion drawn(도달한 최종결론), **at daggers drawn**(심한 적개심을 품고), **a gentleman born**(진정한 신사), **a girl grown**(성숙한 처녀), **the money requested**(요구금액), **with banners flying**(깃발을 날리며), **on the day following**(다음 날에), **the sum collected**(모금금액), **the giant refreshed**(기운을 되찾은 거인), **the result ensuing**(후과), **the things done**(성취된 사업), **the boy neglected**(버림받은 소년), **the bread well-earned**(정상 방법으로 번 빵), **the plan projected**(추진된 계획), **the heroes fallen**(전몰 영웅들), **the meals untouched**(손도 대지 않은 식사)

명사를 수식하는 분사는 전치와 후치가 모두 가능하다. 'an interesting book', 'the broken heart', 'a well-known author' 등처럼 분사가 이미 형용사로 굳어진 경우는 전치가 되나 동사적인 힘이 강하게 남아 있는 분사는 후치한다. 이때의 후치는 사실상 관계절(relative clause)에 가깝게 된다.

길게 이어져 있는 형용사구 또는 부사를 동반하는 형용사가 후치되는 것도 같은 이치다. 여기에는 형용사적으로 쓰이는 부정사도 있다.

Woman *neglected* / were woman *lost*.
돌보지 않는 여인은 잃어버린 여인이다.
Love / is only a thing *to feel*.
사랑은 단지 느껴져야 하는 것이다.
Envy / is a sin, ***partly moral, partly intellectual***.
시샘은 지덕(知德)이 뒤섞인 죄악이다.

형용사의 비교기능

수식과 서술기능 이외에도 이른바 비교(比較)도 형용사의 주요 기능으로 들 수 있다. 이는 인도유럽어에서 명사처럼 변화하는 형용사가 명사와 구별되는 유일한 문법기능에 해당한다.

비교를 나타내는 형용사의 굴절형은 고대영어와 별반 차이가 없다. 현대영어에서 명사의 격변화 어미와 동사의 활용어미가 거의 사라진 점을 감안하면 특기할 만한 일이다. 이는 비교를 나타내는 형용사의 쓰임이 그만큼 긴요했음을 반증한다.

영어의 비교형용사는 크게 '-er'과 '-est'의 어미를 붙이는 게르만어 계통의 '굴절비교형'(屈折比較形, inflectional comparative forms)과 more와 most를 덧붙이는 불어 계통의 '우언비교형'(迂言比較形, periphrastic comparative forms)이 있다. 단음절의 경우 굴절비교형, 2음절 이상의 경우는 우언비교형을 쓰는 게 통례로 되어 있으나 마지막 음절에 역점이 올 경우 굴절비교형을 취하는 등 여러 예외가 존재한다.

원급	비교급	최상급
austere(소박한)	austerer	austerest
devout(독실한)	devouter	devoutest
robust(강건한)	robuster	robustest
remote(외진)	remoter	remotest

비교는 형용사뿐만 아니라 부사에서도 가능하다. 그러나 모든 게 가능한 것은 아니다. several과 other, half 등은 비교 자체가 불가능하다. full과 perfect, unique 능노 원식석으로는 비교기 성립되지 않는다.

또한 비교급을 썼다고 해서 반드시 원급보다 높은 정도를 나타내는 것도 아니다. 외형상 비교의 모습을 취했을지라도 엄밀한 의미에서 비교라고 볼 수 없는 것도 있다.

He / is **more** intelligent **than** clever. 그는 영리하다기보다 지적이다.
She / is **more than** old-fashioned.   그녀는 극히 구식이다.

영어에는 라틴어에서 직접 들여온 **anterior**, **posterior**, **superior**, **inferior**, **interior**, **exterior**, **junior**, **senior**, **major**, **minor**, **prior**, **ulterior**, **supreme**, **extreme** 등의 비교급도 많이 사용된다. 이들 형용사는 비교를 나타낼 때 than 대신 to를 사용한다.

It / is an event **anterior to** the murder.
그건 살인사건 이전의 일이다.
The constitution / is **prior to** all other laws.
헌법은 모든 법률에 우선한다.

현재 라틴어에서 수입된 형용사는 비교를 나타내는 힘이 약화돼 점차 명사 또는 형용사처럼 쓰이는 경우가 빈번하다.

The **exterior** of this building / is elegant.
이 건물의 외관은 빼어났다.
He / studied **interior** design at an art school.
그는 예술학교서 실내장식을 공부했다.

영어의 비교는 크게 'more than'을 사용하는 우월비교, 'the more-'

형을 취하는 비례비교, 비교급 형용사가 and로 연결되는 점진비교, as가 등장하는 동등비교, less than을 사용하는 열등비교 등 모두 5가지로 나눌 수 있다. 우월비교의 용례를 살펴보자.

He / is **better** fed **than** taught.　　그는 교육보다 밥만 잘 먹었군.

It / is **later than** you think.　　생각보다 시간이 없다.

비례비교는 한쪽이 일정한 정도로 상승하면 다른 쪽 역시 같은 정도로 상승하거나 하강하는 경우를 말한다. 역사언어학의 관점에서 볼 때 비례비교에 사용되는 the는 정관사로 파악하기보다 우리말의 '그만큼의 –'에 해당하는 지시형용사로 간주하는 게 타당하다. 다음 예문이 이를 뒷받침한다.

The farther away a galaxy, **the faster** it moves.

은하는 멀어질수록 빨리 움직인다.

The more I think, **the less** I understand.

난 생각할수록 더 모르게 된다.

점진비교는 비례비교와 달리 서로 호응하는 이른바 쌍대(雙對) 구절이 존재하지 않는다. 이는 우월비교의 변종에 해당한다.

Such errors / will become **rarer and rarer**.

이런 잘못은 점차 줄어들 것이다.

He / grew steadily **more gaunt and yellow**.

그는 점점 수척하고 노쇠해졌나.

동등비교는 비교되는 두 대상의 정도가 같다는 것을 나타내는 게 원칙이다. 그러나 때로는 사물의 성상(性狀)을 강조하는 용법으로 사용되기도 한다. 사물을 직접적으로 비교하는 일종의 직유법에 해당한다. 이는 수사학적으로 널리 사용되는 것이기도 하다.

He / is **as poor as** a church mouse.
그는 교회 쥐처럼 적빈(赤貧)하기 짝이 없다.
Man / is born **as naked as** a jaybird.
인간은 어치처럼 적신(赤身)으로 태어난다.

마지막으로 열등비교는 한쪽이 다른 쪽보다 정도가 못하다는 뜻을 지니고 있으나 잘 사용되지 않는다. 원급을 부정하는 방법으로 능히 표현할 수 있는 것을 굳이 부드럽지 못한 열등비교를 사용할 필요가 없기 때문이다.

He / was extremely sad, only **less sad than** her.
그는 애통했으나 그녀보다는 덜 슬펐다.
A optimist / is **less noxious than** an pessimist.
낙천가가 비관론자보다 덜 해롭다.

이상 5가지 유형이 통상 사용되는 비교구문이기는 하나 영어에는 겉으로만 비교구문의 모습을 갖춘 게 적지 않다. 특히 관용구에 이런 구문이 많다.

He / is **no better than** a ferocious beast.
그는 사나운 짐승이나 다름없다.

A real man / was **more than** brave.

진짜 사내는 용맹 이상이어야 한다.

The theory / matters **less than** do experience.

이론은 경험보다 덜 중요하다.

I / can't swim **any more than** (I can) fly.

난 날지 못하는 것처럼 헤엄도 못 친다.

형용사의 비교형 역시 원급 형용사와 마찬가지로 명사, 형용사, 부사의 용법으로 사용된다. 정관사와 함께 쓰여 사물을 지칭하는 게 그 실례다.

The superior gains and **the inferior** loses.

우승열패.

The match / has been postponed to a **later** date.

시합은 후일로 연기되었다.

The economy will turn around **sooner or later**.

경기가 조만간 회복될 것이다.

지시형용사와 관사

관사는 영어를 포함한 인도유럽어에서 매우 중요한 역할을 하고 있다. 독어의 관사는 명사의 성, 수, 격에 따라 어형이 변한다. 네덜란드어의 관사는 문어에서는 현대독어, 구어에서는 현대영어에 가까운 형태를 띤다. 현대독어 역시 네덜란드어처럼 명사의 격변화가 점차 사라지고 있다. 불어의 관사는 성, 수의 변화만 있으니 특이하게도 셀 수 없는 물건을 표시하는 명사에 붙는 이른바 '부분관사'(部分冠詞)가 있다.

성에서 남성과 여성을 통합한 이른바 통성(通性)과 중성(中性)만 존재하는 스웨덴어는 통성명사 뒤에 정관사를 어미처럼 붙여서 사용한다.

관사의 용법은 언어마다 관용적으로 정해진 부분이 많아서 한국어처럼 관사가 없는 언어를 쓰는 사람들은 관사를 보면 적잖이 곤혹스러울 수밖에 없다. 그러나 원래 인도유럽어도 처음부터 관사가 존재했던 것은 아니다. 범어에서는 우리말처럼 관사 대신 지시형용사를 사용했고, 희랍어에서는 정관사와 유사한 단 한 가지 종류밖에 없었다. 라틴어도 지시형용사를 사용했다.

역사언어학의 관점에서 볼 때 인도유럽어의 정관사는 지시대명사, 부정관사는 '하나'를 뜻하는 수사가 변한 것이다. 영어도 예외가 아니다. 부정관사는 고대영어에서 수사로 쓰이던 'an'(=one)에서 유래했다. '한 부류에 속해 있는 여러 물건 중 하나'를 뜻한다. 우리말에서 '일종의' '하나의' '―라는 것'처럼 특정한 것이 아닌 어떤 사물을 지칭한다.

부정관사는 또 이야기를 시작할 때 일종의 유도어(誘導語, introductory word)의 역할을 수행한다. 우리말에서 '옛날 한(어떤) 사람이 운운'과 같다. 이때는 any의 뜻에 가깝게 된다. 다음 예문을 보자.

> **A** fool / can do any quantity of mischief.
> 바보도 해를 끼칠 수 있는 법이다.
> Science / is **an** organized body of knowledge.
> 과학은 일종의 지식 조직체다.

정관사 the는 부정관사와 달리 특정한 사물을 지칭한다. 문맥이나 주위상황에 비춰 그 정체를 분명히 파악할 수 있는 경우 정관사를 붙인다. 사물의 대표적인 특성을 나타낼 때도 정관사를 사용한다.

The life / is more than meat.

인생은 빵 이상의 것이다.

The woman, qua woman / hates abstract thought.

여인이란 추상을 싫어하게 마련이다.

역사언어학의 관점에서 볼 때 영어의 정관사 the 역시 지시형용사 that에서 유래한 것이다. 고대영어의 인칭대명사인 that의 조격(造格)인 '그것으로'의 뜻을 지닌 thy가 the의 원조에 해당한다. 그 흔적은 지금도 남아 있다. 이른바 비례비교급(比例比較級, comparative of proportion)으로 불리는 예문을 보자.

The more one thinks of it **the more** mysterious it grows.

그걸 생각할수록 더 이상해진다.

The less active you are, **the faster** aging process accelerate.

활동을 덜 할수록 더 빨리 늙는다.

최상급을 지칭할 때 정관사가 등장하는 것도 같은 맥락에서 이해할 수 있다. 이때 정관사는 우리말의 '그토록' 또는 '그처럼'의 뜻을 내포하고 있다.

So **the last** / shall be first, and **the first** last.

처음이 나중 되고, 나중이 처음 된다.

What ripens **the soonest** / is seldom the best.

가장 빨리 익는 것치고 최상품은 드물다.

영어도 어떤 사물이 지정되어 있는 경우는 우리말처럼 관사를 붙이지 않는다. 이런 상태를 '숙친'(熟親, complete familiarity)이라고 한다. 문맥이나 주위상황에 비춰 숙친이라고 판단될 경우 굳이 정관사나 부정관사를 붙이지 않는다. 이를 '영관사'(零冠詞, zero article)라고 한다. 영관사는 우리말 어법과 완전히 동일하다.

> "Well, young township." said Sam, "how's **mother**?"
> 그래, 젊은 친구, 어머니는 어떠신가?
> After **dinner** she / sat in her room smoking.
> 저녁식사 후 그녀는 방에서 담배를 피웠다.

첫 번째 예문을 통해 알 수 있듯이 숙친의 상태에 있을 경우 우리말처럼 굳이 정관사를 붙일 필요가 없다. 두 번째 예문 역시 숙친의 행동인 까닭에 관사를 생략한 것이다. 그러나 관사를 붙일 때 뉘앙스의 차이가 나타날 수는 있다.

> 〔There was a doctor present at **the dinner**.〕
> 〔만찬 때 의사 한 분이 와 있었다.〕
> 〔**The dinner** / is on the table.〕
> 〔저녁식단이 식탁 위에 마련되었다.〕

첫 번째 예문은 추리소설로 유명한 애거서 크리스티의 『3막의 비극』에 나오는 한 대목으로 여기의 dinner는 특별히 예정된 저녁식사인 까닭에 정관사를 붙였다. 두 번째 예문은 셰익스피어의 『윈저의 즐거운 아낙네들』에 나오는 것으로 통상적인 저녁식사가 아닌 저녁식사로 먹을 '식단' 자체를 강조하기 위해 정관사를 붙였다.
  원래 식사행위와 같이 익숙한 일의 상태와 행위에 영관사가 올 때는 뉘앙스가 달라진다. 추상적인 의미가 표면화한 결과다. 다음 예문을 보면 쉽게 알 수 있다.

She / went **to school** today.

그녀는 어제 수업을 받으러 학교에 갔다.

In **the winter**, there were jobs to be had too.

그 겨울철에 일자리를 구하면 가능했다.

She / walked **to the school** yesterday.

그녀는 어제 걸어서 학교에 갔다.

〔If **Winter** comes, can Spring be far back?〕

〔겨울이 오면, 봄이 멀 까닭이 있나?〕

마지막 예문은 바이런과 함께 영국 낭만파 시인의 상징으로 칭송받는 셸리의 작품에 나온 구절로 여기의 '겨울'과 '봄'은 의인화되어 나타난 것이다. 영관사는 통상적인 추상명사를 표현할 때 자주 사용된다. 이는 충분히 알려져 있거나 고유명사화되었다고 간주한 결과다. 대표적인 영관사 예문이다.

Marriage / suits a good many people.

결혼은 많은 사람에게 적절한 것이다.

Men of letters / are a perpetual Priesthood.

문필가는 영원한 성직자와 같다.

There is no faith in **woman**.

여인이란 믿음이 없는 법이다.

영관사가 가장 두드러지게 나타나는 것은 전치사와 명사가 결합할 때다. 특정한 사물을 군이 지적할 때가 아니면 거의 예외 없이 영관사를 쓴다. 관용구에 영관사가 빈번하게 등장하는 이유다.

Let me tell you, **as man to man**.
남자 대 남자로서 말을 하겠다.
I / can't be **buyer and seller** too.
난 살 사람도 팔 사람도 못된다.

역사언어학의 관점에서 보면 관사는 언젠가 성, 수, 격의 통합과정을 거쳐 사라질 공산이 크다. 독어와 불어에서 아직도 복잡한 격변화를 하고 있는 관사가 영어에서는 정관사 the와 부정관사 a로 통합된 게 그 증거다. 러시아어에는 관사가 아예 없다. 영어가 중국어처럼 어순에 의해 각 낱말의 성격과 역할이 정해지는 '고립어'의 과정을 겪고 있는 점을 감안할 때 이런 전망이 결코 터무니 없는 게 아니다.

'아멩글리시'를 뛰어넘어 영어의 주체가 되자

• 책을 마치며

지난 2008년 말의 미국 발 금융위기 이후 미국의 위상이 크게 실추되면서 영어의 위세가 이전만 못한 게 사실이다. 최근 각종 국제회의에서 미국 대표를 제외하고는 굳이 미국식 영어를 쓰지 않으려는 현상이 이를 방증한다. 실제로 각국 대표들은 자국에서 통용되는 자기 식의 영어로 발표하고 있다. 인도는 '힌글리시', 중국은 '친글리시', 러시아는 '러싱글리시', 일본은 '저팽글리시'를 구사한다.

사실 '잉글리시'의 원조인 영국의 입장에서 보면 미국식 영어 역시 일종의 '아멩글리시'에 지나지 않는다. 영국이 아멩글리시를 두고 옥스퍼드 영어를 들이대며 시비를 걸지 않듯이 힌글리시와 친글리시 등을 놓고 시비를 거는 사람은 아무도 없다. 라틴어가 유일무이한 국제공용어로 통용되던 로마제국 때에도 프랑스식 라틴어와 이탈리아식 라틴어 등을 두고 정통 시비를 건 적은 없다.

그렇다면 미국의 위세가 예전만 못한 현대영어는 라틴어의 전철을 밟을까. 그럴 가능성은 거의 없다. 크게 2가지 이유를 들 수 있다. 첫째 당분간 국력 면에서 미국을 추월할 나라가 나타날 가능성이 크지 않다. 설령 중국이 미국을 압도하는 위치에 설지라도 중국어가 영어를 대체할 가능성은 희박하다. 외국인들이 아무리 '중어'를 유창하게 구사할지라도 뜻글자인 한자를 마스터해 '중문'을 완벽하게 해독하는 일은 거의 불가능에 가깝기 때문이다. 중국어가 영어와 더불어 국제공용어로 통용될 수는 있어도 대체할 수 없는 이유가 여기에 있다.

설령 미국의 위상이 크게 추락해 2류 국가가 될지라도 영어의 국제공용어 위상을 위협하는 것은 중국어가 아닌 불어와 독어 등 같은 인도유럽어일 수밖에 없다. 이는 한때 최고의 국제공용어로 각광을 받던 불어가 영어에 그 지위를 넘겨준 뒤에도 계속 국제공용어로서의 위상을 이어오는 것을 생각하면 쉽게 이해할 수 있다. 여기에는 아프리카의 여러 나라가 불어를 국어 또는 공용어로 채택한 게 크게 기여하고 있다. 그러나 더 중요한 것은 많은 나라가 앞으로도 영어를 국제공용어로 사용할 가능성이 높다는 점이다. 영어가 라틴어와 달리 앞으로도 계속 살아남아 막강한 위세를 떨칠 수밖에 없는 이유다.

둘째 세계에서 영어를 가장 많이 사용하는 인도의 존재다. 11억에 달하는 인구를 보유한 인도는 비록 힌디어를 국어로 정해놓고 있으나 공용어인 영어를 함께 사용하지 않으면 완벽한 의사소통이 불가능하다. 전 인구의 10%에 달하는 1억 명가량은 영어를 자유자재로 구사한다. 범어의 후신인 힌디어를 모국어로 사용하면서 라틴어와 게르만어가 뒤섞인 영어까지 능통하게 구사하는 것은 구미 각국의 당대 최고 지식인이 희랍어와 라틴어, 아랍어, 히브리어를 꿰는 것에 비유할 만한 일이다.

게다가 신조어 '친디아'가 시사하듯 인도의 급부상은 중국의 비약과 더불어 세계인의 괄목대상이다. 장차 인도의 위상이 미국과 중국에 버금할 정도로 높아질 경우 인도식 영어가 미국식 영어를 대체할 공산이 크다. 사실 이는 크게 이상할 것도 없다. 이미 아맹글리시가 정통 영어인 잉글리시를 대체한 전례가 있다.

그런 점에서 한국의 영어교육이 아맹글리시 일변도로 흐르는 것은 전면적으로 재고할 필요가 있다. 국가전략 차원에서 오히려 힌글리시·친글리시와 손을 잡고 콩글리시를 널리 전파하는 게 국가경쟁력과 브랜드가치 향상에 도움이 될 수 있다.

실제로 '메이드 인 재팬'이 위세를 떨치던 지난 세기 말 저팽글리시가 횡행한 전례가 있다. 우리도 최근 콩글리시 이름을 단 신제품으로 세계를 제패한 바 있다. 미국식 영어 '셀 폰'과 '모바일 폰'을 밀어낸 '핸드폰'이 그것이다. 우리가 힌글리시와 친글리시에 주목해야 하는 이유다.

원래 힌글리시는 음절문자를 사용하는 일본인들의 저팽글리시가 그렇듯이 힌디어에 혀를 꺾어 발음하는 권설음(捲舌音)이 지나치게 많은 까닭에 발음을 제대로 알아먹기 힘든 것으로 악명이 높다. 더구나 힌디어는 우리말처럼 관사도 없고, 주격과 대격 등에 격조사를 붙이는가 하면 어순도 우리말과 같다. 힌디어의 영향을 짙게 받은 힌글리시가 아멩글리시와 커다란 차이를 보이는 이유다. 인도인과 교역을 하는 미국인들은 상담(商談)을 하는 과정에서 적잖은 어려움을 겪고 있음에도 불평 한 마디 할 수 없다.

상황이 이런데도 우리나라의 영어교육은 아직도 초등학교 때부터 아멩글리시를 똑같이 흉내내지 못해 안달하고 있다. 지난 2008년 초 모 여대 총장 출신이 조기 영어교육의 필요성을 역설하면서 일상생활에서도 '오렌지'가 아닌 '아린지'로 발음해야 한다고 주장해 세인의 빈축을 산 바 있다.

식견이 짧고 시야가 좁은 사람을 흔히 대롱 구멍으로 표범을 보는 관중규표(管中窺豹)에 비유한다. 대롱을 통해 번개처럼 스쳐 지나가는 표범을 관찰하면 표범의 얼룩점밖에 볼 수 없다. '아린지' 사건은 우리나라 영어교육이 관중규표의 수준에 있음을 상징적으로 보여준 사건이다.

정지언어학의 관점에서 볼 때 이멩글리시가 잉글리시를 밀어낸 것은 기본적으로 국력의 차이에서 비롯된 것이다. '정통영어' '표준영어'와는 아무 상관도 없는 일이다. 아멩글리시의 대표적인 사례로 미국의 미래학자들이 만들어낸 신조어 'Homo Knowledgian'를 들 수 있다. 21세기를 향도할 '신지식인'을 뜻하는 말이다.

원래 인간의 특성을 표현하기 위해 학계에서 만들어낸 신조어는 모두 라틴어 문법에 부합하고 있다. 'Homo Faber'(도구사용 인간), 'Homo Cogitans'(사고하는 인간), 'Homo Economicus'(경제적인 인간), 'Homo Ludens'(놀이하는 인간) 등이 그것이다. 21세기에 들어와 'Homo telephonicus'(휴대폰 인간)가 가세했다. 이는 휴대폰이 없으면 불안감을 느끼는 현대인의 문제점을 지적한 말이다.

이들 신조어 모두 라틴어 문법에 부합하고 있다. 그러나 '호모 놀리지언'은 논외다. '신지식인'의 신조어를 만들고자 했다면 우리말의 '알다'에 해당하는 원형동사 scire의 현재분사형인 sciens를 사용해 '호모 스키엔스'로 표현하는 게 옳다. 미국의 미래학자들이 라틴어 문법에도 맞지 않는 '호모 놀리지언'을 멋대로 만들어낼 수 있는 것은 미국의 국력이 그만큼 강했기 때문에 가능한 일이다.

원래 '호모'와 관련한 신조어는 모두 기원전 4세기 무렵 아리스토텔레스가 언급한 희랍어 '조온 폴리티콘'(zoon politikon)의 라틴어 번역어인 'Homo Politicus'를 모방한 것이다. 인간은 국가공동체에서 삶을 영위할 수밖에 없다는 취지에서 나온 이 말은 20세기 최고의 지성인으로 손꼽히는 한나 아렌트에 의해 집중 조명된 바 있다.

실제로 망국민의 설움을 철저히 겪은 바 있는 한국인들은 '호모 폴리티쿠스'의 중요성을 중국인이나 일본인보다 더욱 절감할 수밖에 없다. 아렌트가 지적한 것처럼 '호모 폴리티쿠스'의 요체는 국가공동체의 주체성 확립에 있다. 우리라고 아멩글리시의 표상인 '호모 놀리지언'과 같은 신조어를 만들어내지 못할 이유가 없다. 위정자를 위시해 일선 교

사에 이르기까지 콩글리시로 천하를 평정하겠다는 발상의 대전환이 절
실히 필요한 시점이다.

참고문헌

강덕수 외, 『러시아어사』, 민음사, 1992.

강두식 외, 『종합독어해석연구』, 법문사, 1986.

강영세, 『대학 영문법』, 국민대출판부, 1998.

고영민, 『헬라어 문법』, 기독교문사, 1971.

고영민, 『히브리어 문법』, 기독교문사, 1971.

구헌철, 『실용 영문법』, 학문출판, 1997.

권명식, 『스와힐리어연구』, 한국외대출판부, 1998.

권응호, 『실전 영문법』, 학일출판사, 1990.

김광수, 『신약성서 헬라어 기초문법』, 침례신학대 출판부, 2005.

김동현, 『TOEIC 영문법』, 키출판사, 2005.

김득황, 『만주족의 언어』, 대지문화사, 1995.

김방한 외, 『몽골어와 퉁구스어』, 민음사, 1986.

김오성, 『Total 영문법』, 신아사, 1999.

김옥수, 『바로 잡은 영문법』, 세종출판사, 2004.

김운용, 『이탈리아어문법』, 명지출판사, 2007.

김종도, 『아랍어입문』, 명지출판사, 2000.

김준민, 『대학 영문법』, 고려원, 1995.

김진수, 『프랑스어 문법』, 삼지사, 1993.

김창호, 『변형 영문법』, 한국문화사, 1991.

김태한, 『고등 영문법』, 김태한, 형설출판사, 1971.

김현태 외, 『현대불문법연구』, 법문사, 1984.

동완 외, 『러시아어』, 신아사, 1975.

류영두, 『생성소멸영문법』, 백산출판사, 2006.

마영태, 『에스페란토 첫걸음』, 덕수출판사, 1995.

문용, 『고급영문법 해설』, 박영사, 1987.

박기용, 『희랍어·라전어 비교문법』, 한국문화사, 1997.

방곤 외, 『최신불문법』, 신아사, 1983.

서석연, 『삼위일체독일어』, 학일출판사, 1994.

서행정, 『힌디발음연구』, 명지출판사, 1986.

성염, 『라틴어 첫걸음』, 경세원, 2003.

송성문, 『종합영어』, 성문출판사, 2000.

송창섭, 『실용영문법』, 한남대출판부, 2005.

신익성, 『라틴어입문』, 진명출판사, 1972.

안교환, 『실습독일어』, 신아사, 1980.

안사균, 『최신독일어』, 대문출판사, 1987.

영어교재 편찬위원회, 『문형 영문법』, 탑출판사, 1981.

유재원, 『성서히브리어문법』, 민영사, 1990.

이길상, 『시험 영문법』, 어학 세계사, 2000.

이두선, 『현대아랍어』, 한국외대출판부, 1975.

이득형, 『서반아어문법』, 삼영서관, 1993.

이병도, 『태국어첫걸음』, 삼지사, 1997.

이상협 외, 『헝가리어회화』, 한국외대출판부, 2006.

이영근, 『히브리어문법해설』, 비블리카아카데미, 2006.

이재웅, 『말이 되는 영문법』, 홍익미디어, 2008.

이정호, 『힌디문법』, 명지출판사, 1982.

이철, 『러시아어문법』, 신아사, 1991.

장만성, 『현대러시아어실용문법』, 한신문화사, 1990.

장병옥, 『이란어문법』, 한국외대출판부, 2002.

장선영, 『서반아어사주간』, 문예서림, 1972.

장수경, 『삼원소 영문법』, 삼원소어학연구소, 2009.

정도상, 『뿌리영어 문법』, 언어과학, 2010.

정연규, 『변형생성 영문법』, 한신문화사, 1981.

정태혁, 『표준 범어학』, 불서보급사, 1968.

정호영, 『고등 영문법』, 신아사, 1987.

조성식, 『영문법연구』1~5, 신아사, 1990.

최인철, 『실용 영어 어법』, 현대영어사, 1998.

허인, 『이탈리아어문법』, 새한문화사, 1971.

곤다, 정호영 옮김, 『산스크리트어 문법』, 한국불교연구원, 1986.

돕슨, 서인선 옮김, 『신약헬라어 교본』, 은성, 2004.

스가누마 아키라, 이지수 옮김, 『산스끄리뜨의 기초와 실천』, 민족사, 1990.

알렉산더, 범문사번역실 옮김, 『롱맨 영문법』, 범문사, 1990.

찰스 리, 박정구 외 옮김, 『표준중국어문법』, 한울아카데미, 1996.

헬비히, 임항재 옮김, 『언어학사』, 경문사, 1989.

혼비, 『영어의 문형과 용법』, 황적윤 외 옮김, 한영출판사, 1969.

Baker, C. L., *English syntax1*, Cambridge, Massachusetts: MIT Press, 1995.

Brown, A. C., *Grammar and composition*, Boston: Houghton Mifflin, 1984.

Davis, E., *Grammar: the writer's tool*, La Verne, California: University of La Verne Press, 1978.

Ehrlich, E., *English grammar*, New York: McGraw-Hill, 1976.

Lord, R., *Comparative Linguistics*, London: The English Universities Press Ltd., 1967.

Wiener, H. S., *Creating compositions*, New York: McGraw-Hill, 1991.

학오(學吾) 신동준(申東埈)은 1956년에 충남 천안에서 태어났다. 경기고등학교 재학시절 태동고전연구소에서 한학의 대가인 청명(青溟) 임창순(任昌淳) 선생에게 사서삼경과 『춘추좌전』 등의 고전을 배웠다. 서울대학교 정치학과와 같은 대학원을 졸업하고 『조선일보』와 『한겨레신문』 정치부 기자로 활약했다. 그 뒤 다시 모교로 돌아가 동양의 정치사상을 전공하고 도쿄대학교 동양문화연구소 객원연구원 등을 지냈으며, 「춘추전국시대의 정치사상」으로 박사학위를 받았다.

치도(治道)의 문제에 남다른 관심을 가진 저자는 동양정치사상과 리더십의 문제를 다룬 저술활동을 활발하게 펼쳐왔다. 현재 21세기 정경연구소장으로 서울대·고려대 등에서 강의 하고 있으며, 『월간조선』에 「중국제왕열전」을 연재 중이다. 지은 책으로는 한길사에서 펴낸 『공자와 천하를 논하다』 『제자백가, 사상을 논하다』를 비롯하여 『통치학원론』 『삼국지통치학』 『조조통치론』 『덕치·인치·법치』 『연산군을 위한 변명』 『중국문명의 기원』 『조선의 왕과 신하 부국강병을 논하다』 『CEO의 삼국지』 등이 있고, 옮긴 책으로는 한길사에서 펴낸 『춘추좌전』을 비롯해 『난세를 평정하는 중국통치학』 『자치통감-삼국지』 『실록 열국지』 『국어』 등이 있다.

오랫동안 동·서양 고전 연구에 매진해 온 저자는 라틴어·희랍어 등의 옛 언어와 영어·중국어·불어·독어에 두루 능통하다. 영어의 역사·정치학적 배경에는 등을 돌린 채 미국식 영어를 익히는 데만 골몰한 한국의 현실에 안타까움을 느껴 풍부한 인문학적 배경을 바탕으로 한국인을 위한 새로운 관점의 영문법 책을 저술하였다.